Kurt Tozzer
Günther Kallinger

TAT-SACHEN

Die spektakulärsten Kriminalfälle
Österreichs

UEBERREUTER

ISBN 3-8000-7091-X

Covergestaltung: verlagsbüro wien / Kurt Hamtil
Coverfoto: © Ron Slenzak/Corbis

Druck: Ueberreuter Print
1 3 5 7 6 4 2

Ueberreuter im Internet: www.ueberreuter.at

Inhalt

Vorwort

Die spektakulärsten Gewaltverbrechen, die Österreich in den vergangenen Jahrzehnten bewegten. Viele Fälle sind gelöst, viele Mörder aber sind noch unter uns. Reale Fälle, nachgezeichnet aus den Akten der Polizei und der Gerichte, gestützt auf Aussagen von Augenzeugen. Parallel zur TV-Serie TAT-SACHEN wird die spannende und grausame Realität des Verbrechens gezeigt.

Der Student, der seiner Mutter den Kopf abschneidet und in ein Schaufenster legt, der Mord, der erst nach dreißig Jahren durch einen Seitensprung ans Tageslicht kommt, die Kidnapper, die ihrem frei gelassenen Opfer Benzingeld für die Heimfahrt in die Hand drücken. »Lebenslängliche«, die auf einem »Freigang« wieder zuschlagen. Serientäter haben eine Blutspur durch das Land gezogen, Entführer Millionen erpresst. Lesen Sie darüber die TAT-SACHEN.

Mit dem Opfer auf Du und Du: Beziehungen, die tödlich enden

Wie oft liest man es doch in den Zeitungen: »Familientragödie fordert drei Opfer« oder auch: »Beziehungsdrama endete tödlich«. Der Ehemann bringt seine Frau und die Kinder um, die Geliebte ihren lästigen Verehrer. Aus dem einstigen glücklichen Zusammenleben wird oft ein gemeinsames grausames Sterben. Aus Treueschwüren werden Hassflüche, aus goldenen Ringen bleierne Ketten. Gewalt lässt quengelnde Kinder auf ewig verstummen, lästige Alte werden ins Grab entsorgt. Manchmal ist es auch Verzweiflung über eine ausweglos scheinende Situation, die zur Gewalt gegen sich selbst führt und dazu, dass man andere mit in den Tod nimmt.

Dutzende Fälle gibt es pro Jahr, die Motive für die Gewalttaten sind unterschiedlich. Dabei ist es gar nicht sicher, ob jeder Mord innerhalb der eigenen vier Wände auch als solcher registriert wird.

Die Vergangenheit ist nie zu Ende

Ein Schlaglicht auf die Schlampigkeit, wie vor allem in kleinen Orten am Land von Ärzten die Totenscheine ausgestellt werden, wirft ein Giftmord in Niederösterreich. Wären nicht Eifersüchteleien innerhalb der Familie aufgetaucht, würde er wohl für immer unaufgeklärt geblieben sein.

Das Mostviertel in Niederösterreich, der Ort heißt Ulmerfeld-Hausmening und gehört verwaltungstechnisch zur Stadt Amstetten. Die Bauern hier sind nicht reich, aber doch finanziell gut gepolstert. Schweinezucht, Maisfelder, alles sehr groß. Da lebt auch das Gewerbe, etwa das der Transportunternehmer.

Karl Huebmer ist so einer, und seine Frau Herta packte kräftig im Betrieb mit an. Im Mai 1996 sitzen allerdings beide nebeneinander auf der Anklagebank im Landesgericht St. Pölten. Die Anklage lautet auf Mord beziehungsweise Mithilfe daran. Karl war 60, sie 58 Jahre alt.

Und die Tat, über die verhandelt wurde, datiert aus dem Jahr 1966, als die beiden noch ein junges Ehepaar waren. Gemeinsam sollen sie damals den 68-jährigen Vater von Karl vergiftet haben. Im Totenschein allerdings war vom Hausarzt eine natürliche Todesursache – Herzversagen – bestätigt worden.

Wie kam es dazu, dass ein Giftmord nach Jahrzehnten plötzlich aufgeklärt werden konnte, über den die Täter und eine Mitwisserin bisher eisern geschwiegen haben?

1966 hing der Haussegen in Huebmers Bauernhof schief. Der Altbauer wollte nicht übergeben, er war mit der Schwiegertochter nicht einverstanden und drohte, seinen Sohn zu enterben, falls dieser nicht Konsequenzen zöge. Doch Herta wollte nicht weg, ein gemachtes Nest verlässt man nicht. Im bäuerlichen Leben, das weiß man ja aus unzähligen Heimatromanen, hat man für derartige Fälle ein probates Mittel zur Hand, Rattengift ist ja immer im Haus und E 605 leicht zu besorgen.

So ist es auch geschehen. Wochenlang wurde der Altbauer damit gefüttert, und als es schließlich so weit war, wurde ihm noch ein Plastiksack über den Kopf gestülpt – zur Sicherheit. »Der Vatta hat ein Schlagl, kommen Sie«, wurde der Hausarzt gerufen, der prompt der Diagnose der Erben zustimmte.

Begräbnis, Tränen, Leichenschmaus, das Leben muss weiter gehen.

Der Mutter gestanden

Doch Herta erzählte ihrer Mutter kurz nachher, was geschehen war. Dass Karl die Idee mit dem Rattengift hatte, dass sie aber mitgeholfen hat und durch scharfes Würzen zu verhindern suchte, dass »der Vatta« etwas schmeckte. Im bäuerlichen Leben, auch das weiß man ja aus Heimatromanen, führen solche Geständnisse nicht zur Polizei, sondern bestenfalls in den Beichtstuhl, wo sie sich zwischen gefalteten Händen spurlos auflösen.

Bis 1992 wurde das Geheimnis von allen Beteiligten gewahrt, dann aber brach alles los. Karl, wohlbestallter Fuhrunternehmer und noch voll im Saft, wollte sich scheiden lassen, Herta weigerte sich, obwohl ihr seine Affären längst bekannt waren. Ihre Mutter sprach dann zum Schwiegersohn ein Machtwort: »Wenn ihr damals bei der Schlechtigkeit z'sammg'holfen habt, wird's jetzt auch gehen, du lässt die Herta nicht allein.« Karl sah nur noch einen Ausweg: Er ging zur Gendarmerie und zeigte seine Ehefrau an, 1966 seinen Vater vergiftet zu haben.

In den Verhören wurden zwei Wahrheiten zu Protokoll gegeben:

seine und ihre. Wechselseitig beschuldigten sich die beiden der Anstiftung. »Sie hat doch nur das Haus g'heiratet«, meinte er. »Er hat mich angeschwärzt, weil er so viel sauft«, meinte sie.

Durch die Exhumierung der Leiche wurde wenigstens die Tat selbst nachgewiesen. Noch nach Jahrzehnten wurde in der Graberde und in den Sargresten das Rattengift nachgewiesen. Objektive Beweise, wer damals was getan hat, waren nicht mehr zu führen. Die Geschworenen sahen jedoch Herta als Haupttäterin an und verurteilten sie zu 15 Jahren, ihren Ehemann als Helfer zu zehn Jahren Gefängnis.

Die Vergangenheit, so lehrt der Fall, ist nie zu Ende. Auch bei einem anderen Verbrechen wurde dem Täter ein weiter zurückliegendes nachgewiesen.

Nach dem zweiten Mord wurde auch der erste entdeckt

Er kam im Jänner 1998 als Maler in das Haus in Wien-Ottakring. Ab und zu gab's ein Gespräch mit einem Mieter, unter anderem auch mit der 87-jährigen Pensionistin Hedwig Klier. Der Maler drang später in ihre Wohnung ein, raubte ein paar Wertsachen und 2000 Schilling, traktierte die Frau mit Fußtritten und würgte sie dann so lange, bis ihr Röcheln verstummte.

Die Tote wurde von ihrem Neffen gefunden, der Täter dadurch gefasst, dass er einen Ring aus der Beute einer Freundin schenkte.

Im April 1999 steht Franz Josef Schachner, 37, vor einem Wiener Geschworenengericht. Doch nicht nur der Mord an der Wiener Pensionisten ist angeklagt, in den Polizeiverhören war auch eine 14 Jahre zurückliegende Bluttat in der Steiermark zur Sprache gekommen, die ebenfalls der Angeklagte begangen haben soll. Der Tod seiner Freundin Christine Zeilbauer, 35, im Jahr 1985 war damals als Selbstmord zu den Akten gelegt worden.

»Ich hatte nie die Absicht, jemanden zu töten«, verantwortet sich Schachner im Prozess. Der vorsitzende Richter Fritz Zöllner versucht, mit beißender Dialektik diese Version zu entkräften.

1985 war Schachner 23 Jahre alt, er war in der Steiermark verheiratet und Christine Zeilbauer war seine Geliebte. Sie wollte Klarheit in ihre Beziehung bringen und sei »immer aufdringlicher« geworden, wie er formulierte. Um das zu beenden, lud er sie zu einem nächtlichen Ausflug an die Mürz ein. Dort wollte er »einen Schlusspunkt« setzen und ihr klar machen, dass es aus sei. »Ich dachte mir, ich schmeiß sie ins Wasser, damit sie richtig nass wird«, erzählte er vor Gericht.

Darauf der Richter: »Wussten Sie, ob sie schwimmen kann?« Seine scheinbar logische Antwort: »Ich nehme es an, denn sie wollte mit mir nach Italien fahren.«

Die in die Mürz geworfene Frau habe er ein paar Mal untergetaucht und sie dann ausgelassen. Da die Strömung stark war, trieb sie rasch weg. Was er sich da gedacht habe, wollte der Richter wissen. »Sie wird schon irgendwo im Gestrüpp hängen bleiben«, beantwortet Schachner ungerührt die Frage. Darauf der Richter: »Und Sie glaubten, sie würde dann an Land gehen und sagen, es war nix?«

Die Tötungsabsicht schien dem Gericht auch bei dem zweiten Mord bestanden zu haben, obwohl der Angeklagte sie auch in diesem Fall bestritt. Er habe die Pensionistin nur berauben wollen, doch dann habe es »klack« in seinem Kopf gemacht und er habe zugedrückt. Dass sie sterben könnte, daran will er nicht gedacht haben.

Richter Zöllner darauf: »Haben Sie geglaubt, die kommt wieder zu sich und nimmt es hin, dass sie von Ihnen beraubt wurde? Die wäre doch sofort zur Polizei und hätte Sie angezeigt. Sie haben also vorsätzlich so gehandelt, dass ihr Tod die Folge sein musste. Das ist logisch.«

Staatsanwalt Karl Windisch forderte für den »kaltblütigen und herzlosen« Täter die Verurteilung zu lebenslänglicher Haft. Die Geschworenen folgten seinem Antrag.

Kaltblütig und herzlos handelte auch eine Oberösterreicherin, die ein Familienproblem auf brutale Art zu lösen versuchte.

Ehemann im zweiten Anlauf getötet

Die Nacht war kalt, der Boden im Hausgarten leicht gefroren. Dennoch kam die Frau ins Schwitzen, als sie in der Nacht zum 9. Jänner 1998 hinter dem Einfamilienhaus in Eggelberg im Innviertel (OÖ) eine Grube aushob, fast zwei Meter lang und etwa einen halben Meter tief.

Die Grube war als Grab für ihren Ehemann gedacht, der im ersten Stock des Einfamilienhauses schlief und den sie jetzt gleich töten wollte.

Elisabeth Stöflmayr, 37, steckt voller krimineller Energie. Der Mann muss weg, darum kreisten immer wieder ihre Gedanken. Bereits vor zwei Tagen hatte sie es probiert. Als ihr Mann in der Badewanne saß, schubste sie einen eingeschalteten Haarfön ins Wasser. Der Mordversuch misslang, die Sicherungen trennten den Stromkreis. Und der Ehemann glaubte den Beteuerungen seiner Frau, dass sie nur über ein Kabel gestolpert und der Fön unbeabsichtigt in die Wanne gefallen sei.

Heute aber musste es gelingen. Sie war ja gut vorbereitet. Sascha, der 20-jährige Freund ihrer Tochter Lydia, hatte ihr die Bedienung des Flobert-Gewehrs beigebracht. Wie man es lädt, wie man den Druckpunkt sucht, wie man bei angehaltenem Atem den Abzug durchdrückt, damit man nicht vom Ziel abkommt. Bei Schießübungen wurde die Theorie in der Praxis erprobt.

Nach dem Ausheben der Grube schlich Elisabeth an diesem 9. Jänner die Treppe hinauf ins Schlafzimmer. Mit Leukoplast klebte sie eine Taschenlampe an einen Balken, den Lichtkegel auf den Kopf ihres schlafenden Mannes Alfred gerichtet. Aus 15 Zentimeter Entfernung drückte sie dann ab. Kopfschuss. Doch der Mann röchelte noch. In der Aufregung fand sie die Patrone zum Nachladen nicht gleich, setzte sie dann im Dunkeln falsch ein, zielte noch einmal, doch der Schuss löste sich nicht. Da hörte dann doch das Röcheln auf.

Alfred Stöflmayr, 39, war tot. Die im Erdgeschoss schlafende 15-jährige Tochter Lydia hatte von all dem nichts gemerkt. Nicht vom Ausheben des Grabes im Garten, nichts vom Schuss im ersten Stock. So erzählte sie es jedenfalls später.

Sofort nach der Tat packte Elisabeth gemeinsam mit Sascha die Leiche ihres Ehemanns auf eine Bettdecke und schleppte sie ins Erdgeschoss, in einen Abstellraum. Dann stieg die Ehefrau in das Auto ihres Mannes und fuhr damit nach Salzburg, wo sie den Wagen beim Flugplatz abstellte. Am frühen Morgen war sie wieder zu Hause in Eggelberg, sie hatte sich ein Taxi genommen.

Am Abend sollte dann der letzte Akt stattfinden, das Vergraben der Leiche. Tochter Lydia wurde mit Freund Sascha auf einen Ball geschickt, doch der verdrückte sich heimlich und kam rasch ins Mordhaus zurück. Der tote Mann wurde in die Grube gelegt, Elisabeth packte noch ein paar Äpfel und Hühnermist dazu. Das würde die Verwesung beschleunigen, dachte sie. Am nächsten Tag würde man noch ein Päckchen Pfeffer kaufen, damit auch der Haushund nichts erschnüffeln kann.

Und das hatte auch einen guten Grund: der Hund, ein Husky, war nämlich Alfreds ständiger Begleiter. Täglich war er mit ihm, ehe er zur Arbeit nach Salzburg fuhr, spazieren gegangen und das Tier würde wahrscheinlich nach seinem Herrchen suchen, wenn diese Spaziergänge ausfielen.

Hilfe bei Großeltern gesucht

Am 14. Jänner besuchte Lydia ihre Großeltern und erzählte, dass Vater schon seit einigen Tagen nicht mehr nach Hause gekommen sei. »Da steckt sicher Elisabeth dahinter, wahrscheinlich hat sie ihn aus dem Haus geekelt«, meinte die Großmutter, die ihre Schwiegertochter noch nie leiden konnte und es ihr vor allem übel nahm, dass sie Sascha im Haus in Eggelsberg wohnen ließ. Alfred sei ja auch dagegen gewesen. Die Großeltern erstatteten jedenfalls Abgängigkeitsanzeige bei der Gendarmerie.

Ein Beamter besucht das Anwesen der Stöflmayr. Immerhin seltsam, dass die Familie nichts von der Abwesenheit des Hausherrn der Gendarmerie gemeldet hat. Die Ehefrau meint nur kühl, er sei wie immer nach Salzburg gefahren, aber vielleicht macht er irgendwo Urlaub, wäre ja möglich. Ein Anruf bei seinem Arbeitgeber ergibt jedenfalls, dass er unentschuldigt fehlt.

Den Ortsbewohnern allerdings fiel auf, dass sie Alfred Stöflmayr einige Tage lang nicht mit seinem Hund sahen und dass auch sein Auto nicht vor dem Haus stand. Der Gendarmerie sagten sie, dass nun die Ehefrau mit dem Hund spazieren ging, was deshalb auffiel, weil sie sonst kaum außer Haus gehe.

Am 17. Jänner steht dann wieder der Audi 80 vor dem Haus. Allerdings mit einer anderen Autonummer, mit einigen Pickerln beklebt und mit anderen Schonbezügen. Das Misstrauen der Gendarmerie wächst, als sie feststellt, dass der Wagen nun auf Sascha angemeldet ist.

Neuerlich wird das Haus besucht. Diesmal von der Mordgruppe der Linzer Polizei unter der Leitung von Erich Allmer. Die Tochter öffnet die Tür, der Husky der Familie stürmt ins Freie, Sascha hastet ihm nach, bringt ihn wieder hinein. Warum diese Eile?

Die Mutter sei nicht da, sie bringe Gerümpel weg, sagt die Tochter und die Beamten ersuchen, im Lagerraum nachschauen zu dürfen. Auf einem Haken hängt ein alter Fahrradschlauch, die braunen Flecken könnten auch Blut sein. Ebensolche Flecken auf einem Stromkabel. Und auch auf dem Boden findet man Blutspuren.

Haus soll »entrümpelt« werden

Die Tochter und Sascha werden festgenommen und nach längerem Verhör gesteht der junge Mann, dass Alfred Stöflmayr ermordet wurde. Ermordet von der Ehefrau. Sie habe zu ihm gesagt, dass das »Haus entrümpelt« werden müsse, sprich, dass der Ehemann weg müsse. Das sei doch auch in seinem Interesse, nicht wahr, denn ihr Mann habe gesagt, dass Sascha spätestens am 14. Jänner das Haus verlassen müsse.

Er habe das alles nicht ganz erst genommen, dennoch habe er ihr ein Gewehr und Munition besorgt und mit ihr Schießübungen gemacht. Er habe dann mitgeholfen, die Leiche in den Garten zu schaffen. Als die Beamten gekommen seien, habe er den Hund deshalb rasch zurückgeholt, weil er befürchtete, er könnte versuchen, vor den Beamten sein Herrchen auszuscharren.

Nach dieser Aussage beginnt man zu graben und stößt auf das Mordopfer, verscharrt im Garten.

Die Frau wird verhaftet, am 21. Jänner gesteht sie bei einem Lokalaugenschein die Tat. Ende Juni 1998 begann in Ried im Innkreis (OÖ) der Prozess gegen Elisabeth Stöflmayr und den von ihr als Schwiegersohn in spe favorisierten Sascha. Er sei quasi der Grund für den Mord gewesen, erklärte die Frau. Sie wollte, dass er Tochter Lydia heirate, damit diese nicht in die Punkerszene abgleite, doch ihr Ehemann sei dagegen gewesen. Der Mord sei die einzige Möglichkeit gewesen, das Problem zu lösen, in ihrem Sinne zu lösen.

Für die Geschworenen war die Sache klar – Elisabeth wurde wegen Mordes zu zwanzig Jahren Haft verurteilt, Sascha wegen Beihilfe zu zehn Jahren. Er behauptete bis zum Schluss, dass er geglaubt habe, alles wäre nur »ein Spaß« und die Mutter seiner Freundin würde nie Ernst machen.

In Oberösterreich war das Opfer vergraben worden, um die Tat zu verschleiern, in der Steiermark bat der Mörder einen Freund, ihm beim Abtransport der Leiche zu helfen.

Wochenlang neben der Leiche gewohnt

Vorerst hatte der Mann die Leiche seiner Freundin in einem Kasten im Wohnzimmer versteckt. Eingewickelt in ein Leintuch. Wochenlang lag sie in dem Möbelstück, er führte sein normales Leben weiter. Als die Leiche immer stärker verweste und der üble Geruch unerträglich wurde, schaffte sie der Mann auf den Balkon. Doch auch dort war sie ihm bald lästig und er brachte sie in den Keller. Er entfernte das Leintuch, wickelte den Leichnam in eine Wolldecke, steckte ihn in einen Plastiksack und dann in eine schwarze Mülltonne. Gemeinsam mit einem Freund, der allerdings nichts von dem grausigen Inhalt des Abfallbehälters wusste, brachte er die Mülltonne in den Wald.

Hier, im so genannten Rosenhain am Stadtrand von Graz, stieß in der Karwoche des Jahres 2002 ein Spaziergänger auf diese Tonne. Sie lag neben einem Baum, nur zehn Meter abseits eines bei Joggern beliebten Waldweges. Der Behälter war, was dem Spaziergänger auffiel, mit schwarzer Plastikfolie zugeklebt. Der Mann riss diese seltsame Verpackung auf und prallte angewidert zurück. Süßlicher Gestank schlug ihm aus der Tonne entgegen, in dem ein voluminöser Kunststoffsack steckte. Mit einem Taschenmesser schlitzte er diesen auf und zu seinem Entsetzen stieß er auf ein Frauenbein. Der Spaziergänger hatte eine Leiche entdeckt.

Die Polizei ließ die verwesten Überreste bergen und in die Gerichtsmedizin bringen. Dort stellte man fest: Die Frau muss etwa fünfzig Jahre alt gewesen sein und sie ist erwürgt worden. Und weiter: der Tod muss schon vor etwa vier oder fünf Monaten eingetreten sein.

Da keinerlei Ausweispapiere bei der Leiche gefunden wurden, überprüfte die Polizei die einschlägigen Abgängigkeitsanzeigen. Da auf etliche Frauen die Merkmale der Leiche – etwa 1,60 Meter groß, korpulent, mittelbraunes Haar – zutrafen, wurde nun versucht, aufgrund des Zahnschemas die Identität festzustellen und man hatte Erfolg: Es handelte sich um die 50-jährige Pensionistin Rosalinda Visner, die bereits am 12. Oktober 2001 als vermisst gemeldet worden war.

Der Helfer wies die Spur

Gefunden wurde sie fünf Monate später in der Mülltonne im Rosenhain. Doch wer hatte sie dorthin geschafft?

Die lokalen Zeitungen hatten über den Leichenfund berichtet und kurz darauf meldete sich ein Mann bei der Polizei mit einem Hinweis. »Ich habe meinem Freund vor einiger Zeit geholfen, eine Mülltonne in den Wald zu bringen. Ich glaubte, er will sich nur die Entsorgungsgebühr ersparen, und habe nicht näher nachgefragt. Vielleicht ist es die, die nun gefunden wurde«, erzählte er. Dann nannte er den Namen des Freundes: den deutschen Staatsbürger Hans Peter Balasko.

Den Mann kannte die Polizei bereits: Der 49-jährige Balasko war der Lebensgefährte der abgängigen Pensionistin. Er wohnte in Lend, einem Stadtteil von Graz. Nachdem die Tochter von Visner die Vermisstenanzeige erstattet hatte, wurde auch er befragt. Doch Balasko gab sich damals ahnungslos, er wisse nicht, wo seine Bekannte sei. So eng sei ja die Beziehung auch nicht mehr gewesen, meinte er nur.

Nach dem Leichenfund im Rosenhain wollte man ihn neuerlich befragen, doch in seinem Wohnhaus erfuhr man, dass er bereits vor einiger Zeit ausgezogen sei. Zu Ostern 2002 wurde er ausgeforscht und mit den neuen Erhebungsergebnissen, vor allem mit der Aussage seines Freundes, konfrontiert. Balasko gestand schließlich, die Pensionistin Anfang Oktober erwürgt zu haben. Sie habe »immer gelästert«, meinte er, wenn er spät nach Hause gekommen sei. Dann schilderte er die Odyssee der Leiche: zuerst Wohnzimmerschrank, dann Balkon, dann Keller. Als er auszog, habe er die Tote im Abfallkübel gemeinsam mit seinem Freund in den Wald gebracht.

Hat Routine blind gemacht? Denn die Polizei war ja bei Balasko, als die Leiche der Frau noch nicht abtransportiert war, also noch im Schrank, auf dem Balkon oder im Keller lag. Wie gründlich waren die Nachforschungen damals gewesen, musste sich die Polizei fragen lassen.

Etwa ein Jahr nach der Tat, im Oktober 2002, stand Balasko wegen Mordes vor einem Grazer Schwurgericht unter Vorsitz von Richter Wolfgang Wladkowski. »Ihr ewiges Gerangel wegen anderer Weiber ging mir auf den Wecker, ist das so schwer zu verstehen?«, begründete Balasko seine Tat, das Erwürgen der neben ihm liegenden Frau. Am nächsten Tag in der Früh machte er Kaffee, erzählte er vor Gericht: »Ich rief sie, aber sie antwortete nicht. Da sah ich dann, was los war, und mir war klar: Junge, da haste wohl Mist gebaut. Ich hatte jetzt ein Riesenproblem.« Er glaubte, dieses Problem dadurch zu lösen, dass er die Leiche beseitigte, was aber misslang. Nach kurzer Beratung verkündete das Gericht das Urteil: lebenslange Haft für den Mörder.

Nach Italien der Leiche wegen

Der dunkelblaue BMW mit dem Vöcklabrucker Autokennzeichen kam in den frühen Morgenstunden des 10. September 2004 nach Passieren der Grenze in Italien zügig voran. Die Saison war ja praktisch vorbei, die Badeorte an der Küste wurden nicht mehr so oft von Wochenendurlaubern besucht. Volkmar Nadler, der 49-jährige Lenker des Wagens, steuerte zuerst Lignano an, hielt jedoch nicht vor einem Espresso, sondern nach und nach bei einigen Müllbehältern, in die er jeweils einen schwarzen Plastiksack warf. Das Gleiche geschah in Bibione. Insgesamt neun Säcke entsorgte er so, dann erst gönnte sich Nadler eine Pause. Seine selbst gestellte Aufgabe hatte er erledigt. Nach Italien war er der Leiche wegen gekommen, wegen der Leiche seiner Freundin Gabriele Gut, die er in Vöcklabruck zerstückelt, in die neun Plastiksäcke verpackt und nun hier in den Müll geworfen hat.

Arrivederci Gabriele – nein, lieber »Auf Nimmerwiedersehen«. Denn es sollte der perfekte Mord sein, dessen Schlusspunkt er hier gesetzt hat.

Volkmar Nadler war Angestellter bei der oberösterreichischen Lenzing AG, arbeitete fleißig und führte mit seiner Frau und den beiden Kindern ein unauffälliges Familienleben in Vöcklabruck. Zumindest sah es so aus. Parallel hatte Nadler jedenfalls eine Liebesbeziehung zu einer Blumenhändlerin in der Stadt.

Dann gab es Stunk an seiner Arbeitsstelle. Auf den firmeneigenen Computer hat er sich Pornobilder aus dem Internet heruntergeladen, worauf er 2002 gekündigt wurde. Jetzt hing auch der Haussegen schief. Gabriele Gut, die 40-jährige Blumenhändlerin, war Nadlers Zuflucht. Er ließ sich 2003 scheiden und zog ganz zu ihr in ihr Haus in der Schubertstraße in Vöcklabruck. Eine Liebesbeziehung begannen auch Nadlers Tochter und der Sohn der Floristin.

Trotz dieser familiären Verflechtungen setzte Gabriele Gut ihr bisheriges Freizeitleben, auch mit anderen Bekannten außer Nadler, fort. Sie ging gerne aus, ganz im Gegensatz zu ihrem eher eigenbrötlerischen Freund. Klar, dass da der Tratsch blühte und man Nadler zuflüsterte, dass man »seine« Gabi mit einem anderen Mann beim Schmusen gesehen hatte. Eifersucht wurde wach und Nadler fand dann auch noch im Speicher des Handys seiner Freundin verräterische Telefonnummern, offenbar von Nebenbuhlern.

Rasend wie Othello

Am Samstag, dem 21. August 2004, war Gabriele Gut wieder einmal allein ausgegangen. Nadler wartete am Abend vergeblich auf sie, nahm sich eine Flasche Schnaps zur Brust und wartete weiter. Erst am Sonntag um fünf Uhr früh kam Gabi nach Hause. Ein wüster Streit brach los, doch die Frau wollte nichts erklären und legte sich einfach ins Bett.

Ihr Tod war damit besiegelt. Rasend wie Othello holte Nadler seinen Revolver hervor und schoss der Schlafenden viermal in den Rücken und zur Sicherheit noch einmal in den Kopf. Mit der letzten Kugel, so hatte er sich vorgenommen, wollte er sich selbst töten. Doch die letzte Kugel blieb in der Trommel, sein Selbstmord wäre ja ein Triumph für den Nebenbuhler gewesen. Er wollte die Rache genießen, wollte Sieger bleiben. Nun, als Überlebender, stand er vor dem Problem: die Leiche musste weg, kein Verdacht durfte auf ihn fallen.

Was dann geschah, ist noch keinem Drehbuchautor eingefallen, ist in seiner grausigen Inszenierung unglaublich. Montag früh kaufte Nadler eine Motorsäge, spannte im Schlafzimmer seiner Freundin aus Leintüchern eine Art Zelt, zog sich nackt aus und begann die Leiche von Gabriele Gut zu zersägen. Weder auf den Möbeln noch auf seiner Kleidung sollten Blutspritzer verräterische Spuren hinterlassen, es musste alles sauber bleiben. In neun Teile zerlegte er die Leiche, verpackte sie in Müllsäcke und diese in Reisetaschen und legte diese in einem geräumigen Abstellraum des Blumengeschäftes ab.

Nun folgte Teil zwei des Planes. Vom Handy der Frau sandte er an sein Mobiltelefon einige SMS. »Mir geht es gut, bin in Paris, melde mich wieder. Gabi.« Diese Lebensbeweise zeigte er der Mutter Guts, die sich nach einigen Tagen Sorgen um ihre Tochter gemacht hat. Immer neue Nachrichten kamen, die Tote blieb virtuell am Leben.

Doch die Natur ist nicht auszutricksen. Die Leiche im Abstellraum begann zu verwesen. Nachbarn rümpften die Nase, konnten sich aber nicht erklären, woher der Geruch kam. Es war höchste Zeit für Teil drei des Planes.

In der Nacht zum 10. September, fast drei Wochen nach dem Mord, packte Nadler die Reisetaschen mit dem zerstückelten Opfer in sein Auto und fuhr los. Nach Italien der Leiche wegen. In neun Müllbehälter zwischen Lignano und Bibione verteilte der Mann seine grausige Last, dann fuhr er wieder heim. Den Rest besorgte die italienische Müllabfuhr: Der Inhalt der Container war niemandem aufgefallen, er landete auf der Deponie Trivignano Udinese in der Umgebung der Badeorte.

War der perfekte Mord gelungen, alle Spuren beseitigt?

Doch die Mutter von Gabriele Gut misstraute Nadler, auch die Nachrichten am Handy beruhigten sie nicht. Am 16. September erstattete sie Abgängigkeitsanzeige. Zwei Mann vom Gendarmerieposten Vöcklabruck halten im Haus der Floristin Nachschau. Dort, im Schlafzimmer, drei bräunliche Spritzer am Fußboden. Verschütteter Kaffee? Oder Blut? Die Mordkommission rückt aus Linz an, von den Ermittlern Manfred Burger und Erich Allmer angeführt. Sie haben schon so viele Tatorte gesehen, dass sie gleich wissen – Kaffee ist das keiner. Die Analyse bestätigt dann die Vermutung, es ist Blut.

Nadler wird verhört, das Haus durchsucht. Der Mann muss den kleinen Tresor öffnen. Ein Revolver, in dessen Trommel eine Kugel steckt, wird gefunden. Und ein Handy. Es gehört Gabriele Gut. Später entdeckt man auch im Schlafzimmer Einschussspuren. Kurz darauf legt Nadler ein Geständnis ab. Aus Eifersucht hat er seine Freundin getötet, für den geplanten Selbstmord aber hat ihn dann der Mut verlassen. Die Leichenteile von Gabriele Gut, so hoffte er, würden nie gefunden werden.

Der Architekt und die Taxifahrerin

Johann Nepomuk Nestroy hat es einmal tiefsinnig-zweideutig geschrieben: »Der Zufall muss ein b'soffener Kutscher sein, wie der die Leut' z'sammführt.« Der so treffend charakterisierte Zufall hatte im November 1998 den Architekten Josef Peter Hodny und die Taxifahrerin Eva Majce auf seltsame Weise zusammengeführt. Ein Treffen, das für Hodny in der Folge tödlich und für Majce mit einer langen Haftstrafe endete.

Und so wurde man auf das Schicksal der beiden aufmerksam:

Ende März 1999 verständigte die Salzburger Polizeidirektion das Wiener Polizeikommissariat Brigittenau von einer Abgängigkeitsanzeige, die der Salzburger ORF-Landesintendant Friedrich Urban erstattet hat. Urban habe Anfang März seinen Verwandten, den 65-jährigen Architekten Hodny, in Wien besuchen wollen, ihn aber nicht angetroffen. Hodnys in Salzburg lebende Mutter hatte auch seit dem 19. Februar nichts mehr von ihm gehört, daher mache man sich Sorgen.

Eine Funkstreife der Wiener Polizei fuhr zur Wohnung Hodnys in die Wehlistraße in Wien-Brigittenau. Niemand öffnete auf das Klopfen, die Beamten konnten aber problemlos in die Wohnung, da die Tür nicht versperrt war. Niemand war anwesend, keine Unordnung zu bemerken. Nachbarn erklärten, dass noch vor wenigen Tagen der auffällige Wagen Hodnys, ein »Chrysler Stratus«-Kabriolett, vor dem Haus geparkt war.

Sofort wurde nach dem Wagen gefahndet, alle Autohändler, die derartige Typen führen, verständigt. Tatsächlich meldete sich ein Händler aus Niederösterreich, der am 25. März von einer Frau Christine Suchar diesen Wagen um 180000 Schilling gekauft hat. Sie sei eine Tochter des Eigentümers Hodny, gab sie an. Rasch stellte sich heraus, dass Hodnys Tochter bereits vor Jahren gestorben war.

Durch Hausrecherchen wurde ermittelt, dass Hodny seit längerer Zeit immer wieder von einer Taxifahrerin abgeholt wurde, die auch zu ihm in die Wohnung kam. Anfang Mai war sie gefunden – Eva Majce, 45, die einen Hausbesorgerposten in Wien-Leopoldstadt hat und nebenbei mit dem eigenen Taxi fährt.

Der niederösterreichische Autohändler erkannte sie als Verkäuferin des Chrysler wieder, doch sie bestritt empört, damit etwas zu tun zu haben. Da keine eindeutigen Beweise gegen die Frau vorlagen, blieb sie auf freiem Fuß. Schließlich wusste man ja noch nicht, was mit Hodny tatsächlich geschehen war. Laut Majce habe er ihr zuletzt gesagt, dass er nach Salzburg zu Verwandten fahren will.

Recherche statt Intuition

In Kriminalfilmen ist es meist die Intuition des Kommissars, die auf die richtige Spur führt, am »Tatort Wirklichkeit« ist es mühsame Recherche im Umfeld eines Verdächtigen. Es gilt, ein Mosaiksteinchen nach dem anderen zu suchen und dann auch noch richtig zu ordnen. »Wer jemals ein Puzzle zusammengesetzt hat, der weiß, dass man nicht aufhört, bis man alle Teile richtig aneinander passen kann«, unterstreicht Ernst Geiger, Chef der Mordkommission im Wiener Sicherheitsbüro.

Diese Suche nach den Puzzleteilen führte die Kriminalbeamten auch zu einem Campingplatz in Oggau (Burgenland), den Majce oft aufgesucht hat. Ihr Taxi, einen Mercedes, hat sie dort abgestellt, seit die Untersuchungen gegen sie begannen. Im Kofferraum fanden die Beamten 17 Quadratmeter frische Rasenziegel. Eine seltsame Fracht, die man wohl kaum für einen Besuch auf dem Campingplatz benötigt.

Rasenziegel – kann man damit nicht auch eine Grube bedecken? Ein Grab?

Diese Frage ließ den Ermittlern keine Ruhe. Sie erfuhren, dass die Tochter Majces in Wultendorf bei Staatz (NÖ) einen kleinen Bauernhof hat, und begannen dort zu forschen. Ein Stück des Innenhofes war mit frischen Rasenziegeln belegt. War das eine Spur? Was befand sich unter dem frischen Grün?

Die Polizei rückte mit dem Leichensuchhund »Aura vom Wolfsgraben« an, der auch prompt bei den frischen Rasenziegeln anschlug. Es bestand kein Zweifel mehr – darunter musste eine Leiche liegen. Nach kurzem Graben besteht Gewissheit. Der Tote ist Hodny, er wurde ermordet.

Eva Majce gab ihr Leugnen auf und in einem langen Verhör Detail um Detail ihrer Tat zu Protokoll.

Zuerst schilderte sie, wie sie mit dem Architekten in Kontakt gekommen war. Im November 1998 war sie zu einem Gasthaus gerufen worden. Zwei Kellner legten ihr den stockbetrunkenen Hodny ins Auto und gaben ihr eine Karte mit seiner Adresse. Sie lieferte den Mann ab und kam dann am nächsten Tag wieder zu ihm, weil er seine Geldbörse im Wagen vergessen hatte. Der Architekt freut sich über die ehrliche Haut und nimmt sie als Putzfrau. Der »b'soffene Kutscher« Zufall hat sie zusammengeführt.

Doch dann entdeckte die Frau in einem Kasten ein Sparbuch des Architekten. Kontostand: mehr als 300 000 Schilling. Für Majce ein Fund, der sie nicht mehr ruhen lässt.

Sie ist spielsüchtig, verliert viel Geld bei Spielautomaten und kann der Verlockung nicht lange widerstehen. Im Februar 1999, sie ist gerade beim Zusammenräumen bei Hodny, stiehlt sie das Sparbuch, das Losungswort hat sie bereits herausgefunden, und hebt den Großteil der Einlage ab. Die Automaten im Wiener Prater werden wieder kräftig gefüttert.

Besuch im Haus der Tochter

Nach und nach folgt die Fortsetzung der Geschichte, die zum tödlichen Drama wird. Am 11. März habe Hodny das Anwesen ihrer Tochter im Weinviertel besichtigen wollen, gibt Majce an. Vielleicht könnte er ihr einen Tipp zur Renovierung geben. Die Frau dann weiter: »Er ist zudringlich geworden, hat gesagt, ich soll mich nicht so zieren, er wisse, dass ich das Sparbuch gestohlen habe. Wenn ich nicht nett zu ihm bin, werde er mich anzeigen.« Mit einer Wodkaflasche habe sie dann zugeschlagen.

Schon die erste Untersuchung der Leiche durch die Gerichtsmedizinerin Andrea Berzlanovich ergibt, dass das Geständnis zumindest unvollständig sein muss. Hodny hat zwar schwere Kopfverletzungen, dürfte daran aber nicht gestorben sein. Er ist erstickt.

Majce ergänzt daraufhin: »Ich glaubte, er sei tot, hat die Schläge nicht überlebt. Dann habe ich ihm jedoch noch einen Plastiksack über den Kopf gestülpt und mit einem Elektrokabel seinen Hals zugeschnürt.« Die Leiche habe sie zuerst auf einer Bettbank im Haus liegen gelassen und erst Tage später vergraben. In der Grube wollte sie Hodny verbrennen, was aber misslang.

Die Bettbank allerdings war im Haus nicht zu finden. War das Geständnis also immer noch nicht vollständig, hatte sie vielleicht Helfer? Dann klärt sie auch diese Frage. Ein Mann aus der Nachbarschaft habe ihr geholfen, die Bettbank in ihr Auto zu laden. »Damit er nichts bemerkt, habe ich vorher das Möbelstück vom Blut gesäubert und es mit grüner Farbe besprüht.« Da Majce nicht wusste, was sie mit der Bettbank machen sollte, habe sie sie bei der Wiener Autobahntangente über eine Böschung geworfen.

Damit war alles geklärt. Täter, Motiv, Tathergang, Tatort. Es war eine Spirale, die mit Zuneigung begann und mit dem Tod endete. Der alternde, einsame Mann war auf eine Frau gestoßen, die ihm ein wenig zur Hand ging und vielleicht auch von Beginn an erotische Anziehungskraft verströmte. Sie freute sich über finanzielle Zuwendungen, über Ablenkungen von privaten Sorgen. Dann entdeckte sie das Sparbuch, die Gier wuchs. Er bemerkte, dass sie es gestohlen hatte, sagte aber vorerst nichts, um sie damit nur umso mehr in seine Abhängigkeit zu bekommen. Sie gehörte nun ihm, mit Haut und Haaren. Als er dies auch deutlich machte und mit einer Anzeige wegen des Diebstahls drohte, sah die Frau keinen anderen Ausweg, als ihn zu töten, ihn so zum Schweigen zu bringen.

Der letzte Akt folgte vor den Geschworenen im Gericht Korneuburg. Der Mordprozess gegen die Frau verlief im Oktober 1999 ohne Sensationen. Das Urteil – zwanzig Jahre Haft – nahm Majce an, ohne Berufung zu erheben.

Gemetzel im Urlaub: Sohn rottet Familie aus

Das Haus am Ortsrand von Natternbach (OÖ), einer Gemeinde von knapp 2000 Einwohnern, könnte aus einem Bilderbuch in die Wirklichkeit übertragen worden sein. Mehr als hundert Jahre ist es alt, es erstrahlt frisch geputzt in Schönbrunnergelb, mit bunten Blumen auf den Fensterbänken, der große Garten ist sorgfältig gepflegt, das Laub unter den Bäumen entfernt.

Am Morgen des 4. November 2002 stören blau blinkende Wagenleuchten der Gendarmerie und des Notarztes vor dem Haus die Idylle, Personen eilen ein und aus, bald kommen weitere Autos. Aufregung liegt in der Luft. Ein notdürftig verbundener junger Mann wird aus dem Haus getragen und mit dem Rettungswagen weggebracht.

»Bei uns ist geschossen worden, kommt schnell«, war gegen fünf Uhr früh das Rote Kreuz und die Gendarmerie verständigt worden. Am Telefon war Frank Schmida, 19, der jüngste Sohn der Familie, die in dem schmucken Haus in Natternbach lebt.

Ein Gemetzel dürfte sich hier in der Nacht abgespielt haben. In einem Zimmer im Erdgeschoss lag blutüberströmt Mario, der älteste Schmida-Sohn. Der 25-Jährige war durch drei Schüsse in den Hals, die Schulter und den Arm getötet worden. Im Oberstock fand die Gendarmerie die Mutter Anna Elisabeth, 50, buchstäblich von Kugeln durchsiebt. Sie dürfte das Kommen des Mörders bemerkt und noch versucht haben, ein Nachtkästchen vor die Zimmertür zu schieben. Vor dem Stiegenabgang lag der Vater Fritz, 63, von fünf Schüssen getötet. Neben ihm, offenkundig die Mordwaffe, eine Pistole der Marke Glock, für die Fritz Schmida einen Waffenpass hatte. Sohn Frank war nur an der linken Schulter durch einen Schuss verletzt, er hatte dann den Alarm ausgelöst. Insgesamt waren in dem Haus, wie die Tatortspezialisten der Gendarmerie feststellten, 16 Schüsse abgegeben worden. Alle haben getroffen.

Oberst Werner Buchegger, Leiter der Erhebungsabteilung der oberösterreichischen Gendarmerie, übernahm noch am Morgen die Ermittlungen. An den Haustüren und den Fenstern des Hauses waren keinerlei Einbruchsspuren zu merken, auch im Inneren deutete nichts auf das Eindringen fremder Personen hin. Der Täter musste also im Kreis der Familie zu suchen sein – als einziger Überlebender kam nur Frank Schmida in Frage. Er war ins Krankenhaus nach Grieskirchen gebracht und dort operiert worden. Noch im Spital begannen die Beamten mit seiner Vernehmung. Eine Zeit lang behauptete er, sich an nichts zu erinnern, doch dann gestand er doch den Mord an seiner Familie.

»Kühl, abgeklärt und ohne Reue« sei dieses Geständnis erfolgt, schrieben die Zeitungen. Als Motiv gab er an, dass er unter der »ständigen Nörgelei« seiner Eltern gelitten habe. Der große Bruder Mario sei immer bevorzugt und er zurückgesetzt worden. Zuletzt habe es noch einen Riesenkrach in der Familie gegeben, weil er das Auto seiner Mutter zu Schrott gefahren hatte.

Als er am Allerheiligentag von seiner Arbeitsstätte in Lech am Arlberg, wo er als Saisonkellner arbeitete, zu einem Kurzurlaub nach Hause kam, hing der Haussegen wegen des Autounfalls immer noch schief. »Mein Vater hat am Abend seine Pistole geputzt und mich gebeten, sie in den Waffenschrank zu legen«, schildert er und setzt fort, dass er die Glock jedoch in seinem Zimmer deponierte.

Mordwaffe Fleischmaschine: Gab es Mann im Dufflecoat?

Es war ein Kriminalfall, der wochenlang die Wiener Öffentlichkeit beschäftigte und immer wieder neue Rätsel aufgab. Einmal wegen der ungewöhnlichen Tatwaffe, einer Fleischmaschine, mit der eine hübsche, zarte Frau einen Geschäftsmann erschlagen haben soll, aber auf der nicht die geringste Blutspur zu finden war. Und dann noch wegen eines Unbekannten, von dem behauptet wurde, er habe einen seit dem Film »Der dritte Mann« bekannten Dufflecoat getragen. War er der Mörder oder doch der »rotblonde Engel« mit der Faschiermaschine?

Die 38er-Straßenbahn bimmelte ein paar Mal, dann quietschte sie aus der Endstation um die Kurve und bog in die Grinzinger Allee ein. Es war schon spät am Abend und nicht mehr viele Fahrgäste im Waggon. »Fahrscheine, bitte!«, murmelte müde die Schaffnerin Helene Mayer, als sie sich dem Pärchen näherte, das nahe der Plattform saß. Sie – rotblond, Anfang zwanzig, mit einer Pelzjacke bekleidet – war etwas aufgekratzt und anlehnungsbedürftig. Er – Mitte vierzig, kleines Bärtchen über der Oberlippe, unauffällig in einen Ledermantel gehüllt – wirkte müde oder mürrisch, so genau war das nicht zu unterscheiden.

Verheiratet jedenfalls waren sie nicht, jedenfalls nicht miteinander, ordnete die Schaffnerin die beiden ein. An der Kreuzung Nussdorfer Straße/Währinger Straße stieg das Paar aus, wahrscheinlich wollten sie in die 5er-Linie umsteigen, nahm Helene Mayer beiläufig an, da der Mann und die Frau bei der Station stehen blieben.

Es war Freitag, der 21. November 1952.

Rund vier Monate später wurde die Schaffnerin wieder mit den beiden konfrontiert, diesmal im Großen Schwurgerichtssaal des Wiener Landesgerichts. Allerdings: Von dem Mann gab es auf dem Richtertisch nur noch den Totenschädel zu sehen und die junge Frau saß auf der Anklagebank. Sie, die Schaffnerin, war eine Kronzeugin im Prozess gegen Adrienne Eckhardt, angeklagt des Mordes an Johann Arthold, dessen zertrümmerter Schädel als makaberes Beweisstück die Geschworenen beeindruckte.

Es war ein Fall, der ganz Österreich aufregte, den Zeitungen fette Schlagzeilen einbrachte, aber dennoch die Hauptfrage nach dem »Warum?« für viele unbeantwortet ließ.

Johann Arthold war kein Unbekannter in Wien. Es war der »Cadbury-König« der nach dem Ende des Zweiten Weltkrieges vierfach besetzen Stadt. Cadbury, das war eine britische Schokoladenmarke, und noch in Zeiten, als der Schleichhandel blühte, notierte eine Tafel der süßen Rarität gleich hoch wie ein Päckchen »Camel«. Arthold verstand es, auf nicht ganz geraden Wegen diese Köstlichkeit zu beschaffen und legal zu verkaufen. Wer Lust darauf hatte, pilgerte in das Geschäft des »Cadbury-Königs« Ecke Alser Straße/Lange Gasse, gegenüber dem Allgemeinen Krankenhaus. Es ging so gut, dass sich Arthold sogar einen kleinen Rennstall leisten konnte.

Dann verkaufte er das Geschäft und zog sich auf den ererbten Delikatessenladen ein paar Blocks stadteinwärts in der Alser Straße zurück, der mehr schlecht als recht funktionierte. Er ermöglichte es ihm aber immerhin, nicht nur seine Familie zu versorgen, sondern auch ein paar Schilling mit jungen Damen springen zu lassen.

Ein Toter im Hinterzimmer

Ein nicht ganz herunter gelassener Rollbalken an diesem Geschäft in der Alser Straße 7 erregte in der Nacht auf Samstag, den 22. November 1952, die Aufmerksamkeit von Revierinspektor Zierlinger. Der Wachmann war auf Patrouillengang und hoffte, dass sich nichts ereignen würde, was seine Standardbemerkung im Tagesbericht »Keine besonderen Vorkommnisse« umwerfen könnte. Dennoch schlüpfte er pflichtbewusst unter dem Rollbalken durch, knipste seine Taschenlampe an und rief einige Male: »Hallo, ist da jemand?« Vielleicht waren Einbrecher am Werk gewesen, doch im Laden selbst war keine Unordnung zu bemerken. Zierlinger ging weiter in den Nebenraum, außer der Taschenlampe schon den Gummiknüppel in der Hand. Wieder ein »Hallo, ist da jemand?«.

Doch der Mann im Hinterzimmer konnte keine Antwort mehr geben. Er lag auf dem Rücken, sein Kopf in einer Blutlache, die Kehle war durchtrennt. Eindeutig Mord, den Satz »Keine besonderen Vorkommnisse« konnte der Wachmann vergessen.

Die Mordkommission des Sicherheitsbüros, von der nahen Berggasse kommend, war bald zur Stelle. Am Tatort fand man zwei Pappbecher, daneben eine geleerte Bierflasche. Von Damenschuhen der Größe 37 stammten Blutspuren auf dem Boden. Tatwaffe war keine zu finden. Weder ein »stumpfer Gegenstand«, mit dem auf den Kopf des Mannes zahlreiche Hiebe abgegeben worden sein müssen, noch ein Messer, mit dem die Kehle durchsäbelt worden ist. Im Sakko des Toten werden zwei Straßenbahnfahrscheine gefunden. Markiert nach 23 Uhr am Vortag in der Linie 38.

Die Identität des Toten war klar, es handelte sich um den Ladenbesitzer Johann Arthold. Die Brieftasche war leer, Wertgegenstände nirgends zu bemerken. Am Ringfinger der rechten Hand eine typische Einkerbung, Spuren eines Ringes, der nicht mehr vorhanden war.

Die Kriminalbeamten schwärmten aus. Zwei weckten Frau Arthold, überbrachten die Todesnachricht. Nein, sie hatte sich keine Sorgen gemacht, dass ihr Mann nicht nach Hause gekommen war. Der Ton der Antwort verriet, dass sie es gewohnt war, am Morgen öfter allein aus dem Ehebett zu steigen. Sicher war eine Frau der Grund für sein Fernbleiben, Namen wusste sie keinen – oder zu viele?

Andere Polizisten fanden die Schaffnerin, von der die Fahrscheine gezwickt wurden. Sie konnte eine Personsbeschreibung geben, wahrscheinlich waren die beiden von einem Heurigen gekommen, vermutete sie nicht unlogisch. Viele Lokale kamen in Frage, dabei eher die kleineren Betriebe, die von den Einheimischen und nicht von den Touristen frequentiert werden.

Die Beamten wurden fündig. Beim Heurigenwirt Maly in der Grinzinger Sandgasse war das Paar am späten Freitagabend gesessen, in einem Extrazimmer. Sieben Vierterln haben sie getrunken. Ja, die junge Frau dürfte in einem Nachtlokal arbeiten, man wisse aber nur, dass dieses Lokal irgendwo im Bezirk Neubau sein soll.

Von einem »Tschocherl« zum anderen pilgerten die Polizisten. Wer kennt Arthold, wer kennt eine rotblonde Frau Mitte zwanzig? »Das könnte die ›Adi‹ sein, die arbeitet im ›Filmhof‹, aber nur auf Animation, nicht, was Sie denken«, verrieten zwei Damen, die offenkundig so ihr Geld verdienten, wie es die Polizisten nicht von »Adi« denken sollten.

Noch am Samstag, dem 22. November, ging eine erste Mitteilung der Polizei über den Mord in der Alser Straße an die Zeitungen. Berichtet wurde auch von der Straßenbahnfahrt und vom Heurigenbesuch Artholds mit einer Begleiterin beim Maly in Grinzing.

Etwas forsch kommentierte die »Arbeiter-Zeitung« in ihrer Sonntagsausgabe das Geschehen: »Die brutale Durchführung des Verbrechens lässt vermuten, dass nicht die Frau die Tat begangen hat, mit der Arthold beim Heurigen war.«

Blut an der Pelzjacke

Zu dieser Zeit war die Polizei bereits ein paar Schritte weiter. Nachdem sich weitere Zeugen gemeldet hatten und noch ein paar Mosaiksteinchen zusammengesetzt wurden, hatte »Adi« einen Namen bekommen: Adrienne Eckhardt, geboren im Juli 1929, gelernte Kinderkrankenschwester, nunmehr Bardame. Keine aktuellen Vormerkungen bei der Polizei, keine eigene Wohnung, Untermieterin bei einer Dame in Wien-Neubau, die zahlreiche Zimmer an alleinstehende Frauen und Herren vermietet.

Noch am Samstagabend hatte man Adrienne Eckhardt aufgesucht. In einem Kasten sehen die Beamten eine Pelzjacke, wie sie von der Schaffnerin bemerkt wurde. Ein paar dunkle Flecken fallen auf; ebenso auf Schuhen im Kasten. Die Jacke und die Schuhe werden mitgenommen, ebenso die junge Frau.

Rasch weiß man: Die Flecken sind Blut. Im vierten Stock des Sicherheitsbüros beginnt die Befragung von Adrienne Eckhardt. Wo war sie am Freitag? Zuerst erzählt sie nur von einem Besuch im Urania-Kino. »Kon-Tiki« habe sie gesehen, in der Nachmittagsvorstellung. Und dann? Dann war sie zu Hause. Und dann? Dann war sie mit einem alten Bekannten beim Heurigen. Mit wem? Mit dem Arthold-Hansl. »Wissen Sie, ich kenne ihn, seit ich dreizehn bin, meine Eltern waren bei ihm rayoniert«, erklärt sie den verhörenden Kriminalbeamten, die mit ihrem von der Schaffnerin, vom Kellner beim »Maly« und von den Damen vom »Filmhof« zusammengetragenen Wissen die Aussagen von Adrienne Eckhardt provozierten.

Ja, also sie war nach dem Heurigen noch mit Herrn Arthold in seinem Geschäft in der Alser Straße. Ja, einen Schluck Bier habe sie noch getrunken. Dann aber ist sie nach Hause gegangen.

Vorläufiges Ende der Befragung – sie müsse aber noch bei der Polizei bleiben, wird Eckhardt bedeutet. Eine Zelle in der »Liesl«, wie das Polizeigebäude im Volksmund heißt, stehe für sie bereit.

Am Sonntag übernimmt Oberpolizeirat Heger, der Chef der Mordkommission, das Verhör. »Woher kommt denn das Blut auf Ihrer Jacke, können Sie uns das erklären?«, fragte er und sein graumelierter Schnurrbart schien drohend zu zittern. Stundenlang dauert das Verhör, immer wieder von vorne. Was war nach dem Heurigen, was war im Delikatessengeschäft, woher stammt das Blut? Eine kurze Pause, Eckhardt bekommt etwas zu essen, dann geht es weiter. Die Polizisten wissen, die Frau ist keine »Steherin«, bald wird sie eine Erklärung abgeben, vielleicht sogar gestehen. Immer wieder lüftet die Polizei ein weiteres Detail der Ermittlungen. Vierzigmal sei auf den Schädel Artholds eingeschlagen worden, kann sie sich erklären, was da los war?

Noch viermal wird Adrienne Eckhardt vom Verhörzimmer in die Zelle und dann wieder zurückgebracht, dann ist es so weit. In den Mittwochausgaben können die Zeitungen vom Geständnis der Festgenommenen berichten.

Ja, sie ist beim Mord dabei gewesen, gibt die Frau zu Protokoll. Als sie mit Arthold im Geschäft war, habe es an der Ladentür geklopft. Ein Mann kam herein, der Arthold mit den Worten »Servus, du alter Gauner« begrüßte. Nach einem Streit um angeblich nicht bezahlte Schulden schlug der Mann immer wieder mit einem Gegenstand, den er aus der Tasche gezogen hat, auf Artholds Kopf ein. Sie musste den Erschlagenen umdrehen, ein Messer holen, mit dem der Unbekannte dann Arthold auch noch die Kehle durchschnitt. »Er hat immer noch geröchelt, obwohl alles voll Blut war.«

Eckhardt beschreibt den angeblichen Täter: 175 Zentimeter groß, schlank, dunkles glattes Haar, mit sympathischem Wiener Dialekt sprechend. Er trug einen kamelhaarfarbigen Mantel mit Kapuze und Verschnürung, einen so genannten Dufflecoat.

In den folgenden Wochen bleiben die damals in Wien seit dem Film »Der dritte Mann« mit Orson Welles sehr beliebten Mäntel in den Kleiderkästen, kein Mann will sich blöden Bemerkungen aussetzen. Bei der Polizei laufen Hunderte Hinweise ein, doch keiner bringt eine greifbare Spur.

Verdächtige Mannerschnitten

Adrienne Eckhardt wird weiter verhört. Penibel listet die Polizei Einnahmen und Ausgaben der Frau auf. Oft hat sie pro Nacht als Animierdame nur zwanzig Schilling verdient, einmal nur waren es zweihundert Schilling. Nach dem Besuch bei Arthold hat sie jedoch allein am Samstag genau 418 Schilling ausgegeben – unter anderem für ein Mantelfutter, für das Auslösen einer verpfändeten Armbanduhr aus dem Dorotheum und für Futter für ihren Goldhamster. Woher stammte das Geld, wollte die Polizei wissen. Und woher stammen der Schopfbraten in ihrem Kühlschrank und die vielen Packungen Mannerschnitten?

Eckhardt weiß eine Antwort. Ja, sie habe Geld aus der Kasse Artholds genommen. Die Lebensmittel habe ihr der Unbekannte aufgedrängt. »Da hast was auf den Schrecken«, habe er nach der Tat gesagt. Sie müsse ihm jedoch die Hälfte bringen, er erwarte sie beim Zirkus Rebernigg im Prater. Sie sei zwar am Samstagvormittag hingegangen, der Unbekannte ist aber nicht aufgetaucht.

Wieder folgen Verhöre. Dann, nach insgesamt zwanzig Vernehmungen, tappt sie am 4. Dezember 1952 in die Falle. Der Mordspezialist Heger verlangt wieder, dass sie schildert, was geschehen ist, nachdem der Unbekannte Arthold ermordet hat.

»Ich habe es ja schon so oft gesagt, ich bin gegangen.«

»Und Sie haben dann das Licht abgedreht?«

»Ja, natürlich!«

»Und haben den Mann im Finstern zurückgelassen?«

Sie merkt den Fehler sofort, man dreht das Licht nicht ab, wenn noch jemand im Lokal ist. Schließlich gibt sie auf. »Ja, ich war es, ich habe Arthold getötet.«

In einem Stoffsackerl habe sie eine Fleischmaschine ihrer Quartiergeberin mitgenommen und vor dem Heurigenbesuch im Geschäft Artholds zurückgelassen. »Damit ich einen Grund habe, nachher noch mit ihm hinzugehen.« Dort sei ihr dann neuerlich und ganz stark bewusst geworden, wie schäbig sie von ihm behandelt worden ist, einmal, es war vor zwei Jahren, habe er sogar von ihr verlangt, dass sie mit einer anderen Frau lesbische Spiele für ihn vorführe. Als er in dieser Nacht wieder davon angefangen habe, war das der letzte Tropfen im übervollen Fass ihrer Abscheu und sie habe zugeschlagen. Wieder und wieder. Was sie nicht erwähnt und auch später vor Gericht nicht ins Treffen führt: Sie war schwanger, als sie Tat vollführte.

Dann weiter im Geständnis: Sie habe Geld und Lebensmittel genommen, den Ring vom Finger der Leiche gestreift – aber später in den Kanal geworfen – die Fleischmaschine gewaschen und wieder in den Küchenkasten ihrer Quartiergeberin gegeben.

War dieses Geständnis glaubhaft? Einerseits die kaltblütige Planung der Tat, andererseits die mickrige Beute, die ja zu erwarten war, da sie wusste, dass Arthold im Normalfall kaum Geld im Laden hat. Das Wertvollste aber, den Ring, will sie weggeworfen haben. Außerdem: Zeigt man sich mit einem präsumtiven Mordopfer so auffällig beim Heurigen, fährt mit ihm in der Straßenbahn? Auffallend auch, dass an der bei der Vermieterin gefundenen Fleischmaschine keinerlei Blut- oder Gewebereste zu finden waren. Kann man als zarte Frau überhaupt sicher sein, nicht selbst nach dem ersten Schlag von dem kräftigen Mann überwältigt zu werden?

Das dritte Geständnis

Hier hakte der von Eckhardt engagierte Starverteidiger Michael Stern ein. So vermutet es jedenfalls die Polizei, denn Eckhardt zog im Februar 1953 ihr Geständnis zurück. Der Mörder sei in Wahrheit ein gewisser Konstantin Bertini, ein Mann, den sie im Nachtlokal Moulin Rouge kennen gelernt habe und der Arthold Morphium verkaufte und wegen der Bezahlung in Streit geriet. Er habe die Waffe mitgebracht, Arthold erschlagen und sie so eingeschüchtert, dass sie das Messer holte, mit dem Bertini dann dem Röchelnden die Kehle durchschnitt.

Der Mann im Dufflecoat hatte nun auch einen Namen. Aber gab es ihn wirklich?

Die Suche nach Bertini spielte eine Hauptrolle in dem Prozess gegen Adrienne Eckhardt, der am 23. März 1953 im Wiener Grauen Haus begann. Etwa 2000 Menschen hatten sich an diesem noch sehr kalten Frühlingstag schon in der Nacht stundenlang angestellt, um Einlass in den Gerichtssaal zu bekommen. Betulich der Bericht in der »Arbeiter-Zeitung« über den Auftakt des Indizienprozesses: »Dem Schwurgerichtssaal liehen die großen Kameras der Tonfilmwochenschau teilweise den Charakter eines Filmateliers, das Surren der Aufnahmegeräte übertönte die ersten leisen Worte, mit der die Angeklagte auf die Fragen des Vorsitzenden antwortete.« In anderen Zeitungen wurde Eckhardt als die »Mörderin mit dem Engelsgesicht« bezeichnet, die veröffentlichten Fotos unterstrichen die Aussage: ein zartes, reines Gesicht, um das hochgeschlossene schwarze Kleid einen weißen gehäkelten Kragen, die Hände lagen gefaltet auf ihrem Schoß.

Warum sie denn zuerst gestanden, aber Monate später widerrufen habe, wurde sie vom Vorsitzenden, Gerichtspräsidenten Rudolf Naumann, gefragt. »Die Verhöre haben so lange gedauert, ich wollte Ruhe haben und außerdem war ich hungrig.« Schneidend der Vorsitzende: »Wegen einer Wurstsemmel haben Sie also einen Mord gestanden, den Sie gar nicht verübt haben?«

Ein paar Tage vor Prozessbeginn hatte Adrienne Eckhardt in ihrer Zelle Post zugestellt bekommen. Ohne einen weiteren Begleittext enthält der Umschlag, der vorher durch die Zensur des Gefängnisses gegangen ist, ein zwei Seiten langes Gedicht. Die erste Strophe lautet:

»Gedankenvoll steh' ich vor Deinem Bild/ und schaue tief in Deine Augensterne;/ wie blicken sie so sehnsuchtsvoll und mild/ in eine trübe, unbekannte Ferne.«

Unterschrieben ist der poetische Erguss mit »Lucius Ferri Natas«, was die Polizei so deutet: der Beginn der erfundenen Vornamen könnte zusammengezogen »Lucifer« ergeben, liest man den Nachnamen verkehrt, kommt »Satan« heraus. Wer allerdings tatsächlich der Absender des Gedichtes war, blieb unbekannt.

Neue Identität nach 14 Jahren

Lange Diskussionen gibt es in der Verhandlung, in welcher von Verteidiger Stern geführten Zeuge für die Existenz eines gewissen Bertini gehört werden. Alle Behauptungen, man habe den Namen schon gehört, ja den Mann schon irgendwo gesehen, prallen ab wie Regentropfen an einem Gummimantel. »Unglaubwürdig.«

Das Urteil überraschte dann auch niemanden: »Lebenslänglich« für Adrienne Eckhardt, die ins Frauengefängnis nach Schwarzau in Niederösterreich eingeliefert wird. Vom Obersten Gerichtshof wird allerdings das Urteil im Juli 1953 auf zwanzig Jahre Gefängnis reduziert. Weniger erfolgreich ist Eckhardts Verteidiger Michael Stern mit zahlreichen Anträgen auf Wiederaufnahme des Verfahrens und auch sein Begehren, neue Verhöre mit der Anwendung von Wahrheitsserum durchzuführen (»narkoanalytische Untersuchung durch Anwendung von Pentothal«), wird abgeschmettert. Einen Lügendetektor sehe die Strafprozessordnung nicht vor.

Im Zuge der Weihnachtsamnestie wird Adrienne Eckhardt im November 1967 begnadigt. Sie bekommt einen neuen Namen und übersiedelt mit ihrer in der Haft geborenen Tochter Elisabeth, die mittlerweile 14 Jahre alt ist, in die Steiermark. Der Vater des Kindes ist ein Arzt, mit dem Eckhardt Wochen vor der Tat eine intime Beziehung wieder aufgenommen hatte.

Die Schöne und das Biest: Mörder und ihr Hass auf Frauen

Kinder, junge Mädchen oder alte Frauen: Opfer von Mördern. Auf der Straße oder in der Wohnung: Der Tatort kann überall sein. Früh am Morgen oder spät in der Nacht: Geschehen kann es zu jeder Zeit. Lust oder Hass: Ein Motiv gibt es immer. Einen gemeinsamen Nenner jedoch kann man feststellen: Der Täter ist meist ein Mann. Die Kriminalchronik zählt viele Blutverbrechen an Mädchen und Frauen auf, sehr oft sind es Serientäter, die immer wieder zuschlagen, das weibliche Geschlecht steht ganz oben in der Opferstatistik. Die Schöne und das Biest: Im Leben läuft das Zusammentreffen dieser Charaktere anders ab als im Musical, das Biest ist kein verzauberter Prinz, sondern ein kalter Killer.
Der Ursprung der Mordlust, die an Frauen ausgelebt wird, liegt oft in der Kindheit oder Jugend, zumindest geben das viele Täter an. Das Gefühl der absoluten Überlegenheit und der finalen Demütigung des Opfers dürfte den Tätern Lust und Befriedigung bereiten, ebenso wie rein sexuelle Handlungen.

Als »Lumpi« wieder einmal Ärger mit Frauen hatte

»Es war der Hass gegen Frauen, der mich überwältigt hat!« Wie oft hören Kriminalbeamte diesen Satz, wenn sie einen Mann nach dem Grund fragen, warum er getötet habe. Hass gegen die Frauen im Allgemeinen soll zum Mord im Besonderen geführt haben. Denn dadurch kann sich der Mann beweisen, dass er doch der Stärkere ist, der Überlegene, der endgültige Sieger. Oft sind es Prostituierte, die Mordopfer werden, oft ältere Frauen – mit Ersteren man kann leicht Kontakt aufnehmen, die anderen können sich kaum wehren. Ist es tatsächlich ein Knacks in der Psyche, der zu solchen Taten führt, oder ist es eine angelesene Verteidigungsstrategie?

Sein Spitzname ist »Lumpi«. Warum seine Freunde den Maschinenschlosser Helfried Berger so nannten, kann er nicht erklären. »Ich hieß eben so, basta«, zuckte er nur mit den Schultern. »Lumpi«, ist das ein folgsamer Hund oder ist es nur ein kleiner Lump, so ein harmloser Schwindler halt? Der 38-Jährige weiß es nicht und es ist ihm auch egal.

»Lumpi« lebt in einer seltsamen Gefühlswelt. Er kann mit seinem Leben nichts Rechtes anfangen. Probleme hat er mit Frauen, eigentlich von Kindheit an. Die Lehrerin nervt, die Mitschülerinnen spotten ihn aus, weil er nicht schwimmen kann, immer ist irgendetwas nicht auf die Reihe zu bringen. Er versucht es mit einem Rollentausch. Von seinem ersten Geld, das er als Schlosserlehrling verdiente, kaufte er sich Frauenkleider. Und Stiefel mit hohen Absätzen. Aber das war es dann auch nicht. Man ist doch ein Mann, nicht wahr?

Die ersten Sexkontakte hatte er mit Prostituierten, und weil er sich dabei ungeschickt anstellte, erntete er wieder Spott. Diese Weiber, denen werde ich es noch zeigen, das dürfte er sich seit damals immer wieder gedacht haben.

Am 7. Juni 2002 zeigte er es einer ganz besonders deutlich, der 52-jährigen Prostituierten Elisabeth. Er nimmt sie zu sich nach Hause in Wien-Penzing, ein ausgeklügeltes Sexspiel stand auf dem Programm, Elisabeth machte mit.

Wer zahlt, bestimmt die Regeln. Sie lässt sich fesseln, »Lumpi« kommt aber dennoch nicht zum Höhepunkt. In ihrer derben Sprache gibt sie ihre Ungeduld wieder: »Zah an, i hab net die ganze Nacht Zeit!«

Helfried Berger wird wütend, er zieht einen Gurt um den Hals von Elisabeth, schlägt auf sie ein. Immer und immer wieder. So spricht man nicht mit ihm, so nicht. Eine Hure hat ihm nichts zu befehlen.

»Lumpi« hat jetzt ein Problem, was soll er mit der Toten tun? Er will sie mit einer Scheibtruhe wegbringen, doch als Ganzes ist die Frau zu groß für das Gefährt, also zersägt er die Leiche und verstaut die Teile vorerst im Keller. Am nächsten Vormittag fährt er mit der zerstückelten und verpackten Leiche auf der Scheibtruhe durch die Straßen, fährt mitten durch die Bahnhofshalle in Wien-Hütteldorf, an wartenden Fahrgästen vorbei, und leert seine grausige Fracht in einem Gestrüpp beim Bahndamm ab.

Der Fall ist rasch geklärt. Kolleginnen der Prostituierten, die an ihrem Stammplatz nicht auftaucht, beschreiben den letzten Kunden, Kollegen Bergers weisen den Weg in die Wohnung des Maschinenschlossers, Berger selbst führt die Polizisten zum Gestrüpp beim Bahndamm, wo die Leiche liegt.

Kriminalbeamte wissen: Wer »Frauenhass« als Motiv für einen Mord angibt, könnte diesen Hass auch schon früher gespürt und zugeschlagen haben. Noch dazu entdecken sie in einem Mistkübel, in dem sich weggeworfene Gegenstände der Ermordeten finden, einen Zettel mit der Notiz, so werde es jeder ergehen, die aussteigen wolle. Unaufgeklärte Morde an Prostituierten werden daher neu aufgerollt, die Merkmale der Taten verglichen, das Alibi des Verdächtigen überprüft. Im Fall Berger kommt es zu einer Reihe von Geständnissen. Ja, packt »Lumpi« aus, er habe 1989 in Graz eine Gertrude, 1994 im Wiener Prater eine Eva und 1995 ebenfalls in Wien eine Evelyn, alles Prostituierte, ermordet.

Die Tatumstände würden zu ihm passen, der Psychiater befindet »sadistische und fetischistische« Tendenzen bei ihm. Doch gesicherte DNA-Spuren stammen nicht von ihm. Schließlich widerruft Berger seine Geständnisse.

Im März 2004 steht Berger daher nur wegen des Mordes an der Wiener Prostituierten Elisabeth vor Gericht. Er bekennt sich schuldig, will sich in der U-Haft selbst töten. »Wer ane hamdraht, hat es nicht anderes verdient«, sagt er zum Psychiater Reinhard Haller. Von den Geschworenen wird er schließlich zu 18 Jahren Haft plus Einweisung in eine Anstalt für geistig abnorme Rechtsbrecher verurteilt.

Drei Morde in Favoriten: Ein Bezirk in Aufregung

Das Datum im Kalender war rot gedruckt – Mittwoch, 26. Oktober 1988, Nationalfeiertag. Der Abend vor dem freien Tag war daher für die Verkäuferin Alexandra Schriefl, 20, bestens geeignet, wieder einmal auszugehen. Wenn man nicht früh aus den Federn muss, braucht man ja nicht immer nervös auf die Uhr zu schauen. Kein Wecker würde läuten, da kann man schon etwas länger tanzen.

Schriefls Ziel war die Diskothek »Azzuro« in der Himberger Straße in Wien-Favoriten. Müde getanzt verlässt sie gegen halb drei Uhr früh das Lokal und ruft von der Telefonzelle aus ihren Freund an. Er soll sie abholen, bitte. Als er kommt, ist sie nicht mehr da. Verärgert dreht er um.

Die junge Frau kommt jedoch nicht nach Hause, man beginnt nach ihr zu suchen. Sehr bald wird sie auf einem verwahrlosten Grundstück hinter einer Holzplanke in der Himberger Straße gefunden, etwa vierhundert Meter vom Tanzlokal entfernt. Vergewaltigt, erdrosselt und mit ihrer Strumpfhose nackt an einen Baum gefesselt. Der Tod muss zwischen zwei und drei Uhr früh eingetreten sein, ergab die Obduktion im Gerichtsmedizinischen Institut.

Sorgfältig wurde noch feuchtes Sperma mit einem Stück Haut vom Oberschenkel der Leiche gelöst. Eine Spur, die immerhin zum Täter führen könnte. Zwar war damals die Kriminalwissenschaft noch nicht so weit, den genetischen Fingerabdruck mittels DNA-Analyse festzustellen. Doch aus dem Sperma konnte wenigstens die Blutgruppe des Mannes, von dem der Samentropfen stammt, festgestellt werden.

Die Analyse ergab, der Täter müsse Blutgruppe A haben. Ein verhängnisvoller Fehler, wie sich Jahre später herausstellen sollte. Durch eine Unachtsamkeit hatte man die Blutgruppe des Opfers dem Täter zugeordnet.

In den folgenden Tagen und Wochen waren die Kriminalbeamten des Sicherheitsbüros im weitläufigen Neubaugebiet im Süden Favoritens wie zu Hause. Wohnburgen, viele der Bewohner sozial schwach, manche vorbestraft. Wie es die Erfahrung lehrt, müssen bei diesen Recherchen Hunderte, ja Tausende Personen befragt werden, müssen Alibis überprüft und Zeit-Weg-Diagramme erstellt werden. Mit wenig Hoffnung, auch wirklich die heiße Spur zu finden.

Zu den Männern, die ins Visier der Polizei kamen, zählte auch der in der Nähe des Tatortes wohnende Herbert Petsch, zwanzig Jahre alt. Ein etwas fülliger Bursche, mit langem, wallendem Haar und einem kleinen Bärtchen. In seiner Biografie schienen einige Vorstrafen auf, Diebstahl und Raub. Seine Geschwister schwörten allerdings, er sei in der fraglichen Nacht schon um Mitternacht zu Hause gewesen. Der Mord aber geschah erst Stunden später.

Dieses Alibi hatte ja an sich nicht viel zu bedeuten, was bestätigen schon alles Verwandte, doch war etwas anderes ausschlaggebend, dass Petsch aus dem Kreis der Verdächtigen fiel: er hatte Blutgruppe Null, der Täter sollte laut Gerichtsmedizin jedoch Blutgruppe A haben. Der Analysefehler war sein bestes Alibi.

Dann verschwand Petsch für einige Zeit aus den Augen der Mordkommission, wieder einmal war er eingesperrt worden. Die Ermittlungen im Fall Schriefl gingen weiter, führten aber zu keinem Ergebnis.

Rätsel gab ein Schuh der Ermordeten auf, der mehrere Wochen nach der Tat neben einem nahe gelegenen Radweg gefunden wurde, aber offensichtlich erst kürzlich dort hingeworfen worden ist. Verdächtige Fingerabdrücke konnten auf dem Schuh keine gefunden werden.

Leiche im Stiegenhaus

Im Februar 1989 wieder Mordalarm in Favoriten. Christina Beranek war mit einem Schulfreund in eine Trafik gegangen, um sich ein Micky-Maus-Heft zu holen, danach aber nicht nach Hause gekommen. Im Stiegenhaus eines Gemeindebaus findet am Morgen danach der Vater nach langem Suchen seine erdrosselte Tochter. Nackt, mit ihrer Strumpfhose war sie an das Geländer gefesselt. Die Art der Fesselung wies eine deutliche Parallele zu den Tatortumständen im Fall Schriefl auf. Auch die elfjährige Christina Beranek dürfte, so wie drei Monate vorher Alexandra Schriefl, einem Sexualtäter zum Opfer gefallen sein. Die Schultasche des Mädchens, die sie bei sich gehabt hatte, fehlte vorerst. Sie wurde später, gemeinsam mit einem abgerissenen Halsketterl, in einem Zählerkasten des Hauses gefunden.

Machte ein Serienmörder den Bezirk im Süden der Stadt unsicher? Jeder verdächtigte jeden, Mädchen und junge Frauen werden aufgeklärt, wie sie sich richtig auf der Straße verhalten sollen, was zu tun ist, wenn sie jemand anspricht.

Allmählich verebbt die Angst und das Misstrauen, auf Journalistenanfragen kann die Polizei nur wieder und wieder antworten, dass weiter ermittelt werde, dass die Fälle keineswegs ad acta seien. Erfolge allerdings kann sie nicht vermelden.

Mit einem Ast erschlagen

Dann, zwei Tage vor dem Heiligen Abend 1990, eine neue schreckliche Meldung: Die achtjährige Nicole Strau wird in einem Wäldchen am Laaer Berg tot aufgefunden. Mit einem Ast war sie erschlagen worden, ihre Leiche wurde unter Laub versteckt.

Am Samstagnachmittag hatte das Kind seine Tante in Wien-Simmering besucht. Mit der Straßenbahn der Linie 71 und dem Autobus 15A sollte sie nach Hause, zur »Siedlung Südost« nach Favoriten, fahren. Etwa um halb sechs Uhr verließ sie die Tante. Als sie nicht ankam, begannen die Mutter und ihr Lebensgefährte mit einer hektischen Suchaktion. Polizeigruppen schwärmten aus, doch erst am folgenden Tag wurde Nicole Strau von Suchhunden unweit ihrer Wohnung in dem Wäldchen gefunden.

Die Obduktion ergab, dass das Mädchen sexuell missbraucht worden war. Ermordet aber wurde es, wie Gerichtsmediziner bei der Obduktion feststellten, erst etwas später und auch etwas vom Tatort der Vergewaltigung entfernt. Offenbar war es rund hundert Meter weit in das Unterholz gezerrt und dort erschlagen worden. Ein Rätsel blieb: Zwischen dem Verschwinden Nicoles am späten Nachmittag und ihrem Todeszeitpunkt liegen rund sieben Stunden. Es wurden keine Anhaltspunkte gefunden, was in dieser Zeit geschah.

Wieder wurden Tatverdächtige verhört, wieder Alibis überprüft, doch wieder kam man zu keinem Ergebnis.

Einer der Verdächtigen damals war der 24-jährige Michael Petzl. Der junge Mann gehörte zum Freundeskreis der Tante von Nicole Strau, doch bekam er für die Tatzeit – also den Abend des 22. Dezember – aus dem Kreis seiner Familie ein Alibi. An der Leiche des Kindes waren zwar Spermaspuren sichergestellt worden, doch gab es, wie bereits erwähnt, noch keine DNA-Analyse und die serologische Untersuchung der Spuren, also die Feststellung der Blutgruppe und ein eventueller Vergleich mit anderen Proben, war mit vielen Unsicherheitsfaktoren behaftet.

Drei Morde in Favoriten an zwei Mädchen und einer jungen Frau innerhalb von rund zwei Jahren, ein paar Verdächtige, manche Indizien, aber keine Beweise. Bestand ein Zusammenhang, war es ein Serientäter? Die Tatumstände der Fälle Beranek und Strau waren so ähnlich, dass es der gleiche Täter gewesen sein könnte. Handelte es sich vielleicht um eine Bestie, die vorzugsweise an kalten Tagen zuschlug? Die Wiener Kriminalpolizei kam nicht weiter und wurde heftig kritisiert.

Man begann die Arbeit neu zu organisieren. Bisher rückten bei Blutverbrechen zwei Beamte der Mordkommission aus, die am Tatort von einem Fotografen, einem Spezialisten für Fingerabdrücke und einem Mediziner unterstützt wurden. Der Arzt sollte versuchen, durch Augenschein die Todesursache und den Todeszeitpunkt möglichst genau festzustellen, der Daktyloskop suchte nach Fingerabdrücken und der Fotograf fertigte Bilder am Tatort an. Einer der Kriminalbeamten hielt die Situation am Tatort in Skizzen fest, der zweite beschäftigte sich mit der Einvernahme der ersten Zeugen. Einige Monate nach dem Mordfall Strau, Mitte 1991, wurden so genannte Tatortgruppen gebildet, damit Spuren in Hinkunft besser gesichert werden können.

In der Zeitschrift »Öffentliche Sicherheit« des Innenministeriums wird diese Zwei-Mann-Gruppe so beschrieben: »Bevor sie den Tatort betreten, streifen sie Einwegschutzanzüge über – glatt und antistatisch, mit Kapuze. Jedes Haar, jede Hautschuppe könnte zum Täter führen – stammt sie von einem Unbeteiligten, könnte das die Ermittler auf falsche Fährten führen. Die Spurensucher fahnden in jeder Ritze nach biologischen Hinterlassenschaften der Täter, nach Fasern und Speichelresten. Spuren landeten früher in Holzkisten, heute in Ampullen und Vakuumverpackungen. Spezielle Staubsauger saugen Kleiderfasern auf, mit Klebebändern werden Mikrospuren gesammelt. Oft ist die Tatortarbeit ein Wühlen in Schutt und ein Arbeiten im Gestank: Ratten am Tatort, Verwesungskäfer an Leichen bei dreißig Grad Hitze, verkohlte Leichen, Tote, versenkt in Jauchengruben.«

Die Tatortgruppen entlasteten und ergänzten die Recherchearbeit der Kriminalbeamten. Ausgewertet wurden die Spuren dann in speziellen Labors.

Der seelische Fingerabdruck

Eine weitere Neuheit importierte das Innenministerium aus den USA. Auch in Österreich sollte das »Täter-Profiling« salonfähig werden. Profiling – das bedeutet, aufgrund einer genauen Analyse des Tatortes und des möglichen Tatherganges Erkenntnisse zum Charakter des Täters, zu seinen Gewohnheiten, zu seinen Stärken und Schwächen zu gewinnen. Profiler suchen also den »seelischen Fingerabdruck« des Täters.

In Wien bot sich 1992 dafür Thomas Müller an. Er hatte als Streifenpolizist in Innsbruck begonnen, dann Psychologie studiert und schließlich in Quantico, einer Art Universität des amerikanischen FBI, den letzten Schliff im Profiling erhalten. Für ihn wurde im Innenministerium der »Kriminalpsychologische Dienst« eingerichtet. Viele altgediente Kriminalbeamte spotteten über den »Seelenschlieferl«, und so dauerte es einige Zeit, bis Müller anerkannt wurde.

Wesentlich war er auch an einem anderen Schritt beteiligt, der als nächster bei der Modernisierung der kriminalpolizeilichen Arbeit gesetzt wurde. Er betraf den »genetischen Fingerabdruck«, die DNA-Analyse.

Die Wissenschaft wusste bereits viel von dieser Substanz mit dem chemischen Namen Desoxyribonukleinsäure, dessen englische Abkürzung eben DNA lautet. Sie ist in jeder Körperzelle enthalten – im Blut, in den Haaren, in der Haut, im Speichel. Und vor allem: Sie ist bei jedem Menschen anders, ausgenommen bei eineiigen Zwillingen. Dieser Umstand macht die Übereinstimmung des DNA-Profils eines Verdächtigen mit dem DNA-Code einer Tatortspur zu einem über jeden Zweifel erhabenen Beweis.

1997 wurde in Österreich mit dem Aufbau einer DNA-Datenbank begonnen und Müller brachte das Ministerium und die Wissenschaft zusammen. In Innsbruck befasste sich Dr. Richard Scheithauer am Gerichtsmedizinischen Institut mit diesem Fachgebiet und er wurde beauftragt, die biologischen Spuren – sowohl diejenigen, die an Tatorten gefunden wurden, als auch solche, die von Verdächtigen genommen werden – auszuwerten.

In der Folge wurden Tatortspuren ungeklärter Fälle aufgearbeitet und der ermittelte DNA-Code gespeichert. Umgekehrt wurde begonnen, bei verhafteten Gewalt- und Sexualtätern ebenfalls DNA-Proben zu entnehmen. Auch solche Täter, die bereits verurteilt und in Gefängnissen saßen, wurden nach und nach erfasst. Dabei kam es zu einer grotesken Situation: Da Strafgefangene ihre Zustimmung geben mussten, wenn man ihnen im Gefängnis eine Probe abnehmen wollte, führte man sie in eine Dienststelle der Exekutive, wo diese Probenahme laut Sicherheitspolizeigesetz auch ohne ihre Einwilligung geschehen durfte.

Kaum war die DNA-Datenbank eingerichtet, schlug Max Edelbacher, der Chef des Wiener Sicherheitsbüros, 1999 vor, das System auch für die Aufklärung der drei Favoritner Morde an Alexandra Schriefl, Christina Beranek und Nicole Strau zu nutzen. Er wollte rund dreitausend Männer, die im Zusammenhang mit den Blutverbrechen im Laufe der letzten Jahre ins Visier der Polizei gelangt sind, gegen die es aber keine stichhaltigen Beweise gab, zu einem Massen-Screening vorladen. Es hagelte Proteste von Datenschützern und schließlich gaben auch die geschätzten Kosten von etwa 10 Millionen Schilling den Ausschlag, dass die Aktion abgeblasen wurde.

Klärung nach Wirtshausrauferei

Es war wieder einmal Kommissar Zufall, der, unterstützt von der DNA-Datenbank, zu einem ersten Erfolg in der Mordserie verhalf.

Im September 2000 kam es nach einer Hochzeit in einem Favoritner Gasthaus zu Randalen. Hitzige Streitereien führten zu einer ausgewachsenen Schlägerei, die herbeigerufene Polizei geriet zwischen die Fronten.

Als einer der Randalierer wurde Herbert Petsch festgenommen.

»Widerstand gegen die Staatsgewalt« lautete die Beschuldigung. Man kann sich so ungefähr vorstellen, wie bei dieser Amtshandlung auch noch nach der Rauferei die Fäuste gesprochen haben. Da Petsch mehrfach vorbestraft war, wurde von ihm routinemäßig auch ein DNA-Abstrich genommen und an die Datenbank in Innsbruck eingeschickt. In der war in der Zwischenzeit auch das DNA-Profil der 1988 bei Alexandra Schriefl gesicherten Spermaspur archiviert. Zur Erinnerung: Damals waren die Gerichtsmediziner bei einer serologischen Blutgruppenbestimmung zu einem falschen Befund gekommen und hatten damit Petsch zunächst vom Tatverdacht entlastet. Die DNA-Analyse jetzt ergab allerdings etwas anderes: »Mit an Sicherheit grenzender Wahrscheinlichkeit« stammt die Spermaspur von Petsch.

War er der Täter? Hatte er so eiserne Nerven, alle bisherigen Befragungen – immerhin war er ja mehrmals sowohl nach dem Mordfall Schriefl als auch nach der Ermordung von Christina Beranek vernommen worden – ungerührt wegzustecken? Alibis anzubieten, die Verwandte bestätigten? Oder war auch das jetzige Ergebnis der DNA-Analyse anzuzweifeln?

Petsch will mit dem Mord an Schriefl nichts zu tun haben. Nach und nach rückt er mit Details heraus, was damals geschehen ist. Ja, er war ebenfalls in der Diskothek »Azzuro«, ja, er kannte Alexandra Schriefl. Aber: Er war ja schon zu Hause, als der Mörder zuschlug.

Immer wieder wird der Mann verhört. Wie kam sein Sperma auf den Schenkel des Opfers – diese Frage wird immer wieder gestellt. Langsam gibt er es auf, von falschen Analysen zu sprechen. Es sei möglich, ja, es ist sogar sicher, dass er mit Schriefl Sexkontakt hatte, vielleicht einen Tag vorher. Wieder zitieren die Kriminalbeamten Gutachten. Unmöglich, der Samentropfen stammt aus der Mordnacht. Dann relativiert Petsch seine Aussage: Ja, er hatte in der Mordnacht ein flüchtiges Sexabenteuer mit der jungen Frau, sie war einverstanden, aber sie ging dann von der Wiese, auf der es geschah, zurück in die Diskothek. Jedenfalls lebte sie, als auch er sich verdrückt hatte.

Dann neue Aussagen: Petschs Geschwister meinten, er sei zwar um Mitternacht nach Hause gekommen, es sei aber möglich, dass er dann wieder wegging. Und andere Zeugen wollen gesehen haben, dass Petsch noch gegen halb drei Uhr früh in der Nähe des »Azzuro« war, zu jener Zeit, als Schriefl ihren Freund anrief, damit er sie abhole.

Staatsanwalt Ernst Kloyber klagte im Dezember 2001 Herbert Petsch, 33, vor einem Geschworenengericht in Wien an, vor 13 Jahren die 20-jährige Verkäuferin Alexandra Schriefl vergewaltigt und erdrosselt zu haben. Rund drei Dutzend Journalisten drängen in den Verhandlungssaal, wollen über den Prozess gegen die »Bestie von Favoriten«, wie der Mann bezeichnet wird, berichten. Trotz der übereinstimmenden DNA-Spuren bestritt Petsch weiterhin den Mord. In der Untersuchungshaft hatte er einschlägige Literatur studiert und meinte, die wissenschaftliche Beweisführung ins Wanken bringen zu können. »Wenn ihr mich verurteilt, müsst ihr mir einen Tag lang Hände und Füße in Ketten legen, sonst mach ich aus allem Kleinholz«, zitierte die Tageszeitung »Kurier« einen Ausspruch des Angeklagten. Die Geschworenen schreckte die Drohung nicht. Sie verurteilten Petsch zu 15 Jahren Haft – zur Tatzeit galt er noch als Heranwachsender, der nicht »lebenslänglich« bekommen kann – und der Einweisung in eine Anstalt für geistig abnorme Rechtsbrecher.

Alter Akt neu aufgerollt

Nach einer Serie von Autoeinbrüchen in Favoriten im Jahr 2001 wird als Verdächtiger der 34-jährige Michael Petzl festgenommen. Sein Foto, aufgenommen im Wiener Erkennungsamt, landete auf dem Schreibtisch des Kriminalbeamten Fritz Schwarzmayer, der seinerzeit auch den Mordfall Nicole Strau bearbeitet hat. Er erinnert sich, dass Petzl unter Verdacht geraten war, und regt an, den Fall neu aufzurollen. »Immerhin stand er damals mit 25 anderen Männern auf unserer Liste«, begründet Schwarzmayer. Um bei neuen Ermittlungen jedoch zu einem Erfolg zu gelangen, wäre eine DNA-Probe des Verdächtigen notwendig. Der Mann, wegen der Autoeinbrüche in Untersuchungshaft, weigert sich jedoch, einen Mundhöhlenabstrich über sich ergehen zu lassen. Eine Weigerung, die den Verdacht der Kriminalisten noch weiter nährte.

Schließlich zupfte man ihm im November 2001 ein Haar vom Kopf und schickte es nach Innsbruck zur Analyse. Die Probe stimmte mit jenem DNA-Profil überein, das an Spermaspuren an Nicole Straus Leiche gesichert worden ist.

Im Oktober 2003 beginnt der Prozess gegen den Mann, der mit 18 Vorstrafen kein unbeschriebenes Blatt ist. Es waren kleinere Delikte, aber immerhin kennt sich Petzl mit der Justiz aus. Und auch mit der Polizei, für die er einst sogar als Spitzel gearbeitet hat. Weil er sie »einmal beschissen« habe, zahle man ihn das jetzt mit getürkten Gutachten zurück, wolle ihn »eintunken«, behauptete er. Für die Experten allerdings besteht kein Zweifel, dass die biologischen Spuren von Petzl stammen und er daher zumindest Sexkontakt mit dem Mädchen gehabt haben muss.

Elmar Kresbach, der Verteidiger des Angeklagten, verlangt schließlich, dass die neben der Leiche des Mädchens gefundenen Schuhbänder aus ihren Winterstiefeln ebenfalls aus DNA-Spuren untersucht werden, da mit ihnen Nicole gewürgt worden ist. Von den Händen des Täters könnten Hautfetzen oder Schweiß zurückgeblieben sein und daher jetzt noch analysiert werden. Die Untersuchung brachte allerdings kein verwertbares Ergebnis. Für den Verteidiger stützte das die Theorie, dass sein Mandant zwar das Mädchen missbraucht, ein anderer Täter es aber getötet haben könnte.

Am 2. Dezember 2003 wurde Petzl dann von den Geschworenen zu lebenslänglicher Haft verurteilt. Mit fünf zu drei Stimmen war die Entscheidung allerdings denkbar knapp. Das Oberlandesgericht bestätigte im Juli 2004 das Urteil.

Ein Phantom in der Oper: Ballettelevin erstochen

Wien, im März 1963. Die Frühjahrsmesse ist voll im Gang. Vor dem Stephansturm beginnen die Vorbereitungen für den Otto-Preminger-Film »Der Kardinal« mit Josef Meinrad als Erzbischof Innitzer sowie Romy Schneider und Peter Weck in weiteren Rollen. Die Bundesregierung gedenkt der politischen Ereignisse vor 25 Jahren, die zum Anschluss an Deutschland geführt haben. Und in der Staatsoper bereiten sich kurz vor fünf Uhr nachmittags die Sänger und Musiker auf den Beginn der »Walküre«-Aufführung vor.

Zur gleichen Zeit sticht im Waschraum der Ballettschule der Oper ein Mann auf die zwölfjährige Elevin Dagmar Fuhrich ein, tötet sie mit 37 Messerstichen. Der Täter verschwindet unbemerkt, obwohl er auffallend blutverschmiert sein muss.

Die zwei Friseusen Lotte Karasek und Gertrude Gali entdecken das tote Mädchen, alarmieren den Mann der Feuerwache und den diensthabenden Polizeibeamten Franz Priehsnitz. Der Gerichtsmediziner Prof. Breitenecker, ein Opernfreund, war im Publikum und wurde aus seiner Loge geholt.

Die Mordkommission traf ein, untersuchte den Tatort. Nur jetzt keine Panik, war die Devise. Sollte man die Personalien aller Besucher feststellen und sie nach Hause schicken, alle Angestellten verhören?

Man entschloss sich für das Gegenteil. Um 18.05 Uhr hob Dirigent Berislav Globucar den Taktstock. Trotz des Mordes im Haus ging die »Walküre« programmgemäß über die Bühne.

In der Folge werden von einem Großaufgebot der Polizei vierzehntausend Alibis überprüft. Alle vorgemerkten Sexualtäter, die kurz vor der Tat entlassenen Strafgefangenen, die Bekannten der Elevin, die Handwerker, die Zugang zur Oper hatten. Wochenlange intensive Arbeit für die Kriminalisten.

Doch die Recherchen der Polizei ergaben nichts, der Täter blieb ein Phantom.

Bei einer Wiener Tageszeitung langte eine Ansichtskarte ein, unterschrieben mit »Der Mörder von der Oper«. Ein makabrer Scherz, der die Wut der Bevölkerung auf den unbekannten Täter weiter aufschaukelte.

Dann, am 17. Juni, wieder ein Messerattentat. Ein unbekannter Mann sticht im »Ohne Pause«-Kino am Wiener Graben der Studentin Waltraud Brunner mit einem Messer in den Rücken und flieht.

Die Recherchen der Polizei ergaben nichts, der Täter blieb ein Phantom.

Sechs Wochen später, am 30. Juli, wird in der Wiener Augustinerkirche die amerikanische Studentin Virginia Chieffo von einem unbekannten Mann durch mehrere Messerstiche verletzt.

Die Recherchen der Polizei ergaben nichts, der Täter blieb ein Phantom.

Drei Tage später, am 2. August, wird die im Wiener Stadtpark auf einer Bank sitzende Verkäuferin Maria Brunner von hinten mit einem Messer in den Nacken gestochen. Vor den Augen der Spaziergänger läuft ein Mann davon.

Die Recherchen der Polizei ergaben nichts, der Täter blieb ein Phantom.

Am 6. August betritt die Pensionistin Emma Laasch ihr Wohnhaus in der Wiener Tuchlauben. Als sie den Liftschlüssel aus der Handtasche kramt, wird sie von hinten mit einer Gabel in den Hals gestochen. Sie wehrt sich, der Täter läuft davon, doch die Verletzte setzt ihm nach und sieht noch auf der Straße, wie er im Nebenhaus verschwindet. Ein Polizist ist zufällig in der Nähe und stellt einen erregten Mann, den die Pensionistin als Täter erkennt.

Der Mann wurde festgenommen, es war der Verkäufer Josef Weinwurm, 1930 in Niederösterreich geboren, damals also 33 Jahre alt.

Lücken im Strafregister

Rasch war klar, dass er das lang gesuchte Phantom war, sowohl Brunner als auch Chieffo erkannten ihn wieder.

Die Kriminalbeamten des Wiener Sicherheitsbüros begannen nun Weinwurms Vergangenheit zu erforschen. Schon mit 17 Jahren bedroht er ein Mädchen, zwingt es mit einer Pistole in eine Toilette, will »etwas sehen«. Er kommt vor das Jugendgericht, wird schuldig gesprochen, eine Strafe bleibt ihm erspart.

Eine Eintragung ins Strafregister entfällt.

Zwei Jahre später wieder ein Überfall auf eine Frau, diesmal mit einer Schere. Ein Psychiater erklärt Weinwurm als unzurechnungsfähig, er kommt ein Jahr in die Nervenheilanstalt »Am Steinhof«.

Eine Eintragung ins Strafregister entfällt.

1953 kommt Weinwurm wieder vor Gericht. 82 Diebstähle in der Wiener Innenstadt werden ihm angelastet. Er wird verurteilt, kommt 1955 wieder frei. In der Folge gibt es weitere Vorstrafen wegen Eigentumsdelikten. Am 5. März 1963, also eine Woche vor dem Mord in der Wiener Oper, wird er aus dem Arbeitshaus in Göllersdorf entlassen.

Ein »schwerer« Bursche also. Erst versucht er, zwar die Überfälle zuzugeben, im Fall Fuhrich aber ein Alibi anzubieten. Erst als dieses platzt, »packt« er aus.

Am 8. März sei er bei seinen Streifzügen durch die Innenstadt auch in die Oper gekommen. Zufällig gelangt er zu dem Damenwaschraum und beobachtet dort ein paar Putzfrauen, die gerade duschen. Am 12. März geht er wieder in die Oper, durch einige Gläser Wein enthemmt. Im Waschraum trifft er auf Dagmar Fuhrich. Wie oft er auf sie eingestochen hat, weiß er nicht mehr. Sein Geständnis schließt er mit den Worten: »Wenn ich aus der Haft herauskomme, werde ich es wieder tun.«

Weinwurm, der durch seine tief liegenden Augen eine gewisse äußere Ähnlichkeit mit Rudolf Hess, Hitlers Stellvertreter, hat, wird vor ein Geschworenengericht gestellt. Drei Stunden vor Prozessbeginn drängten sich die ersten Zuhörer vor dem Saal, um noch Einlass zu finden. An die zwanzig Fotografen ließen ein Blitzlichtgewitter los, dann hörte man von dem Angeklagten, dass er sich schuldig bekenne. Der Maler Wolfgang Erbens schlüpfte in die Rolle eines Gerichtszeichners und machte während der folgenden Prozesstage zahlreiche Skizzen des Geschehens.

Am 10. April 1964 wird Weinwurm wegen des Mordes an der Ballettelevin Dagmar Fuhrich und der anderen Messerattentate zu lebenslangem, schwerem, verschärftem Kerker verurteilt. Er arbeitet in der Buchbinderei, unternimmt 1966 einen Selbstmordversuch, wird aber gerettet. Besuche bekommt er keine, mit Mithäftlingen hat er kaum Kontakt. Kindermörder haben, auch hinter Gittern, keinen guten Ruf.

Eine vorzeitige Entlassung ist für Weinwurm aussichtslos. Sein Leben versickert im ewigen Einerlei zwischen Zelle, Arbeitsstelle und Krankenstation. Im August 2004 stirbt der Opernmörder an Herzschwäche. In der »Kronen Zeitung« reimt Hausdichter Wolf Martin:

»Der Opernmörder ist nicht mehr./ Er schockte einst uns Alte sehr./ Das Aufsehen war ganz ungeheuer,/ wie bei der Bestie von Steyr.«

Der derart apostrophierte Serienmörder Alfred Engleder hatte in den 50er-Jahren in Oberösterreich sein Unwesen getrieben. Nach 33 Gefängnisjahren war er aus der lebenslangen Haft entlassen, dann aber von einer Prostituierten erstochen worden.

Der Opernmörder Weinwurm verbrachte vierzig Jahre in Stein. Insgesamt war er während seines ganzen Lebens länger im Gefängnis als in Freiheit.

Ermordeter Mörder: Gottesurteil nach 33 Jahren?

Das Schottenstift im Herzen von Wien. Eigentlich heißt es »Benediktinerabtei unserer Lieben Frau zu den Schotten« und wurde im 12. Jahrhundert vom Babenbergerherzog Heinrich Jasomirgott errichtet. Seit je her war es auch Zufluchtsstätte für Personen, die Asyl suchten.

Am 1. August 1991 fand ein klein gewachsener alter Mann mit einem Geh- und Hörfehler Asyl bei den Schotten. Er kam direkt aus dem Gefängnis in Stein an der Donau nach Wien. 33 Jahre hatte er dort abgesessen, dann wurde er aus der lebenslänglichen Haft vorzeitig »auf Bewährung« entlassen. Helfen sollten ihm dabei die Patres des Stiftes, die den Mann in der Kunsttischlerei beschäftigten und ihm sogar neben dem freien Logis noch 10 000 Schilling monatlich Lohn gewährten.

Der Gastmeister des Stiftes registrierte den Mann als Alfred Engleder, geboren 1920 in Oberösterreich. Bekannt wurde er als »Mörder mit dem Maurerfäustel«, der in den 50er-Jahren in der Umgebung von Steyr zahlreiche Bluttaten an jungen Frauen beging und dafür zur

Höchststrafe verurteilt worden ist. Nun war er wieder frei und durfte bei den Patres wohnen.

Doch ist ein Mensch, der 33 Jahre hinter Gefängnismauern verbracht hat, der schwere Schuld auf sich geladen hat und seinen pathologischen Frauenhass wohl nie ganz überwinden konnte, wirklich frei? Kann es für so einen Menschen wirklich ein »normales« Leben geben?

Für Engleder jedenfalls gab es das nicht. Der seit seiner Jugend wegen seiner kleinen Größe immer wieder verspottete und zum Außenseiter gewordene Mann, der seinen Hass auf Frauen blutig abreagiert hatte, suchte nun in später Freiheit die Gesellschaft einer Frau.

Einer, der er überlegen war, auch ohne Maurerfäustel.

Er fand sie in der drogensüchtigen Prostituierten Sonja Prychalla, 26. Der alte Mann gewährte der jungen Hure Unterschlupf in seinem Quartier bei den Schotten.

Das ging einige Zeit ganz gut. Aber Sonja kam und verschwand, wie es ihr passte. Und mit der Überlegenheit Engleders war es dadurch vorbei. Er wollte sie rausschmeißen.

Es war die Nacht zum Karfreitag des Jahres 1993, der 8. April. Sonja war »nach Hause« gekommen, zu Engleder. Der schimpfte. »Hast wieder herumgeschmust«, meinte er, denn ihre geschminkten Lippen waren verschmiert. »Bei mir bist du immer anders«, setzte er noch fort und tätschelte sie. Sie wehrte ab, suchte nach dem Schminkstift, wollte ihn spitzen und bat Engleder um ein Messer. Er legte es auf den Tisch, und als er sich wegdrehte, rammte ihm Sonja die zwanzig Zentimeter lange Klinge in den Rücken. Dann ging sie, ein Freund wartete schon.

Schwer verletzt schleppte sich Engleder zur Tür, wurde entdeckt und ins Allgemeine Krankenhaus gebracht. Er konnte noch sagen, wer ihn niedergestochen hat. Ein paar Stunden später erlag er seinen Verletzungen im Spital.

Ein Mörder, der ermordet wurde. Der Frauenhasser wurde Opfer einer Frau. War es ein Gottesurteil?

Sechs Monate später, im Oktober 1993, wurde die Prostituierte wegen Mordes zu 15 Jahren Gefängnis verurteilt.

Gehänselt und geschlagen

Wer ist dieser ermordete Mörder? Woher kam sein Frauenhass? Viele Momente spielten dabei eine Rolle.

Alfred Engleder, in Waisenhäusern aufgewachsen, wurde nur 1,58 Meter groß, er wurde deshalb immer wieder gehänselt, beiseite geschubst, traute sich wohl auch nicht an Mädchen heran. Schließlich heiratete er, doch er stand unter dem Pantoffel, wurde sogar geschlagen. Nach der Scheidung heiratete er noch einmal, ein Kind war unterwegs. Seine zweite Frau aber ließ er nicht an seinem Leben teilhaben, er kapselte sich in seiner Bastelwerkstätte ein.

Bis eines Tages das Böse in ihm explodiert. Er steigt am 13. Juli 1951, da ist er knapp 31 Jahre alt, auf sein schwarzes Fahrrad, nimmt ein Maurerfäustel mit und radelt in den einsamen Straßen rund um Steyr herum. Elfriede Kranawetter ist auf dem Weg nach Hause, eine junge Frau. Im Vorbeifahren schlägt Engleder auf sie ein, schreit Beschimpfungen in die Nacht und schlägt sie wieder auf den Kopf. Doch die Frau rappelt sich auf, er radelt unerkannt davon.

Vier Jahre zähmt er das Tier in sich. Am 23. August 1955 überfällt er bei Bad Hall Margarete Baier. Wieder Hammerschläge auf den Kopf, Schimpftiraden, Flucht. Am 6. November 1955 überfällt er in der Umgebung von Steyr Gertrude Brunner-Löbl. Er kommt mit dem Rad, schlägt mit dem Hammer zu. Dann zerrt er die Frau zu Boden, schlägt mit den Fäusten auf sie ein und versucht sie zu vergewaltigen. Die Frau wehrt sich, kann entkommen. Er radelt davon. Erhebungen der Gendarmerie führten zu keinem Erfolg.

Doch Engleders Hass auf die Frauen stieg. War er nicht in der Lage, sie zu bestrafen, sie zu erniedrigen? Er konnte an nichts anderes mehr denken. Es musste noch gelingen.

Donnerstag, der 10. November 1955. Ständig Nebel, Nieselregen. Dennoch ist Engleder am späten Abend wieder in Steyr auf seinem Fahrrad unterwegs. Er sieht in der Nähe des Spitals eine Frau auf der leeren Straße. Mit dem Maurerfäustel schlägt er auf sie ein, sie stürzt, er zerrt sie von der Straße weg, versetzt ihr weitere Schläge. Es ist die Krankenschwester Margarete Fluch, die er erwischt. Immer wieder schlägt er auf sie ein, reißt ihr die Kleider vom Leib, vergewaltigt sie. Er radelt davon, wenig später stirbt die Krankenschwester am steilen Abhang zur Steyr.

Arzt unter Verdacht

Als Fluch am übernächsten Tag nicht zum Dienst kommt, beginnen Kollegen nach ihr zu suchen. Darunter auch der Narkosearzt Dr.

Günther Hoflehner. Viele im Spital wissen, dass der verheiratete Mann mit der Krankenschwester eine Liebesbeziehung hat. Die Tote wird gefunden und es stellt sich heraus, dass Fluch für Donnerstagabend ein Rendezvous mit dem Arzt vereinbart hatte. Hatte er die vielleicht lästig gewordene Geliebte beseitigt?

Bei Verhören verwickelt er sich in Widersprüche. Ja, er war in der Nähe des Tatortes, sie ist aber nicht gekommen. Er habe nur einen Radfahrer gesehen.

Für die Polizei in Steyr ist alles klar, Hoflehner wird unter Mordverdacht verhaftet. Mit den früheren Überfällen auf Frauen stellt sie keinen Zusammenhang her. Für die Öffentlichkeit und die Zeitungen ist der »mutmaßliche Mörder überführt«.

Hoflehners Ehefrau versucht sich das Leben zu nehmen. Ihr Mann wird zwar nach einem halben Jahr aus der Untersuchungshaft entlassen, da keine stichhaltigen Beweise erbracht werden können, doch sein Ruf ist so ramponiert, dass er Steyr verlässt und nach Linz geht, um dort weiterarbeiten zu können.

Engleder gibt eine Zeitlang Ruhe. Doch am 10. Juni 1957, dem Pfingstmontag, holt er wieder sein Fahrrad und sein Maurerfäustel aus dem Schuppen. In der Nähe von Sierning sieht er Herta Feichtinger, die nach einem Kinobesuch nach Hause geht. Es läuft alles so ab wie eineinhalb Jahre zuvor beim Mord an Margarete Fluch: Er schlägt wuchtig mit dem Hammer auf den Kopf seines Opfers ein, schleift die Frau ins nahe gelegene Kornfeld, versetzt ihr weitere Schläge, knebelt sie, vergewaltigt die Sterbende und radelt anschließend davon. Am nächsten Tag findet der Bruder der Ermordeten die Leiche.

Zu den Verdächtigen zählt für die Steyrer Polizei auch Dr. Hoflehner. Er muss ein Alibi erbringen. Weiteren Verhören entgeht er dadurch, dass Helmut Mauhart, ein Bekannter des Opfers, gesteht: »Ich habe Herta umgebracht.«

Ein Geständnis mit vielen Fragezeichen, doch besser so eines als gar keines, dürften die Beamten gedacht haben.

Am 15. Juni wird Herta Feichtinger begraben. An der Friedhofsmauer ein Steckbrief mit dem Foto jenes Tuches, mit dem sie geknebelt worden ist.

Am gleichen Tag langt bei der Polizei in Steyr ein anonymer Brief ein. Drei eng beschriebene Seiten mit der Überschrift »Ich bin der Mörder!« Detailreich wird die Tat beschrieben, der Knebel – »stammt aus den Fetzen, die ich in den Steyr-Werken zum Werkteil-Reinigen ausgefasst habe« – und schließlich noch die Mitteilung, dass er die rote Handtasche seines Opfers am 11. Juni in der Michaeli-Kirche in Steyr »vergessen« habe. Im Gotteshaus wollte er seine Tat beichten, teilte der Unbekannte mit.

Wie sich später herausstellte, hat tatsächlich Alfred Engleder diesen Brief geschrieben. Wollte er entdeckt werden, dadurch aus dem Teufelskreis herauskommen, in den er von seinem Trieb gezwungen wurde?

An der Uhr erkannt

Dieser Trieb jedenfalls ist stärker denn je. Noch am Abend des 15. Juni 1957 zieht Engleder wieder los. Diesmal sucht er die Umgebung von Bad Hall heim. Er schiebt sein Rad auf der Straße, eine Frau überholt ihn, da steigt er auf, radelt ihr nach und schwingt wieder sein Fäustel. Er lässt es diesmal auf Herta Spann niedersausen, die auf dem Heimweg nach einem Kinobesuch war. Sie stürzt und er holt neuerlich aus, will zuschlagen und sie von der Straße zerren. Ein Motorradfahrer kommt, sieht die Szene. Engleder flieht zu Fuß, muss das Rad und seinen Hammer zurücklassen und verliert auch noch seine Armbanduhr.

Nun klappt es mit den Routineerhebungen. Die Hinweise aus dem Brief führen in die Steyr-Werke, ein Kaufmann aus Sierning erkennt die verlorene Uhr, die er Alfred Engleder verkauft hatte. Und dessen Ehefrau identifiziert das Fahrrad, dessen Sattel mit einer Pullmann-Mütze überzogen ist.

Das Phantom hat nun einen Namen, ein Gesicht.

Einige Hundertschaften der Gendarmerie beginnen eine Großfahndung. Die Felder und Wälder werden durchstreift, Zeugen wollen Engleder da und dort gesehen haben. Hysterie breitet sich aus, Zeitungsreporter heften sich auf die Fersen der Gendarmerie, die ratlos ist. Helmut Qualtinger schreibt darüber später den Sketch »Unternehmen Kornmandl«.

Engleder ist inzwischen weit vom Schuss. Nach dem Überfall auf Spann war er über Amstetten und Wien mit dem Zug nach Zwettl gefahren. Er wollte in die Tschechoslowakei fliehen.

In Karlslust bei Niederfladnitz, nur zwei Kilometer von der Grenze entfernt, beobachtet er mit einem Feldstecher Arbeiterinnen in einer Baumschule. Die werden nervös, bitten den Forstadjunkt Johann Hansal, nach dem Mann zu sehen. Hansal stellt ihn. »Sie haben einen guten Fang gemacht, auf mich ist eine Belohnung ausgesetzt, ich bin der Engleder«, begrüßt ihn der Mann.

Die Jagd ist zu Ende.

Engleder wird zum Verhör zuerst nach Wien gebracht. Er diktiert im Sicherheitsbüro den Beamten stundenlang Details über seine Taten und sein Motiv. 35 Seiten umfasst dieses erste Geständnis. »Es ist die blutige Tragödie eines von Minderwertigkeitsgefühlen gequälten Menschen mit pathologischem Geltungsbedürfnis und starken Trieben«, schrieb die »Arbeiter-Zeitung« darüber.

In Steyr wird ihm vom 4. bis 9. März 1958 der Prozess gemacht. Wie nicht anders zu erwarten erhält Alfred Engleder die Höchststrafe, lebenslange Haft. In der Öffentlichkeit beginnt wieder die Diskussion um die Todesstrafe. Oder zumindest um Härte im Strafvollzug. »Für derart gefährliche Täter muss lebenslang wirklich lebenslang sein«, fordert die »Arbeiter-Zeitung«.

Noch etwas heizt die Diskussion an. Zwei Monate nach dem Prozess gegen Engleder läuft der Film »Gestehen Sie, Dr. Corda« an. Geschildert wird das Schicksal eines verheirateten Narkosearztes – dargestellt von Hardy Krüger –, der in Verdacht gerät, seine Assistentin, mit der er ein Verhältnis hat, ermordet zu haben. Die Parallelen zu Dr. Hoflehner und Schwester Fluch sind unübersehbar. Wie im wirklichen Leben, so wird auch im Film doch noch der Fall geklärt und ein Justizirrtum verhindert.

Engleder hat den Film nicht gesehen. Er verbringt 33 Jahre in der Strafanstalt Stein und wird dann aus der Haft entlassen. In Freiheit begegnet er seiner späteren Mörderin. Eine Frau beendete das Leben des Frauenhassers.

Götz-Zitat nach dem »Lebenslänglich«

In der Wiener Innenstadt drängen sich die Menschen vor den Schaufenstern. Es ist Advent und ein Hauch von Wohlstand nach den ersten kargen Nachkriegsjahren ist spürbar. Auch am »Goldenen Sonntag«, dem 19. Dezember 1954, hat das Interesse an den ausgestellten Waren selbst in den Abendstunden noch nicht nachgelassen. Plötzlich ein Schrei: »Da klettert doch jemand auf den Stephansturm hinauf!« Sofort verliert sich das Interesse an den Schnellkochtöpfen, den Rollkragenpullis oder den Schmuckstücken in den Auslagen, die Augen sind auf den Turm gerichtet.

Die Feuerwehr ist schnell zur Stelle. Sie hat es ja nicht weit von der Zentrale Am Hof hierher. Eine Leiter auszufahren ist zwecklos, der Turm ist zu hoch. Ein Sprungtuch wird gespannt, Scheinwerfer richten sich nach oben. Dann sieht man den Mann, der schon die Spitze des 130 Meter hohen Bauwerks erreicht hat. Und einen zweiten, der ebenfalls an einer Eisenleiter an der Außenseite des Turms hochklettert. Es ist ein halsbrecherisches Unterfangen, denn diese Leiter ist überhängend, erfordert Geschick und Mut, ehe man auf das große Steinkreuz an der Turmspitze gelangt. Jetzt, mehr als 130 Meter über den Passanten, sitzt dort oben ein Mann, sitzt Johann Bergmann.

Domvikar Gruber ist ihm nachgestiegen, redet auf ihn ein. Bergmann stammelt, er sei in Not, obdachlos, er wolle Schluss machen. Der Pfarrer verspricht ihm Geld, bietet ihm in schwindelnder Höhe 1000 Schilling an – als Darlehen allerdings, wie der Gottesmann betont.

Daraufhin steigt Bergmann von seinem Platz auf der Turmspitze ab, mit einem Feuerwerk an Blitzlichtern empfangen ihn die Fotoreporter auf sicherem Boden. »Ein Heimkind, Vater Säufer, Mutter taubstumm«, erfahren die Journalisten. Der Stephansturmkletterer kommt in die Psychiatrie, bleibt dort und gibt als Motiv für seine Tat auch an, dass er unter einer zu großen Nase leidet, unter dem Spott, den er dafür von allen Seiten empfängt. Die Ärzte lassen sich überzeugen. Bergmann wird im April 1958 in der Grazer Universitätsklinik operiert und bekommt von der Chirurgie eine schlankere Nase. Doch er ist unzufrieden, das Profil wurde nicht so klassisch schön, wie er es erwartet hat, er fühlt sich jetzt erst recht angestarrt und verhöhnt, da auffällige Operationsnarben zurückgeblieben sind.

Othello und Desdemona

Kost und Quartier hat er in einem Heim der Barmherzigen Brüder im steirischen Kainbach, in dem man sich mit der Betreuung psychisch gestörter Personen beschäftigt. In diesem Heim lernt Bergmann auch eine leicht debile Frau kennen. Wie es ihre Art ist, lächelt sie oft grundlos. So auch, als sie Bergmann am 18. Juli 1958 bei einem Waldspaziergang begegnet. Der fühlt sich nicht an-, sondern ausgelacht, führt das auf seine Nase zurück und erwürgt die Frau. Später erzählt er: »Ich habe dabei die Arie des Othello gesungen, sie war Desdemona und musste sterben.«

Die Leiche der Josefine Kollmann wird erst einen Monat später entdeckt, die fortgeschrittene Verwesung machte eine Diagnose der wahren Todesursache unmöglich – als Opfer eines Herzinfarkts wird sie begraben.

Bergmann verlässt bald darauf das Heim, beginnt im »Zirkus Williams« zu arbeiten und fühlt sich von seinen Kollegen wieder gehänselt. »Du siehst aus wie ein Meerschweinchen«, soll ein anderer Zirkusarbeiter zu ihm gesagt haben. Er geht zur Polizei, klagt über Verfolgung und wird in die Heilanstalt Gugging, Niederösterreich, eingewiesen.

Knapp zwei Monate nach seinem ersten Mord in der Steiermark schlägt Bergmann in Wien zu. Er lernt am Naschmarkt die Prostituierte Juliane Emsenhuber kennen, schaut sich mit ihr im Wienzeile-Kino »Das Mädchen Rosemarie« an, die verfilmte Lebensgeschichte der Nobelhure Nitribitt, gespielt von Nadja Tiller. Gemeinsam geht Bergmann mit seiner Begleiterin in ihre Wohnung, doch dort findet er sie, wie er später sagte, »zu alt und zu fett«.

Aber am nächsten Tag, am 24. September 1958, kommt er wieder. Er nimmt ein Maurerfäustel mit, ein Werkzeug, das auch Alfred Engleder für seine Morde in Oberösterreich benützt hatte.

Wie Dorian Gray

»Sie war unmöglich, trug eine kurze, lila Pyjamahose, lachte über meine Nase, da habe ich sie mit dem Fäustel erschlagen«, beschreibt er später jenen Abend. Und: »Ich stellte mich vor den Spiegel und schaute, ob sich mein Gesichtsausdruck verändert, ob das Böse merkbar wird, so wie in dem Roman das Spiegelbild des Dorian Gray.«

Eine Nachbarin findet die Leiche am nächsten Tag. Keine Spur zu einem Täter. Ein Polizist gerät jedoch für kurze Zeit in Verdacht, weil ihm die Prostituierte testamentarisch ein Sparbuch mit 40 000 Schilling vermacht hat.

Bergmann bleibt unbehelligt in Freiheit, braucht dringend Geld. Er erschießt im November 1958 den Portier Rudolf Topf in seiner Loge im Hotel »Schweizerhof« am Wiener Bauernmarkt und kann abermals unerkannt entkommen. Die Beute ist jedoch gering, also probiert es Bergmann eine Woche später mit einem Raubüberfall auf einen Firmenboten, der mit Lohngeldern unterwegs ist. Der Versuch schlägt fehl, Passanten verfolgen Bergmann, ein Polizist stellt ihn schließlich.

Wollte auf die Bühne

Die folgenden Verhöre sind nicht einfach. Bergmann erzählt von weit zurückliegenden angeblichen Taten, von seinen Zwangsvorstellungen wegen seiner Nase, von seiner Verehrung für Burgschauspieler Albin Skoda und seinem Drang, ebenfalls einmal auf der Bühne zu stehen und umjubelt zu werden. Erinnert an seine Erkletterung des Stephansturms und seine Kindheit. Dann gibt er die Morde an den beiden Frauen im Sommer 1958 zu, spricht von Othello und Dorian Gray.

Ist er ein Narr, ein Schauspieler oder ein Monster? Die Psychiater beißen sich an ihm die Zähne aus, kommen zu keiner einheitlichen Meinung, ob er den Irren nur spielt oder tatsächlich geisteskrank ist.

Ähnlich die Situation vor dem Wiener Geschworenengericht, vor dem er zwischen dem 23. Mai und dem 1. Juni 1960 steht. Bald schildert er glaubhaft seinen »Nasenkomplex«, dann lacht er den Richter aus: »Das habe ich gut erfunden, was?«

Das Urteil kommt nicht unerwartet: »Lebenslänglich« wegen der drei Morde. Ungewöhnlich für einen Angeklagten, aber irgendwie doch typisch für Bergmann, seine letzten Worte: »Ich habe eine einzige, wohlbegründete Bitte, die ich bis jetzt nicht aussprechen konnte. Ich bitte die Damen und Herren Geschworenen, den hohen Gerichtshof und die Allgemeinheit nur um eines: Bitte, leckt mich alle am Arsch.«

Kindesmord: Rätsel um die Stafette der Gewalt

Die Wortwahl ist meist ähnlich. »Ich bin ausgerastet. Jähzorn hat mich gepackt. Plötzlich wusste ich nicht mehr, was ich tat.« Erklärungsversuche für unbegreifliche Taten. Begangen von Erwachsenen an Kindern. Oft an den eigenen oder an denen, die man erziehen oder behüten sollte. Psychologen versuchen seit Jahrzehnten herauszufinden, was die Gründe für die Gewalt gegen Kinder ist. Liegt sie in der Jugend der Täter, geben sie die Schläge, die sie selbst bekommen haben, wie eine Stafette der Gewalt weiter? Quälen die Gequälten unweigerlich selbst? Oder ist es Perversion, die Erregung am Leid eines anderen, der meist hilflos ist und sich nicht wehren kann? Oder ist die Hemmschwelle, hinter der die Gewalt gezähmt sein sollte, tatsächlich so niedrig, dass ein falsches Wort, eine falsche Geste sie einreißt wie eine Sturzflut einen Schutzdamm?

Wien-Meidling im August 1997. Die vierjährige Michelle nimmt eine kleine Schaufel und ein Küberl und sagt der Mutter, dass sie zum Sandkasten geht. Es ist zwar schon sieben Uhr vorbei, aber im Sommer bleibt es ja länger hell. Das Mädchen winkt noch einem Nachbarn aus dem Gemeindebau in der Andersengasse zu, der mit seinem Hund spazieren geht.

Nach neun Uhr alarmiert die Mutter die Polizei. Michelle sei nicht nach Hause gekommen; sie, Nachbarn und der Stiefvater des Mädchens haben sie vergeblich gesucht. Die Polizei rückt aus, Suchhunde werden eingesetzt. Hat die »Bestie von Favoriten«, der vor Jahren zwei Mädchen und eine junge Frau zum Opfer gefallen sind, wieder zugeschlagen, diesmal in Meidling?

Die Polizei sucht nicht nur in der Umgebung, auch im Wohnhaus in der Anlage »Am Schöpfwerk« wird Nachschau gehalten. Spät in der Nacht wird das Mädchen gefunden, in einem Kellerabteil, unter einer Matratze versteckt. Es ist erwürgt worden, stellt der Gerichtsmediziner fest, wahrscheinlich so gegen 21 Uhr.

Erste Befragungen ergeben, dass man im Meidlinger Jugendamt schon vor einiger Zeit auf die Familie und auf Michelle aufmerksam geworden ist. Es habe Hinweise gegeben, dass Michelle vom Stiefvater geschlagen wird und dass es verwahrlost ist. Das Jugendamt habe regelmäßig Nachschau gehalten, doch Misshandlungsspuren an dem Kind seien nie festgestellt worden.

In den Zeitungen wird wieder einmal ausführlich über die Probleme in den Gemeindebauten am Stadtrand berichtet. »Soziale Probleme« seien dort an der Tagesordnung. »Die Innenhöfe der Monsterbauten sind voll mit Kindern, um die sich ihre Eltern wenig kümmern. Die Arbeitslosenrate ist hoch, der Alkoholkonsum groß. Zwei Drittel der Mieter vom Schöpfwerk werden vom Sozialamt unterstützt«, schreibt die Wiener Tageszeitung »Kurier« in einer Reportage.

»Sie wollte mich ärgern«

Der Tod von Michelle ist bald geklärt. Zwei Tage nach Entdeckung der Leiche wird der Stiefvater Walter Kotrba unter Mordverdacht festgenommen. Er gilt als aggressiv und macht der Polizei gegenüber widersprüchliche Angaben über den Verlauf des Abends, an dem Michelle nicht nach Hause kam. Dann ein Erklärungsversuch: Nachdem Michelle nach Hause gekommen war, habe er sie gewürgt – aus Ärger darüber, dass sie immer wieder an der Sprechanlage geläutet hatte, obwohl sie doch einen Schlüssel hat. »Sie hat das immer wieder gemacht, nur um mich zu ärgern, hat mich schon oft mit ihrem Läuten aufgeweckt. Als ich sie an diesem Abend zur Rede stellte, hat sie nur gelacht und mir eine freche Antwort gegeben. Da habe ich sie beim Hals gepackt und sie hin und her gebeutelt. Als sie sich nicht mehr rührte, bin ich in Panik geraten und habe sie im Keller unter einer Matratze versteckt«, schildert er.

Kurz darauf widerrief er jedoch das Geständnis und erklärte auch dem Richter nach seiner Einlieferung in das Wiener Landesgericht, dass er Michelle nicht gewürgt habe. »Bei der Polizei war ich in einer Zwangssituation, darum habe ich das gesagt.« Er forderte, ihm Nägel und Haare zu schneiden, damit Proben für eine DNA-Analyse bereit wären. Ein Vergleich mit möglichen Spuren an der Leiche würde ihn entlasten.

Im Jänner 1998 waren die biologischen Spuren ausgewertet, doppelt geprüft und damit hieb- und stichfest. Am Hals des erwürgten Mädchens waren Hautpartikel festgestellt worden, die laut DNA-Analyse eindeutig von ihrem Stiefvater stammten.

Im April 1998 steht Kotrba vor den Geschworenen. Als Vorsitzende leitet die Richterin Klothilde Eckbrecht die Verhandlung. Der Angeklagte gesteht zwar, Michelle gewürgt, geschüttelt und dann das tote Mädchen im Keller versteckt zu haben, doch Eckbrecht legt Wert auf Details. »Hat sich das Mäderl nicht gewehrt, hat es nicht mit ihren kleinen Händen versucht, Sie abzuwehren?«, fragt sie. Sie konnte es nicht, da sie ja nicht darauf gefasst war, meinte er. Eine Beisitzerin fragt weiter: »Das Mädchen muss ja durch das Würgen ganz blau gewesen sein, die Augen müssen herausgequollen sein, haben Sie das nicht gesehen oder haben Sie dabei die Augen zugemacht?«

Wie lange ist eine Minute?

Dann zieht Eckbrecht eine unter dem Richtertisch versteckte lebensgroße Puppe hervor und bittet einen Polizeibeamten, sie zu würgen. Einer Geschworenen reicht sie eine Stoppuhr. Der Beamte umklammert den Hals der Puppe mit beiden Händen und die Geschworene stoppt die Zeit. Eine Minute lang herrscht absolute Stille im Gerichtssaal. So lange soll, laut Gerichtsmediziner, Michelle gewürgt worden sein. Und Eckbrecht demonstriert mit dieser Aktion, wie lange eine

Minute dauern kann. Wie lange das Sterben Michelles gedauert haben mag.

Kotrbas Verteidigung versinkt wirkungslos in den mobilisierten Emotionen der Geschworenen. Er erzählt von seiner Kindheit in Heimen, von psychischer und körperlicher Gewalt, die er in seiner Jugend erleiden musste. Der Täter von heute war das Opfer von gestern. Dann hört man Weiteres von seiner Vergangenheit. 16 Vorstrafen, die erste bereits als Jugendlicher wegen bewaffneten Raubes. Von Bekannten wird er als »perverser Sadist« dargestellt, der sich Brutalvideos ansah. Michelle durfte – oder musste – zusehen.

Das Urteil der Geschworenen ist einstimmig: lebenslange Haft wegen Mordes. Daran änderte auch die Berufung nichts.

Geld oder Leben: Das schleimige Geschäft der Entführer

Sie bringen einen Menschen in ihre Gewalt und drohen mit dessen Tod, sollten ihre Forderungen nicht erfüllt werden. Geld oder Leben ist die Parole in diesem Geschäft, das noch dazu ohne Garantie abgewickelt werden muss. Entführer sind Folterknechte, die die Seelen martern. Geldgier oder die Befriedigung besonderer Wünsche ist die Triebfeder der Verbrecher. Da es meist besonders begüterte Menschen betrifft, umgibt Entführer bei vielen Beobachtern sogar ein Hauch von Robin Hood, genießen sie sogar ein Quäntchen Sympathie. Immer häufiger wird die Entführung allerdings zur Geiselnahme, werden bedenkenlos zur Erreichung von politischen Zielen unbeteiligte Menschen in fremde Gewalt gebracht. Geld oder Leben heißt es zwar, doch oft wird beides verloren, wenn Lösegeld bezahlt, das Opfer aber dennoch getötet wird. Am Tatort Wirklichkeit gibt es nur selten ein Happy End, bei dem die Entführung sowohl für das Opfer als auch für den Täter einen glücklichen Ausgang findet.

Vom Millionär zur Pleite, vom Pleitier zum Entführer

Am Südhang des Wiener Laaer Berges, dort, wo die Stadt allmählich ihren Namen verliert und in alte Dorfstrukturen ausufert, eröffnete inmitten einer gesichtslosen Wohnsiedlung der Endvierziger Gerhard Möser vor einiger Zeit ein Kaffeehaus. Der Name des Lokals will so gar nicht in die Gegend passen, »W. Amadeus Mozart« heißt es.

Für Möser ist der Name Nostalgie. »Mozart« hieß auch das Lokal, das er Ende der 80er-Jahre in Monaco betrieb. In jener Zeit, als er noch Millionär war. In jener Zeit, ehe er zum Kapitalverbrecher geworden ist.

Der heutige Cafetier vom Laaer Berg, ein fescher Mann mit sympathischem Auftreten, war im Dezember 1991 Drahtzieher einer spektakulären Entführungsaktion, bei der es um siebzig Millionen Schilling Lösegeld ging. Gerhard Möser und seine Kumpane entführten damals in Kärnten Günther Ragger, den Schwager des deutschen Multimillionärs Karl Friedrich Flick. Der Fall erregte unerhörtes Aufsehen, endete jedoch für das Entführungsopfer ohne Blessuren.

Nach seinen Mittätern war auch Möser geschnappt und verurteilt worden. Die verhängte Haft in der Dauer von zwölf Jahren verbüßte er bis zum letzten Tag, im Jänner 2004 wurde er entlassen und eröffnete das Kaffeehaus am Laaer Berg. Ein Happy End also auch für den Täter.

Herr Fritz und der Geldkoffer

Der Städteschnellzug »Wiener Symphoniker« fuhr pünktlich um 21.57 Uhr vom Salzburger Hauptbahnhof Richtung Wien ab. In einem Abteil hielt an diesem Donnerstag, dem 21. Dezember 1991, ein nervöser Reisender einen kleinen, schweren Koffer am Schoß und ein Funktelefon in der Hand. Als es klingelte, meldete er sich mit »Hier spricht Fritz«. Dann hörte er kurz zu, begann am Fenster zu rütteln, wieder und wieder, doch es ging nicht auf. »Der Zug ist klimatisiert, die Fenster lassen sich nicht öffnen«, teilte er dem Anrufer mit. Dann wieder eine kurze Pause und schließlich ein »Okay, verstanden«.

Der Mann, der sich als »Fritz« am Telefon gemeldet hatte, stieg um 22.40 Uhr in Attnang-Puchheim aus und ging in die Pizzeria »Pepone« nahe dem Bahnhof. Der Koffer stand am Boden bei seinen Füßen.

Um diese Zeit konnte er kaum etwas essen, von den bestellten »Penne all' arrabbiata« ließ er mehr als die Hälfte stehen. Drei Stunden saß der Mann in dem fast leeren Lokal, trank ein Mineralwasser nach dem anderen, dann läutete wieder das Telefon. Offenkundig gab es neue Mitteilungen, denn »Fritz« verlangte vom Kellner ein Telefonbuch, rief das Taxiunternehmen Staudinger in Vöcklabruck an und bestellte einen Wagen zur Pizzeria. Dem Lenker Franz Doppler gab er den Koffer und trug ihm auf, ihn zu einer bestimmten Kirche zu bringen, wo er erwartet werde.

Doppler fuhr los, doch er merkte, dass er verfolgt wurde. Nachts, mit dem Koffer eines Unbekannten unterwegs und ein Auto dicht dahinter, wer weiß, was da läuft, dachte der Taxler – und fuhr nicht zur Kirche, sondern zur Gendarmerie. Dort erzählte er seine Geschichte, die Beamten nahmen den Koffer, öffneten ihn und kippten vor Erstaunen fast um: Im Koffer war Geld, viel Geld. Nach Minuten wusste man – es waren rund siebzig Millionen Schilling. Und der Mann, der sich als »Fritz« am Mobiltelefon gemeldet hatte, war ein Abgesandter des Milliardärs Flick.

So seltsam endete der erste Akt einer Entführung, deren Fortsetzung nicht weniger ungewöhnlich ablief.

Kärntner Gendarmen in München

Begonnen hat es am frühen Vormittag dieses 19. Dezember. In St. Leonhard in Kärnten wurde der 26-jährige Günther Ragger von zwei Männern gekidnappt. Ragger war an sich ein Niemand, doch er war so wertvoll wie ein lupenreiner Diamant – als Bruder jener Frau, die der deutsche Milliardär Karl Friedrich Flick 1990 geheiratet hatte, Ingrid Ragger, einer Kärntner Hotelsekretärin. Die familiären Bande schienen ein hohes Lösegeld zu garantieren.

Flick hatte damals noch seinen Hauptwohnsitz in München. An jenem Donnerstag erreichte ihn ein Anruf aus Österreich. Ein Entführer verlangte für die Freilassung Günther Raggers zehn Millionen Mark. Nicht viel Geld für Flick, der mit seinem ererbten Industriekonzern ein Vermögen von rund fünf Milliarden Mark gemacht hat.

Flick vergewisserte sich in Kärnten, dass die Nachricht von der Entführung stimmt, und war bereit, mit der Polizei zusammenzuarbeiten. Zwei Gendarmen brausten sofort Richtung München los und wurden von Flick in die Modalitäten der Geldübergabe, die einer seiner Mitarbeiter durchführen sollte, eingeweiht. Die Gendarmen waren es auch, die in Attnang-Puchheim den Taxifahrer mit dem Geldkoffer so ungeschickt verfolgten, dass nicht nur dieser, sondern auch die Entführer merkten, dass sie nicht problemlos an das Lösegeld kämen und daher die Aktion abbliesen.

Nach dieser Panne in Oberösterreich übernahm ein Krisenstab im Wiener Innenministerium den Fall. Die Entführer hatten inzwischen neuerlich bei Flick angerufen und einen neuen Termin für die Zahlung des Lösegeldes vereinbart. Die Millionen sollten in der Nacht zum Samstag, dem 21. Dezember, beim Wiener Westbahnhof übergeben werden.

Tatsächlich übernahm einer der Entführer, der Bosnier Slavko Ivis, dort den wieder vollen Geldkoffer und fuhr damit zum Südbahnhof. Ein Auto der Wiener Polizei verfolgte ihn. Dahinter ein Wagen mit Zagreber Kennzeichen, in dem sich Kärntner Gendarmen befanden. Sie wollten sich die Aufklärung des Falles nicht von der Wiener Zentrale wegschnappen lassen. Ivis deponierte einen Teil des Geldes in Schließfächern am Bahnhof, den Rest brachte er in ein Wiener Hotel.

Ragger war in der Zwischenzeit in einem Wagen durch Österreich gefahren und schließlich nach Wien gebracht worden. Nach der Geldübernahme wurde er vor dem Café Dommayer in Hietzing freigelassen. Sofort danach wurde Ivis verhaftet, er konnte jedoch vorher einen Teil des Geldes dem Drahtzieher der Entführung, dem Grazer Gerhard Möser, übergeben.

Mösers Karriere hatte in der Steiermark begonnen, wo er als Besitzer der Grazer Diskothek »Mr. Bojangels« viel Geld verdiente. Echte Prominenz wie auch die Schickimicki-Szene verkehrte bei ihm. Nach drei Jahren wurde ihm fad, er verkaufte alles, übersiedelte nach Monaco und eröffnete dort ein Café-Restaurant und nannte es »Mozart«. Auch dieses Lokal wurde ein Renner und Möser innerhalb von kurzer Zeit Millionär. Ein Rolls-Royce gehörte natürlich dazu und die Grazer »Kleine Zeitung« umschmeichelte Möser als den »Baron von Monte Carlo«. Angelockt durch den Duft des Geldes machte sich ein amerikanisches Fotomodell an ihn heran. Möser verliebte sich in die »tolle Nancy« und wurde ihr hörig. Er ließ sich scheiden und arbeitete nur noch, um die extravaganten Wünsche seiner Geliebten und bald neuen Ehefrau finanzieren zu können. Doch schneller, als er es verdienen konnte, gab Nancy das Geld aus. Als das Vermögen dahin war, verschwand auch die junge Frau.

Die »schöne Nancy« verschwand

Möser war bettelarm, der Siegertyp ein Häuflein Elend. Der letzte Ausweg schien ihm in einem großen kriminellen Coup zu liegen. Schlau genug war er ja, das musste doch einzufädeln sein. So wie er gemolken worden war, wollte er nun einen anderen Reichen melken.

Raub oder Betrug schieden offensichtlich für Möser aus, Kidnapping schien ihm passend. Wer dazu den Anstoß gegeben hat, darüber gehen die Aussagen später auseinander. Möser meinte, ein befreundeter Münchner Autohändler (Alexander Engelhard) habe ihm den Tipp dafür gegeben und auch das Opfer ausgewählt, dieser sah die Sache genau umgekehrt, Möser sei mit dem Plan bei ihm aufgetaucht, er habe nur gesagt, wo man Helfer finden könnte.

Das Opfer, darüber jedenfalls war man sich einig, sollte Ragger sein. Er schien wie geschaffen für eine problemlose Entführung. Keine Bewachung, ein unauffälliger und geregelter Tagesablauf in einer einsamen Gegend. Und ein schwerreicher Verwandter im Hintergrund, der das Lösegeld lockermachen könnte.

Die Helfer fand Möser am Grazer Hauptbahnhof. Zwei Bosnier, empfohlen vom Münchner Autohändler. Um ihnen einen Vorschuss geben zu können, versetzte der Exmillionär seine Videokamera und machte so 4000 Schilling flüssig.

Die Entführung in Kärnten klappte wie am Schnürchen. Ragger wurde in einen Kastenwagen verfrachtet und 42 Stunden lang kreuz und quer durch Österreich gekarrt. Auch die Übergabe des Lösegeldes funktionierte letzten Endes in Wien. Begünstigt durch die Eifersüchteleien zwischen der Polizei in Wien und den Gendarmen aus Kärnten konnten zwar die beiden Bosnier verhaftet und ein Teil des Lösegeldes sichergestellt werden, doch gelang es Möser, sich mit einem Teil der Beute aus dem Staub machen.

Alle Entführer verurteilt

Ganze 200 000 Schilling hatte er bei sich, als er via München in die USA flog und bei seiner Nancy unterkommen wollte. Doch das wurde ihm zum Verhängnis. Die Polizei in Wien informierte durch die Interpol das FBI vom möglichen Unterschlupf Mösers. Tatsächlich konnte er Ende Februar 1992 in Fort Lauderdal in Florida verhaftet werden. Um besser dazustehen, ließ Möser die ihm verbliebene Beute – rund 100 000 Schilling – an sein Opfer Ragger als Schmerzensgeld auszahlen.

Nach seiner Überstellung nach Österreich wurden Möser und auch seine beiden Helfer von einem Geschworenengericht in Klagenfurt verurteilt. Möser fasste im November 1992 zwölf Jahre Haft aus, die beiden Bosnier Slavko Ivis und Tomo Simunovic wurden zu je zehn Jahren Haft verdonnert. Etwas später musste auch der Münchner Autohändler vor Gericht. Er kam mit vier Jahren am glimpflichsten davon.

Möser erwies sich als Musterhäftling. Gegen Ende seiner Haftzeit wurde er »Freigänger«, konnte also tagsüber außerhalb des Gefängnisses arbeiten und musste nur am Abend wieder in seine Zelle kommen. In dieser Zeit erhielt er auch einen Bankkredit und konnte damit das Lokal am Laaer Berg finanzieren. Jenes »W. Amadeus Mozart«, das manche Leute nun besuchen um zu sehen, wie ein Exmillionär und Exverbrecher am »Tatort Wirklichkeit« aussieht. Melange gibt's also, leichtes Gruseln inklusive.

Menschenraub von der Antike bis zur Gegenwart

Bereits in der griechischen Mythologie wird von einer spektakulären Entführung mit weit reichenden Folgen berichtet. Um die Liebe der schönen Helena genießen zu können, entführte sie der trojanische Königssohn Paris ihrem Gemahl, dem Spartakönig Menelaos. Erst nach einem jahrelangen Krieg um Troja konnte Menelaos die entführte Helena nach Sparta zurückbringen.

Das höchste Lösegeld nach einer Entführung lukrierte der spanische Eroberer Francisco Pizarro im Jahr 1533. Für die Freilassung des von seinen Truppen geraubten Inkakönigs Atahualpa verlangte – und bekam – er 25 Tonnen Gold und Silber. Dennoch wurde Atahualpa später unter einen Vorwand hingerichtet.

Einer der spektakulärsten Entführungsfälle der Neuzeit ereignete sich in den USA. 1932 kam es zum Kidnapping des eineinhalbjährigen Sohnes von Oberst Charles Lindbergh. Fünf Jahre zuvor hatte Lindbergh in einem Alleinflug den Atlantik überquert und erregte damals weltweites Aufsehen. Als die Entführung von Charles jr. publik wurde, trat der Kongress zu einer Sondersitzung zusammen und beschloss die Todesstrafe für Kindesentführung. Lindbergh zahlte zwar die Lösegeldsumme von 50 000 Dollar, doch das Kind blieb verschwunden. Ein Fernfahrer fand 73 Tage später die Leiche des Babys. Erst Jahre später wurde ein Teil des Lösegeldes bei einem deutschen Einwanderer, dem Maschinenschlosser Richard Hauptmann, gefunden. Nach einem Indizienprozess wurde er 1935 hingerichtet. In Filmen wurde später die nie ganz geklärte Geschichte behandelt.

Eine politische Waffe

Um ihre politischen Ziele durchzusetzen, griff in Deutschland die so genannte »Rote Armee Fraktion« (RAF) auch zum Mittel der Entführung. Es ging dabei sowohl um die Erpressung von Lösegeld als auch um die Durchsetzung anderer Forderungen. Im Februar 1975 entführte eine RAF-Gruppe den Berliner CDU-Politiker Peter Lorenz. Er kam unbeschadet frei, nachdem die deutsche Regierung fünf inhaftierte Mitglieder der Terrorvereinigung aus der Haft entlassen hatte.

Die nächste Aktion endete allerdings mit zahlreichen Toten.

Am 5. September 1977 zerren Maskierte in Köln den deutschen Industriellen Hanns-Martin Schleyer aus seinem Wagen, den sie vorher durch einen auf die Straße geschobenen Kinderwagen gestoppt hatten. Drei Polizisten und Schleyers Chauffeur werden dabei erschossen. In einem weißen VW wird Schleyer weggebracht. Die Entführer verlangen in einem Brief an die Regierung die Freilassung von elf im Gefängnis Stammheim inhaftierten Mitgliedern der RAF und die Zahlung von 1,1 Millionen Mark Lösegeld. Die Regierung zögert die Gespräche hinaus, lehnt aber die Freilassung prinzipiell ab.

Fünf Wochen vergehen so, dann folgt der zweite Akt des Dramas. Am 13. Oktober 1977 kapern palästinensische Terroristen die voll besetzte Lufthansamaschine »Landshut«, die sich auf dem Flug von Mallorca nach Frankfurt am Main befindet. Bei einer Zwischenlandung in Rom stellen die Luftpiraten die gleichen Forderungen wie die deutschen Entführer, verlangen aber zusätzlich 15 Millionen Dollar Lösegeld. Die deutsche Regierung lehnt alle Forderungen ab, daraufhin wird der Pilot der »Landshut« erschossen. Die Maschine muss schließlich nach Mogadischu weitergeflogen werden, wohin man angeblich die RAF-Häftlinge aus Stammheim bringen will. Am 18. Oktober stürmt eine Sondereinheit des deutschen Bundesgrenzschutzes GSG 9 das Flugzeug, erschießt drei Terroristen und befreit die Geiseln. Als die Nachricht in Deutschland bekannt wurde, verübten drei der RAF-Häftlinge Selbstmord. Als Rache wurde daraufhin Schleyer ermordet und seine Leiche in einem grünen Audi 100 in Mülhausen deponiert.

Die Aufregung um die Gewalttaten hatte sich noch nicht gelegt, da regte eine neue Meldung die Zeitungsleser auf. Eine spektakuläre Entführung auch auf der »Insel der Seligen«, auch in Österreich.

Lösegeld für Strumpf-Krösus: Prominente leben gefährlich

Mittwoch, der 9. November 1977. Ein schwarzer VW Golf mit dem Vorarlberger Autokennzeichen V 583 biegt in die Hockegasse in Wien-Währing ein. Es ist knapp nach halb neun Uhr abends und der Lenker, ein grauhaariger 74-jähriger Mann, ist nach einem anstrengenden Tag rechtschaffen müde. Er öffnet die Wagentüre und steigt mit einem Seufzer aus.

Wie aus dem Nichts tauchen einige maskierte Gestalten auf, halten dem Mann den Mund zu und schubsen ihn wortlos in einen bereitstehenden grauen Opel Rekord. Dem Opfer setzen die Täter eine Skibrille auf, die sie mit Farbe undurchsichtig gemacht haben. Über den Mund kleben sie ihm einen Leukoplaststreifen, die Hände werden gefesselt. Um seinen Körper wickeln sie ihm eine Schaumgummidecke – er soll nicht herumschlagen und sich vielleicht verletzen. Für sie ist der Mann sehr kostbar.

Der Wagen fährt Minuten später los, die Straße in der noblen Wohngegend ist ruhig wie vorher. Ein paar hundert Meter weiter bleibt der Opel stehen, die Männer steigen in einen orangefarbenen VW-Bus mit der Aufschrift »Räumung B. Sieg St. Pölten« um. Das Opfer hört vier Türen, die geschlossen werden.

Vor dem Haus Hockegasse 78 bleibt der schwarze VW Golf zurück, am Beifahrersitz liegt noch die Aktentasche des Entführten.

Das Opfer ist Walter Michael Palmers, Chef des 1914 in Innsbruck gegründeten Textilunternehmens gleichen Namens, Herr über eineinhalbtausend Mitarbeiter und vielfacher Millionär.

Die Entführer fahren mit Palmers in eine kurz vorher gemietete Wohnung in der Webgasse 42, Ecke Mariahilfer Straße. Es ist alles sorgfältig vorbereitet: In einem Zimmer ist ein Verschlag aus ein paar Pressspan-Platten aufgebaut, spärlich durch eine 25-Watt-Glühbirne erhellt. Eine Pritsche, ein kleiner Tisch und ein Kübel als Toilette sind das einzige Mobiliar.

Es werde ihm nichts geschehen, wenn ihre Forderungen erfüllt werden, wird Palmers beteuert. Er kann zwar niemanden sehen, unterscheidet aber doch mehrere Männerstimmen und die Stimme einer Frau. Und diese Frauenstimme spricht mit deutlichem Akzent, norddeutsch vermutet Palmers.

Er ist also entführt worden und ebenso klar ist – es geht um Geld, wahrscheinlich um viel Geld.

Brief auf dem Beifahrersitz

In der Palmers-Villa in der Währinger Hockegasse war man inzwischen unruhig geworden. Gunilla Palmers, die aus Schweden stammende Ehefrau von Walter Michael Palmers, rief den Mitarbeiter, mit dem ihr Mann an diesem Tag bei einer geschäftlichen Besprechung in Baden bei Wien gewesen war, an. Der Herr Generaldirektor müsse doch schon zu Hause sein, zeigte sich der Angestellte verwundert, ihn jedenfalls habe er knapp nach sieben Uhr abends vor seiner Wohnung in Favoriten abgesetzt.

Gunilla Palmers schaute vor das Haus – da stand doch tatsächlich das Auto ihres Mannes. Die Türe war unversperrt, die Aktentasche lag auf dem Sitz, im Fond lag der Regenschirm, eine Musikkassette mit bevorzugten Strauß-Melodien war noch eingeschoben.

Doch noch etwas lag da auf dem Beifahrersitz. Ein Blatt Papier mit brisantem Text:

»An Frau Gunilla Palmers. Seit heute Abend befindet sich Ihr Mann in unserer Gewalt. Er ist unversehrt. Wenn Sie sich präzise an unsere Anweisungen halten, ist das Leben und die Freilassung Ihres Mannes garantiert. Im anderen Fall tragen Sie die Verantwortung für seinen Tod.«

Genau aufgelistet war in dem Schreiben die Art, in welchen Währungen und in welcher Stückelung das geforderte Lösegeld in Höhe von fünfzig Millionen Schilling bis Samstag, den 12. November, bereitzustellen sei. Es müsse in einem Koffer der Marke Samsonite, Modell Pullman, 61 Zentimeter, Farbe schwarz, verpackt werden. Zum Schluss noch der Hinweis, weder die Polizei noch die Presse einzuschalten.

Die bestürzte Frau bat sofort Sohn Christian, der in der Villa gegenüber wohnte, zu sich. Auch Friedrich Wilhelm, der Schwiegersohn des Entführten, wurde in die Hockegasse gebeten, ebenso Palmers-Direktor Rudolf Humer, ein enger Vertrauter des Firmenchefs.

Es wurde eine lange Nacht. Alle waren sich einig: Man wird zahlen und ohne polizeiliche Mitwirkung handeln. Melden allerdings musste man die Entführung schon. Es war bereits Mitternacht, als Gunilla Palmers in der Polizeidirektion anrief. Ein Hofrat versprach, alles diskret und professionell zu erledigen. In den frühen Morgenstunden folgte das übliche Procedere: Beamte der Spurensicherung untersuchten das Auto, nahmen den Erpresserbrief mit, erhielten aber erst nach langem Hin und Her die Erlaubnis, das Telefon in der Villa mit einer Fangschaltung auszurüsten und ankommende Anrufe aufzuzeichnen.

Zeitungen hielten nicht dicht

Noch etwas wurde versucht: Die Chefredakteure der österreichischen Tageszeitungen wurden von der Polizei zwar direkt über die Entführung informiert, aber gleichzeitig gebeten, erst in den Samstagausgaben darüber zu berichten. Bis dahin, so hoffte die Polizei, werden sich die Erpresser gemeldet und die Geldübergabe mit der Familie vereinbart haben. Zeitungsberichte jedoch könnten die Erhebungen stören.

Ein Chefredakteur lehnte ab: Karl Löbl vom »Kurier«. Seine Zeitung werde umgehend berichten. Daraufhin wichen auch die guten Vorsätze der anderen Blätter der Angst vor der Konkurrenz des Massenblattes und es gab kein Halten mehr.

Alle Zeitungen vom Freitag brachten die Meldung über den Kriminalfall auf Seite 1. »Palmers-Chef entführt: Fünfzig Millionen gefordert«, titelte etwa der »Kurier«. Die sozialistische »Arbeiter-Zeitung« glaubte schon mehr zu wissen und zitierte Bundeskanzler Bruno Kreisky: »Es gibt keinen Zusammenhang mit der deutschen Terroristenszene.«

Viele Indizien jedoch wiesen gerade in diese oder eine ähnliche Richtung. Zum einen war kurz vorher in Deutschland der Industrielle Hanns-Martin Schleyer von der RAF gekidnappt und ermordet worden. Außerdem sprachen die genaue Planung der Entführung in Wien, die lautlose Durchführung, der Stil des Erpresserbriefes – »Kein einziger orthografischer Fehler«, wie ein Beamter verwundert feststellte – und das in verschiedenen Währungen verlangte Lösegeld für eine von terroristischen Experten gesteuerte Aktion. Auch die Art, wie die Entführer Kontakt mit der Familie hielten, deutete auf kühle, professionelle Überlegung. In einem Telegramm verlangten sie, dass nicht zur Familie gehörende Mittelspersonen genannt werden, denen sie Nachrichten zukommen lassen können. Diese würden dann ihre Anweisungen weitergeben.

Diskretion und Gerüchte

Die Polizei bewahrte Diskretion, wie sie Innenminister Erwin Lanc der Familie zugesichert hatte. Spekulationen und Gerüchten waren dadurch allerdings Tür und Tor geöffnet. Sogar von hohen Polizeibeamten wurde in vertraulichen Gesprächen angedeutet, die Entführung könnte ja »getürkt« sein, um Schwarzgeld zu verschleiern.

Dutzende Reporter belagerten die Palmers-Villa, versuchten hinter dem Gartenzaun oder auf der Straße etwas zu beobachten. Interviews gaben nur Randfiguren, etwa die Freundin eines Palmers-Neffen, die allerdings so ahnungslos war wie die Reporter selbst.

Niemand von der Presse erfuhr allerdings, was bereits am Freitag die Familie Palmers mit der Post zugestellt bekam: ein Polaroidfoto von Walter Michael Palmers mit der knappen Mitteilung, dass es ihm gut geht und man sich wieder melden wird.

Die einzige Neuigkeit, die am Freitag von der Polizei an die Zeitungen weitergegeben wurde, war offensichtlich mehr eine Nachricht an die Entführer: »Das Lösegeld für den Palmers-Chef liegt bereit«, hieß es auch brav im »Kurier«; die »Arbeiter-Zeitung« merkte dazu nur an: »Die Nationalbank weiß von nichts.« Für derart hohe Beträge in ausländischer Währung wäre nämlich von ihr eine Bewilligung notwendig.

Über die Hausbank der Palmers-Gesellschaft hatten die Angehörigen jedoch schon am Donnerstag 14 Millionen in Schilling und 17 Millionen in Valuten besorgt. Mehr war in der kurzen Zeit nicht aufzutreiben und es war zu hoffen, dass die Entführer einen kleinen Rabatt geben würden.

Tatsächlich riefen nach der Veröffentlichung über das bereitgestellte Lösegeld die Entführer in der Palmers-Villa an. Man wollte genau die Stückelung der Millionen wissen. »Das ist zu wenig«, meinte der Anrufer, drohte aber keine Konsequenzen an. Das Gespräch wurde aufgezeichnet und sollte später zu einem wichtigen Hinweis führen.

Ohne von den Reportern verfolgt zu werden, fuhr ein Palmers-Angestellter am Freitag mit einem familieneigenen Mercedes nach Grinzing und parkte dort das Fahrzeug. Im Kofferraum lag »heiße Ware«: das Lösegeld, in einem versperrten Samsonite-Koffer. 31 Millionen Schilling – unbewacht in einem abgestellten Wagen.

Der Kriegsrat der Familie hatte beschlossen, das Geld abseits der Villa bereitzustellen, sodass man für den Fall der Übergabe gerüstet sei.

Am Samstag, dem 12. November, meldete sich dann ein Entführer bei Frau Palmers. Er akzeptierte das verminderte Angebot an Lösegeld und versprach, am nächsten Tag die Details des Deals »Geld gegen Freiheit« bekannt zu geben.

Geldübergabe nach Drehbuch

Das geschah tatsächlich. Sonntagmittag brachte ein pensionierter Palmers-Mitarbeiter, er war als »Mittelsmann« namhaft gemacht worden, eine Botschaft der Entführer. Ein Drehbuch, das genau umgesetzt werden sollte. Es folgten Szenen wie aus einem Kriminalfilm.

Zuerst gehen an diesem Sonntag, vier Tage nach der Entführung, Gunilla Palmers und Sohn Christian aus der väterlichen Villa in das gegenüberliegende Haus Christians. Unbemerkt verlassen sie es durch die Hintertür und fahren mit einem grünen Audi 100 davon.

Palmers-Direktor Rudolf Humer kurvt mit einem vor der Villa parkenden Mercedes auffällig davon, wird verfolgt, kommt aber kurz darauf in seinem Porsche zurück. Dann, kurz vor drei Uhr nachmittags, ein Tohuwabohu: Zwei Autos der Familie fahren im Höllentempo ab, auch Humer mit seinem Porsche. Er sperrt kurzfristig die Straße, weder Polizei noch die Presse können den beiden Wagen folgen, dann rast auch er davon. Die Meute hängt sich an den weißen Flitzer, der auf die Westautobahn fährt und die Verfolger bald abgeschüttelt hat. Die Gendarmerie sichtet ihn bei St. Pölten, dann in Melk, schließlich kehrt er um und kommt gegen 17 Uhr wieder in der Hockegasse an. Wortlos steigt Humer aus und geht in die Villa.

In den beiden anderen Autos waren Familienmitglieder unterwegs: Neffe Michael Alexander steuerte den Mercedes mit dem Kennzeichen W 20.000, Schwiegersohn Manfred Wilhelm war ebenfalls mit einem Mercedes unterwegs. Sie waren auf verschiedenen Routen Richtung Innenstadt gefahren. Beide kamen bald wieder zur Villa zurück.

Hatte Humer oder einer der Mercedesfahrer Kontakt mit den Entführern aufgenommen, rätselten Polizei und Reporter. Auskunft bekamen sie nicht.

Vor der Villa war es ruhig, auch Ehefrau Gunilla war wieder zurückgekommen. Ihr Sohn Christian war allein mit dem Audi weitergefahren. Während alle anderen Beteiligten für die Ablenkung zuständig waren, oblag ihm die Hauptrolle. Er sollte in direkten Kontakt mit den Entführern treten und das Lösegeld übergeben.

Christian Palmers fährt nach Grinzing und steigt dort in den Mercedes mit den Millionen im Kofferraum. Wie im Brief der Entführer verlangt, fährt er mit dem Wagen ins Café Landtmann beim Burgtheater. Er ist dort bekannt. Ein Oberkellner bringt ihm ein Kuvert. »Eine Nachricht für Sie, Herr Direktor.« Christian Palmers wird damit zum Haus Lerchenfelder Gürtel 25 dirigiert. Im Schlitz eines Kaugummiautomaten würde er weitere Anweisungen finden.

»Gehen Sie zuerst zur Station Burggasse, fahren Sie dann mit der Stadtbahn zum Schottenring und kommen dann zu Fuß in die ›Aida‹ in der Wollzeile. Wir werden unterwegs mit Ihnen Kontakt aufnehmen.«

34 Kilogramm Geld

Christian Palmers macht sich mit dem 34 Kilogramm schweren Geldkoffer auf den Weg. Unruhig mustert er ständig die Umgebung, mit schwitzenden Händen hält er den Koffer fest, doch es gibt nicht viele Leute an diesem Sonntagnachmittag auf der Straße. Niemand spricht ihn an.

Hat er etwas falsch gemacht?

Erschöpft setzt er sich in der fast leeren Konditorei Aida an einen Tisch, den Koffer mit dem Vermögen hält er mit den Beinen fest. Ein Kellner kommt an seinen Tisch: »Herr Schilling? Ein Anruf für Sie.« Schilling war das vereinbarte Losungswort, wohl mit feinem Sinn für Humor gewählt.

Er möge sofort in die Domgasse kommen. An der Ecke zur Schulerstraße warte ein Taxi auf ihn.

Tatsächlich, der Wagen steht dort. Ein Peugeot. War es wirklich ein Taxi oder nur als ein solches hergerichtet? Christian Palmers jedenfalls steigt ein. Am Lenkrad ein Mann mit tief in die Stirn gezogener Schirmmütze und breitem Heftpflaster auf der rechten Wange. Er spricht kein Wort, gibt seinem Passagier nur einen Zettel. Dieser muss jetzt den vollen Koffer gegen einen genau gleichen, der auf dem Beifahrersitz steht, austauschen. Er werde nun ins Hotel »Hilton« gefahren, dort hat er sich unter den Namen »Schilling« ein Zimmer zu nehmen und auf weitere Anweisungen zu warten.

Palmers steigt aus, geht ins Hotel, es ist etwa neun Uhr abends. Das Taxi fährt schnell weg.

Mit der heißen Fracht fährt der Unbekannte mit der Schirmmütze in das Hauptquartier der Entführer. Das Geld wird gezählt, verhaltener Jubel, Selbstlob für die Cleverness. Alles scheint geklappt zu haben, alles scheint so gelaufen zu sein, wie es geplant war.

Der letzte Akt beginnt.

Kurz vor 22 Uhr setzen die Entführer ihrem Opfer im Versteck in der Webgasse die lackierte Skibrille auf und führen es zu einem wartenden Auto. Nach einer Viertelstunde Fahrt hält der Wagen in einer Seitengasse der Auhofstraße in Wien-Hietzing an. Walter Michael Palmers darf aus dem Auto steigen. Einer der Entführer befiehlt ihm, die Brille zwei Minuten lang nicht abzunehmen, dann verschwindet er. »Rufen Sie im Hotel Hilton an und verlangen Sie Herrn Schilling«, wird Palmers noch instruiert.

Er ist frei. Er nimmt die Brille ab, kann sich orientieren und geht ein paar Meter in das nahe gelegene »Hotel Arabella«. Palmers ruft zuerst seine Frau an und die verständigt Sohn Christian, dass er seinen Vater im Hotel Arabella abholen kann. Gegen 23 Uhr wird auch die Polizei von der Freilassung informiert.

Spur nach Vorarlberg

Am nächsten Tag konnten die Journalisten das Entführungsopfer befragen. Er schilderte Details, wie er geschnappt wurde, wie sein »Gefängnis« aussah und wo es in Wien gelegen sein könnte – man habe starken Verkehrslärm und die Tramway gehört – und er scherzte druckreif: »Als ich nach Hause kam, habe ich mich zuerst bei meiner Frau entschuldigt, dass ich mich zum Abendessen um hundert Stunden verspätet habe.« Seinen Entführern bescheinigte er schönbrunnerisch »Contenance«, und sprach ihnen Bildung und Fürsorglichkeit zu. Nur das Essen! »Ersparen Sie mir, es zu qualifizieren.«

Unbemerkt von der Öffentlichkeit war die Polizei inzwischen einen entscheidenden Schritt weitergekommen. Das aufgezeichnete Telefongespräch, das ein Entführer mit Gunilla Palmers wegen des Lösegeldes geführt hatte, wies eine Spur zum Täter: Er sprach mit erkennbarem Vorarlberger Dialekt. Nicht nur das Verbrecheralbum mit den besonderen Merkmalen der bekannten Kriminellen wurde durchforstet, auch die Staatspolizei wühlte in ihrer Kartei der bekannten Extremisten. Man fand darunter unter anderem den Vorarlberger Thomas Gratt, einen Studenten der Theaterwissenschaft, der durch linksextreme Aktivitäten aufgefallen war. In den Aufzeichnungen der Geheimdienstler war auch vermerkt, dass Gratt die in Wien wegen eines Banküberfalls in Untersuchungshaft sitzende Waltraud Boock, 26, oft im Grauen Haus besucht hatte.

Die deutsche Staatsbürgerin Boock war keine »normale« Kriminelle. Sie gehörte als Terroristin zur deutschen RAF und hatte im Advent 1976 die Bankfiliale vis-a-vis der Wiener Staatsoper ausgeraubt. 800 000 Schilling fielen ihr in die Hände, doch bei der wilden Flucht verlor sie davon 300 000 Schilling. Etliche Passanten steckten unbemerkt die im Wind flatternden Banknoten ein. Schließlich stieß ein Taxifahrer am Ring die Räuberin nieder, sodass sie verhaftet werden konnte.

In ihrer Zelle bekam sie außer von Gratt noch von einem weiteren Studenten der Theaterwissenschaft Besuch: von Othmar Keplinger.

Auch er war durch linksextreme Aktivitäten der Staatspolizei aufgefallen.

Gab es zwischen den beiden engere Beziehungen und darüber hinaus durch Boock auch Beziehungen zur RAF? Waren die Studenten an der Entführung von Palmers beteiligt und sollte das Lösegeld der Finanzierung des deutschen Terrornetzwerkes dienen?

Die Staatspolizei versuchte die beiden jungen Herren zu befragen – doch in ihren Wiener Wohnungen waren sie nicht anzutreffen. Die Fahndung begann, Flughäfen und Grenzstationen wurden alarmiert, ebenso die Interpol. Nur die Öffentlichkeit blieb, auch nach der Freilassung von Palmers, uninformiert.

Stopp an der Grenze

Chiasso, eine Grenzstation an der Straße von der Schweiz nach Italien. Meist geht es hier eher locker zu. Ein wenig Schmuggel wird »übersehen«, die großen Fische werden ohnehin meist von der Konkurrenz verraten. Der Schweizer Beamte winkt ein Auto nach dem anderen durch, »Gruezi, auf Wiederluaga«, ruft er manchmal einem Bekannten zu.

Dann stoppen zwei Autos aus Österreich. Es ist der 24. November 1977, spätabends. Ein Fiat und ein roter Alfa Romeo. »Papiere, bitte«.

Der eine Fahrer weist sich zuerst aus: Othmar Keplinger, 20, Student, wohnhaft in Wien. »Bitte aussteigen, der Auspuff des Alfa ist nicht in Ordnung«, meint der Beamte. Der Student reagiert muffig, auch sein Beifahrer, der sich als Thomas Gratt, 21, ausweist. Reaktion der Beamten: Sie werden streng dienstlich, schauen in das Handschuhfach, finden eine Pistole, bitten die Studenten hinein und durchsuchen sie in der Wachstube. In Kuverts, auf den Körper Gratts geklebt, finden sie Geld, viel Geld. 130 000 Schweizer Franken und 70 000 Dollar. Umgerechnet sind das mehr als zwei Millionen Schilling.

Die beiden jungen Herren werden festgenommen, die Polizei in Wien verständigt. Die bestätigt, dass nach Keplinger und Gratt gefahndet wird. Die Banknotennummern des Palmers-Lösegeldes werden nach Chiasso gefaxt – sie stimmen mit den Nummern der bei den beiden gefundenen Geldscheine überein.

Zwei Wochen nach der Entführung des Wäscheindustriellen scheinen damit zumindest zwei Mittäter gefasst, wenn auch nicht – oder noch nicht – das gesamte Lösegeld sichergestellt ist.

Inzwischen haben die beiden Insassen des anderen angehaltenen Wagens aus Wien das Weite gesucht. Auch in diesem Wagen findet man eine Waffe.

Keplinger und Gratt werden von Polizisten aus Wien befragt, eine spontane Auslieferung komme vorläufig nicht in Frage, teilen die Schweizer Behörden mit. Mühsame Verhöre beginnen, meist durch langatmiges revolutionäres Kauderwelsch der Verdächtigen von den Fakten ablenkend. Sie sind allerdings keine wirklichen »Steher«, bald verraten sie, wie sie zu falschen Pässen für die mitbeteiligten Täter aus Deutschland gekommen sind und wer der Wiener »dritte Mann« war: Reinhard Pitsch, ebenfalls ein Studienkollege. Er wird in Wien festgenommen.

Mit der Straßenbahn zur Entführung

In den Zeitungen wird es still um die Palmers-Entführung. Einige Blätter zitieren aus den Archiven einen zurückliegenden Fall, ebenfalls die Entführung eines Prominenten.

Zwei Vorbestrafte, einer aus Deutschland, einer aus Wien, eben erst bei einigen Flaschen Bier auf dem Wiener Westbahnhof bekannt geworden, wollten durch eine Entführung zu Geld kommen. Am 2. Jänner 1971 fuhren sie gegen Abend mit der Straßenbahn nach Pötzleinsdorf, streiften durch die Villengegend. »Hier stinkts nach Geld, hier schnappen wir uns einen«, machten sie sich Mut. Ein Auto hielt vor einem Haus in der Wilbrandtstraße an, ein junger Mann stieg aus. Wollte aussteigen, denn die beiden zwangen ihn mit einer Spielzeugpistole und einer Gartenschere, wieder in das Fahrzeug zu steigen. Bei einer Durchsuchung ihres Opfers fanden sie kaum Geld, jedoch den Ausweis des Überfallenen. Er lautete auf Hans Michael Bensdorp, 25 Jahre alt, Theologiestudent.

Der Name der aus Holland stammenden Süßwarendynastie ist allgemein bekannt, Bensdorp ist fast eine andere Bezeichnung für Schokolade. Ein Mitglied dieser Familie in die Gewalt zu bekommen schien den beiden so, als hätten sie das große Los gezogen.

Auf Englisch wies der eine Entführer den jungen Mann an, Richtung Westautobahn zu fahren. Die Fahrt ging nach Linz, vor dem Hauptbahnhof zwangen sie Bensdorp, seinen Vater von einer Telefonzelle aus anzurufen. »Halte 250 000 Schilling bereit, ich bin entführt worden, keine Polizei bitte«, teilte er ihm befehlsgemäß mit. Doch der Vater verständigte die Behörde.

Die beiden Entführer waren inzwischen mit ihrem Opfer nach Salzburg gefahren, von dort wurde gegen drei Uhr früh wieder mit dem Vater telefoniert, ob das Geld schon bereit sei. Er vertröstete sie auf den Vormittag. Man fuhr wieder nach Wien zurück. Schließlich wurde dem Vater aufgetragen, das Geld im Kofferraum seines zweiten Autos zu deponieren und dieses vor dem Schloss Schönbrunn unversperrt abzustellen.

Einer der Entführer holte mit Bensdorp das Geld aus dem Wagen. Die Polizei beobachtete zwar die Szene, zögerte aber mit dem Eingreifen, da man um das Leben des jungen Bensdorp fürchtete. Mit ihrem Opfer setzte das Duo die Fahrt fort, auf der Autobahn ging es wieder nach Westen. Im Auto teilten die Entführer die Beute und gaben Bensdorp tausend Schilling als »Spesenersatz« für den verbrauchten Sprit und die für später geplante Heimfahrt ihres Opfers.

In St. Pölten wurde der Wagen, nach dem bereits gefahndet wurde, gesichtet. Die Gendarmerie errichtete eine Straßensperre und stoppte bei Melk die Entführer, die sich widerstandslos festnehmen ließen. Hans Michael Bensdorp war wieder frei, das Lösegeld sichergestellt. Die beiden Täter (Adalbert Bilek und Peter Dörschl) wurden zu mehrjährigen Kerkerstrafen verurteilt.

Bensdorp setzte sein Studium fort und arbeitete danach als Pfarrer, zuletzt in Wien-Hetzendorf.

Vor dem Haus gekidnappt

Während man in der Bevölkerung und unter den Journalisten auf Neuigkeiten im Fall Palmers, auf die noch immer nicht erfolgte Auslieferung von Gratt und Keplinger aus der Schweiz und auf eine Fixierung des Termins des Prozesses gegen die drei Entführer wartete, kam Mitte Dezember die Nachricht von einem neuen Kidnapping. Auch diesmal war eine Millionärsfamilie ins Visier von Verbrechern gekommen.

Leopold Böhm, der Besitzer der Textilkette »Schöps«, war auf Geschäftsreise in Italien, als ihn am Montag, dem 12. Dezember 1977, spätabends ein Anruf von Wiens Polizeipräsidenten Karl Reidinger erreichte. »Ihre Frau ist entführt worden«, teilte er Böhm mit.

Ehefrau Lieselotte, 42, war gegen 18 Uhr vor ihrer Villa am Unteren Schreiberweg 49 in Wien-Grinzing aus ihrem Peugeot 104 gestiegen, weil sie die Fernbedienung zur Garage vergessen hatte. Ihre Mutter saß am Beifahrersitz, als ein anderer Wagen direkt neben dem Peugeot anhielt. Zwei mit NATO-Jacken bekleidete und mit gestrickten, roten Strumpfmasken vermummte Männer überwältigten die vor der Garagentür stehende Lieselotte Böhm und brachten sie mit ihrem Auto weg.

Der erste Verdacht richtete sich auf Sympathisanten der so genannten autonomen »Arena«-Bewegung, die wegen des Baus der Schöps-Modezentrale ihre Lokalitäten verloren hat. Erhärtet konnten die Vermutungen allerdings nicht werden.

Ähnlich wie bei der Palmers-Entführung belagerten Journalisten jetzt das Böhm-Haus in Grinzing. Doch der Ehemann der Entführten wollte weder mit der Polizei zusammenarbeiten noch mit der Presse sprechen.

Die Entführer hatten sich inzwischen bei Böhm gemeldet und massive Lösegeldforderungen gestellt. Am Donnerstag, dem 15. Dezember, erhielt der Textil-Krösus eine Mitteilung seiner Frau zugespielt. »Es geht mir gut, ich werde medikamentös versorgt«, schrieb sie und erneuerte die auch von den Entführern gestellten Forderungen, das Lösegeld bereitzuhalten und keine Polizei einzuschalten. Ähnlich wie im Fall Palmers benützten auch diesmal die Entführer Mittelsmänner aus dem Bekanntenkreis Böhms, um mit ihm in Kontakt zu treten. Obwohl die Reporter wie Luchse aufpassten, gelang es Böhm am Freitag, unbemerkt das Haus zu verlassen. Offenkundig brachte er das Geld einem Mittelsmann, der für die Übergabe zu sorgen hatte. Rund zwanzig Millionen Schilling, so das Gerücht unter den Journalisten, seien verlangt worden.

Lösegeld auf Sparbüchern

In der Nacht auf Samstag, vier Tage nach dem Kidnapping, wurde Lieselotte Böhm freigelassen. Die Entführer setzten sie bei einer Tankstelle in der Heiligenstädter Straße ab. Mit einem zufällig vorbeifahrenden Taxi fuhr sie nach Hause. Nähere Hinweise, wo sie festgehalten worden ist, konnte sie nicht geben. Auch die Beschreibung der Täter war eher dürftig: etwa 175 bis 180 Zentimeter groß, Wiener Dialekt. Sehen konnte sie nichts, da ihre Brillen mit Leukoplast verklebt waren.

Dann, Anfang Jänner 1978, gab es Alarm bei der Wiener Polizei. Der Filialleiter einer Wiener Bank informierte das Sicherheitsbüro, dass ein junger Mann auf ein Sparbuch 1,5 Millionen Schilling einzahlen wollte. Da er ihm verdächtig erschien, habe er heimlich Aufnahmen mit der Überwachungskamera gemacht. Erhebungen begannen und man forschte bei anderen Banken insgesamt 28 Sparbücher mit dem gleichen Losungswort aus. Gesamteinlage: fast 30 Millionen Schilling. Die Kripo warf nun ein engmaschiges Netz über Bankfilialen in der Hoffnung, dass der »Sparefroh« auftaucht. Am 12. Jänner war es endlich so weit. Zwei Männer (Franz Panagl, 27, und Paul Francsics, 28) wurden bei einer Transaktion mit einem Sparbuch festgenommen.

Es war ein guter Fang. Den beiden wurde nachgewiesen, als Mitglieder der so genannten »MP-Bande« in den vergangenen Monaten einige Banküberfälle verübt zu haben. Die Entführung von Lieselotte Böhm bestritten sie anfangs. Doch nach Hausdurchsuchungen gestanden sie: Ja, sie haben die Frau entführt und das Lösegeld kassiert. 25,7 Millionen Schilling, übergeben in verschiedenen Währungen. Mit dabei sei auch eine aus Deutschland stammende Frau (Christa Schneck) gewesen, die in Wien einen Kosmetiksalon besitzt.

Das Entführungsopfer hatten die Täter aus dem Buch »Die Reichen und die Superreichen« von Kronen-Zeitung-Redakteur Georg Wailand ausgewählt. Auf Seite 170 wird darin Umsatz und Gewinn des Schöps-Eigentümers aufgelistet.

Vorausschauend mieteten die Täter schon 1976 in der Zollergasse 15 in Wien-Mariahilf ein Lokal, nannten es »Club Antique« und betrieben darin auch kurzfristig eine Tagesbar. Kurz vor der Entführung dämmten sie die Räumlichkeiten ab und brachten darin und vor dem Hauseingang kleine Überwachungskameras an.

Bald wuchs Gras über die Geschichte. Das Opfer war frei, das Geld sichergestellt, die Täter in Haft. Sie wurden erst wieder beim Prozess interessant. Hohe Strafen – 15 und 20 Jahre – befriedigten die Öffentlichkeit.

Bald vorlaut, bald schweigsam

Hohe Strafen – das erwartete man auch im Fall Palmers. Am Montag, dem 12. Februar 1979, beginnt im Wiener Grauen Haus der Geschworenenprozess um seine Entführung. Neben den aus der Schweiz ausgelieferten Keplinger und Gratt war auch der in Wien verhaftete Student Reinhard Pitsch angeklagt.

Als Erster kommt Othmar Keplinger in den Saal XIV des Landesgerichts. Er fällt durch sein hageres Gesicht, das schulterlange Haar und einen dünnen Kinnbart auf. Böse zischt er die Fotografen an. »Gehts scheißen«, will er sie wegstampern, doch die Verschlüsse klicken weiter. Ebenso bei Thomas Gratt, der als Nächster in den Saal geführt wird. Erst begrüßt er den Staatsanwalt mit erhobener rechter Faust, dann verzieht er sein bubenhaftes, weiches Gesicht zu einem Grinsen, flegelt sich auf die Bank und zieht die Beine hoch, als säße er in einem Fauteuil. Dann kommt Pitsch, ebenfalls langhaarig und bebrillt, jedoch nicht in Jeans, sondern im Nadelstreif. Er gibt sich nicht so provokant wie seine Mitangeklagten.

Die Anklage beschuldigt Thomas Gratt als jenen Mann, der Walter Michael Palmers »ohne dessen Einwilligung mit Gewalt entführt« habe. Geholfen haben ihm bei der Gefangenhaltung Palmers' und später auf der Flucht Keplinger und Pitsch. Als sich die drei zu den Vorwürfen der Anklage äußern sollen, gehen sie nicht auf Details ein, sondern verlangen »im Sinne der Genfer Konvention als Kriegsgefangene behandelt« zu werden.

Während Keplinger und Pitsch sich als »kleine Rädchen« geben, die gar nicht wussten, worum es ging und wer hinter der Entführungsaktion steckte, gefiel sich Gratt in der Rolle des durchschlagskräftigen Terroristen. »Was wäre geschehen, hätte die Familie Palmers nicht bezahlt?«, wird er gefragt. Wie aus dem Handbuch der Revolutionäre sprudelt er heraus: »Die Guerilla hat nicht nur einmal bewiesen, wie sie sich verhält, wenn ihre Forderungen nicht erfüllt werden.« Dann die Frage, wo der Rest des Lösegeldes geblieben sei: »Das befindet sich in den Händen der internationalen Guerilla.«

Schließlich kommt auch noch zu Tage, dass man ursprünglich auf Anraten der Komplizen aus Deutschland eigentlich Ferdinand Porsche hätte entführen wollen. Er sei »symbolhafter« für die Verbindung von Kapital und Politik, habe er doch zu Hitlers Ruhm seinerzeit den Volkswagen entwickelt. Bei einer ersten Begehung stellten die angehenden Entführer jedoch fest, dass im Erdgeschoss von Porsches Wohnhaus ein Polizeiwachzimmer untergebracht ist. Nicht gerade ideal, um ungestört jemanden zu entführen.

Wurstigkeit mit 74 Jahren

Etliche Schmankerln bietet Walter Michael Palmers in seiner Zeugenaussage vor Gericht. Ob er um sein Leben gefürchtet habe, als sich die Entführer offenkundig unzufrieden mit dem geringeren Lösegeld gezeigt haben und meinten, das könne bös für ihn ausgehen? »Wissen Sie, mit 74 Jahren schaut man die Sache gelassener an. Na, wird es halt aus sein, habe ich mir gedacht. Eine gewisse Wurstigkeit, könnte man sagen.«

Im Prozess wurde peinlich vermieden, auf das Terrorumfeld einzugehen, aus dessen Boden die Entführung spross. Die oberste Strategin war Inge Viett, geboren 1944, erst Kindergärtnerin und dann Stripteasetänzerin in Hamburg-St. Pauli. Mitglied in der RAF-Splittergruppe »Bewegung 2. Juni«. Gemeinsam mit Gabriele Rollnik und Juliane Plambeck war sie Anfang 1977 nach Wien gekommen. Die deutschen Terroristen brauchten Geld, sie brauchten neue Mitstreiter. Viett lernte Pitsch kennen, als dieser revolutionäre Flugblätter vor der Universität verteilte, dann erfolgte der Kontakt mit Keplinger und schließlich wurde auch Gratt in die Rekrutierungspläne Vietts eingeweiht.

Doch nur Gratt fing Feuer, verführt auch von sexuellen Avancen, die ihm Viett machte. Ihr zu Ehren ließ er sich sogar die Haare rot färben – Ende der 70er-Jahre noch eine ausgefallene Art, aufzufallen. Die Freunde Gratts wollten bei möglichen Aktionen zwar helfen, aber nur als Randfiguren beteiligt sein.

Viett ließ durch ihre Freundinnen etliche mögliche Entführungsopfer – unter anderem eben auch Porsche – auskundschaften. Gratt sollte die Federführung der Aktion haben, doch Viett sah ihm weiterhin auf die Finger und konnte sich nach erfolgter Aktion noch rechtzeitig – mit dem Löwenanteil des Lösegeldes – absetzen.

Die Urteile fielen wie erwartet aus: Gratt erhielt 14 Jahre, 11 Monate und 15 Tage Kerker, Keplinger erhielt fünf, Pitsch sechseinhalb Jahre. Skurrile Pointe im Urteil: Die drei Entführer wurden verpflichtet, an die Familie Palmers das fehlende Lösegeld, also rund 28 Millionen Schilling, zu ersetzen.

Im August 1981 wird Reinhard Pitsch auf freien Fuß gesetzt. Im Gefängnis hat er weiterstudiert und machte seine Doktorarbeit in Philosophie. Nach einem Aufenthalt in Frankreich fand er Beschäftigung als Mitarbeiter der Wiener Stadtzeitung »Falter«. Ein paar Monate später kommt auch Othmar Keplinger frei und jobbte bei einer Filmfirma als Cutter.

Als Walter Michael Palmers 1983 starb, erinnerten sich die Zeitungen wieder an die Entführung, ebenso 1990, als auch der Haupttäter Thomas Gratt vorzeitig aus der Haft entlassen wird.

Im Jahr 2004 begannen Absolventen der Wiener Filmakademie, angeführt von Alexander Binder, 35, mit Dreharbeiten für einen Film über die Palmers-Entführung. Mit den drei Österreichern und den deutschen Fädenziehern wurden bereits hundert Stunden Interviews gedreht und vorsorglich hatte man sich finanzielle Förderzusagen in Höhe von 50 000 Euro besorgt. Staat, Länder und der ORF wollen das Projekt unter dem Titel »Keine Insel« teilweise finanzieren.

Die Todsünde, die zum gewaltsamen Tod führt

In der Theologie zählt die Habgier zu einer der Todsünden. Im Strafrecht wird sie als Mordmotiv aufgezählt. Unzählige Menschen müssen sterben, weil andere Menschen etwas aus ihrem Besitz haben wollen, gierig danach sind. Gemordet wird nicht nur wegen eines Haufen Geldes, oft geht es um mickrige Dinge, um eine Uhr oder ein Handy. Gier wird auch nicht gestillt, wenn man die Beute hat, neue Opfer müssen gefunden werden. Gier entsteht oft ohne eigene Not, selbst wer vieles hat, kann noch mehr wollen. Der Mord aus Habgier kommt, wie man so sagt, auch in den besten Familien vor.
Er geschieht spontan oder gründlich vorbereitet, kein Fall gleicht dem anderen, wissen die Ermittler der Polizei. Ein Täter besucht reihenweise ältere Frauen als Gaskassier und erbeutet ein paar Schilling. Ein anderer versucht, sich die Firma seines Opfers unter den Nagel zu reißen. Bei einem findet man ein ganzes Warenlager, bei einem anderen nur einige Päckchen Mannerschnitten. Habgier hat viele Dimensionen.

Häcksler versagte nach Mulatschag in Budapest

Es begann so, wie Liebesfilme im Fernsehen anfangen. Der erfolgreiche Wiener Geschäftsmann lernt im April 1992 eine schöne, junge Frau, die einen Hauch von Exotik verströmt, kennen. Sie erwidert sein Begehren und bald hört er in seiner Fantasie die Hochzeitsglocken läuten. Der Onkel müsse noch seinen Segen geben, haucht sie. Ende Mai fahren sie dann gemeinsam zu ihm, nach Budapest. Eine schöne Zukunft auf Wolke sieben scheint garantiert.

Der verliebte Mann heißt Fritz Köberl, er ist Mitte vierzig und macht sein Geld als Filmproduzent mit eigenem Studio. Die Braut in spe ist dreißig, stammt aus Montenegro und heißt Biza Novakova, lässt sich aber schnuckelig als »Biliana« ansprechen. Der Onkel, zu dem sie in eine Wohnung in der Budapester Visegradi utca kommen, wird »Gabor« gerufen und lädt für den Abend zu einem gemütlichen Mulatschag ein.

Köberl wird das Verlobungsessen nicht überleben, er landet am nächsten Tag zerstückelt in einigen Müllkübeln in einem Hinterhof. Motiv für den Mord: Habgier.

Die Tat war schlau eingefädelt. Der für den ORF als Regisseur und Filmemacher tätige Helmut Frodl, 34, hatte seine Freundin Biza Novakova auf Köberl angesetzt, sein Freund und ehemalige Steuerberater Gabor Pesti, 44, verkörperte den ungarischen Onkel. Die Wohnung in Budapest wurde extra für den geplanten Mord angemietet.

Novakova besorgte eine Pistole, Pesti hatte das Betäubungsmittel Rohypnol parat, dann stieg das Abendessen. Biza hatte man vorsorglich schon weggeschickt – »lasst uns Männer allein feiern« – sie sollte in Mallorca die weitere Entwicklung abwarten. Für ihren Einsatz, der allerdings nur als »Denkzettel« deklariert worden war, hatte sie von Frodl 30 000 Schilling Honorar erhalten.

Bald zeigte sich bei Köberl die Wirkung der Tropfen. Benommen, wie er war, lallte er von den Hochzeitsvorbereitungen, Pesti aber schob ihm einige Papiere unter, auf denen er müde unterschrieb. Als Köberl einschlief, wurde Frodl aus dem Nebenzimmer geholt. Mit vier Schüssen tötete er Köberl, der entkleidet und in die Badewanne gehievt wurde. Während Pesti zu den Wohnungsnachbarn ging, um vorbeugend um Verständnis für vielleicht lauter werdende Renovierungsarbeiten zu bitten, begann Frodl, die Leiche mit einem elektrischen Fuchsschwanz zu zersägen, nachdem es misslungen war, ihn durch einen eigens mitgebrachten Gartenhäcksler zu drehen.

Es war eine langwierige Arbeit, zwei Stunden benötigte Frodl, bis er den Körper Köberls so weit zerteilt hatte, dass er in einige Müllsäcke passte. Nach dem Gemetzel wurde die makabre Last in den Nissan Sunny des Getöteten gepackt. Frodl und Pesti wollten die Säcke zuerst zum Plattensee führen, entschlossen sich aber dann, sie in Müllcontainern in der Stadt zu entsorgen.

Doch Müllbehälter sind überall Anziehungspunkte für Streuner und Sandler, auch in Budapest. Am 22. Mai, einen Tag nach dem Mord, zog so ein Miststierler einen Plastiksack aus dem Container und traute seinen Augen nicht: Blutige Fleischteile hatte er nicht erwartet. Die Polizei begann in der Umgebung zu suchen und nach und nach konnte ein Leichenpuzzle zusammengesetzt werden.

Verkleidet in die Botschaft

Wer der Tote war, blieb vorerst unbekannt. Frodl und Pesti sorgten dafür, dass Köberl für die Nachwelt vorerst am Leben blieb. Als »Neffe Fritz« rief Frodl am 23. Mai mit verstellter Stimme die Tante Köberls an. Er habe »die Frau seines Lebens« gefunden und sei mit ihr auf dem Weg nach Montenegro. Dann schrieb Frodl als Köberl an die Tante, dass ihn sein Geschäft nicht mehr interessiere und er einen Generalbevollmächtigten einsetzen werde. In Mailand benützte Frodl die Kreditkarte des Ermordeten für Einkäufe, schließlich flog er nach London. Verkleidet und ausgewiesen durch den Pass Köberls wollte er dort in der österreichischen Botschaft den vorläufigen Schlusspunkt setzen. Er legte die von Köberl in der Mordnacht als halb Bewusstloser unterschriebene Vollmacht vor, ließ sich diese beglaubigen und setzte Pesti als Bevollmächtigten für die Firmen Köberls ein. Ein Verkauf der Studios könnte zehn bis 15 Millionen Schilling bringen.

Ob es nur eine Vermutung ist oder ob der Roman Frodl bekannt war, lässt sich wohl kaum feststellen. Tatsache ist jedoch, dass die amerikanische Krimiautorin Patricia Highsmith in ihrem Buch »Der talentierte Mister Ripley« einen ähnlichen Ablauf einer Bluttat schilderte, in der der Mörder für einige Zeit die Identität des Opfers annimmt. Verfilmt wurde der Thriller mit Alain Delon in der Hauptrolle, die im wirklichen Leben Helmut Frodl spielte.

Langwierige Recherchen der Polizei in Budapest führten zuerst in die Mordwohnung und anhand der Fingerabdrücke, die von der Leiche abgenommen werden konnten, auch zur Identifizierung des inzwischen als vermisst gemeldeten Fritz Köberl.

In Wien wurde im Bekanntenkreis des Toten ermittelt. Es stellte sich heraus, dass Frodl in letzter Zeit von Köberl aus einigen Geschäften gedrängt wurde. Bei weiteren Erhebungen stieß man auch auf Pesti.

Dann, am 16. Juni 1992, meldete die Wiener Tageszeitung »Kurier« in großen Lettern auf Seite 1: »Mord an Filmer: Zwei Verdächtige verhaftet«. Der weibliche Teil des Trios Infernal, Biza Novakova, wurde kurz darauf in Mallorca ausgeforscht, verhaftet und später nach Wien gebracht.

Einen wichtigen Fund machten die Ermittler in der Wohnung von Gabor Pesti: Sie fanden jene Verkleidungsutensilien, den falschen Bart und die Perücke, mit denen sich Frodl getarnt und in die Rolle Köberls geschlüpft war. Ein weiteres Glied in der Indizienkette: Frodl hatte

Anfang Juni bei der Polizei angezeigt, dass sein Auto in einer Tiefgarage aufgebrochen und zwei Geräte gestohlen worden seien: ein Gartenhäcksler und ein elektrischer Fuchsschwanz.

Der sympathisch wirkende Helmut Frodl war in Wien kein Unbekannter. Seit 1977 war er freier Mitarbeiter beim Fernsehen, führte bei der Sendung »Jolly Joker« Regie und durfte 1988 sogar als Reporter beim Opernball gemeinsam mit Erwin Fischer, Herbert Dobrovolny und Nora Frey auftreten. Er führte ein aufwändiges Leben, kaufte für sich, seine Frau und die Kinder 1989 eine Villa in Hietzing. In vielen Zeitungen allerdings wurde er jetzt, nach Bekanntwerden der Tat in Budapest, als der »Killer mit dem Milchgesicht« bezeichnet.

Der »Kurier« leuchtete auch in die Kindheit Frodls und ließ seinen Vater erzählen: »Mit sieben Jahren stand er mit Josef Meinrad im ›Verschwender‹ auf der Bühne des Burgtheaters, als Elfjähriger interviewte er zum Spaß Passanten auf der Straße. Zu Hause hatte er eine Boa constrictor, die er mit lebenden Ratten fütterte.«

Auf einen Toten geschossen?

Ende Juni wurde Frodl erstmals aus seiner Zelle in das so genannte »Halbgesperre« des Wiener Grauen Hauses gebracht, um von Untersuchungsrichterin Christiane Moser verhört zu werden. Da klang alles ganz anders als vorher bei der Polizei. Ja, gestand der Filmemacher, ja, er habe in Budapest auf Köberl geschossen, aber da war dieser schon tot. Das Betäubungsmittel Rohypnol, das Pesti dem verliebten Köberl in einigen Stamperln Barack verabreicht hatte, dürfte zu stark gewesen sein und tödlich gewirkt haben.

Pesti sei überhaupt die treibende Kraft für die Tat gewesen. Beide – er und Pesti – hätten einem Bekannten Köberls Geld für ein Filmprojekt geborgt, und als sie dieses nicht zurückbekamen, wollten sie es von Köberl eintreiben. Die Sache sei dann außer Kontrolle geraten. Er, Frodl, habe nur noch mitgemacht, weil er nach Hause wollte.

Um die genaue Todesursache Fritz Köberls zu klären, wurden am 31. Juli 1992 die Leichenteile in einem Kühlwagen von Budapest nach Wien gebracht. Im Gerichtsmedizinischen Institut wird der aus dem Urlaub zurückgeholte Pathologe Dr. Georg Bauer die zweite Obduktion des Opfers vornehmen. Bereits vorher wurde im AKH eine Röntgenaufnahme des Schädels Köberls gemacht, durch die bestätigt wurde, dass die Schüsse von hinten abgegeben wurden. Gerichtschemiker

Walter Vycudilik wies im Körper des Opfers Rohypnol nach, allerdings in einer Konzentration, die nicht tödlich gewesen sein dürfte. Schlussfolgerung: zum Tod haben die Schüsse in den Kopf geführt.

Inzwischen gehen die Vernehmungen der beiden Beschuldigten und der inzwischen aus Mallorca nach Wien überstellten Biza Novakova weiter. Dem »Lockvogel« wird vorerst Beihilfe zum Mord vorgeworfen, doch verflüchtigen sich die Beweise gegen sie zusehends. Wegen einer schweren Krankheit kommt sie vorübergehend in ein Wiener Krankenhaus – gibt aber für Illustrierte gut honorierte Interviews – und darf dann wieder auf die Sonneninsel zurück.

Zwei Bücher über den Mord

Schneller als die Justiz handelten Verleger den Fall Köberl ab. Im »va bene«-Verlag erschien Ende 1993 der von Helmut Frodl in der Untersuchungshaft verfasste Psychothriller »Außer Kontrolle – Im Netz der Agenten«, in dem er eine reichlich abenteuerliche Version vom Mordgeschehen gab. Im »Donau«-Verlag veröffentlichte der ehemalige »Zeit im Bild«-Sprecher Herbert Gnedt kurz zuvor ein Buch unter dem Titel »Lockruf nach Budapest«, in dem die Bemühungen des Köberl-Freundes Günter Pateisky zur Aufklärung des Falles dargestellt werden. Tatsächlich hatte Pateisky, der mit Köberl Ende Mai einen Film am Semmering drehen sollte, die Polizei auf die Spur Frodls gebracht.

Im Dezember 1993, kurz nach Erscheinen der beiden Bücher, beginnt der Geschworenenprozess gegen Helmut Frodl und Gabor Pesti.

Die Zeitungen bringen ihre Reporterstars in Stellung, zu glitzernd sind Täter und Opfer, zu grausam die Umstände, um die es geht. Konkurrenten aus der Flimmerbranche einerseits, ein reicher krebskranker Mann als Mittäter, eine Balkanschönheit als Lockvogel. Vielleicht sind Drogen im Spiel, vielleicht litt der Täter unter einer seltenen Geistesverwirrtheit namens Borderline-Syndrom. Brutale Kaltschnäuzigkeit auf der einen Seite, Gutenachtgeschichten aus dem Häfen für die Kinder auf der anderen Seite. Bei dieser Mixtur glühen die Tasten der Journalisten.

Der »Kurier« etwa schildert die ersten Aussagen von Gabor Pesti vor Gericht so: »Die meiste Zeit in Budapest will er – als Folge einer Chemotherapie – verschlafen haben. Wenn er wach war, so habe er gedacht, er spiele bloß eine kleine Rolle in einem Filmspaß seines Freundes Frodl. Es sei ihm kein Licht aufgegangen, als sich Frodl mit langer, blonder Perücke maskierte und eine Pistole in der Hand hielt. Pesti dachte, dies wären bloß Requisiten. Erst als Köberl erschossen auf der Couch lag, habe er den Ernst der Lage gemerkt.«

Mit leiser Ironie druckt die Zeitung auch Zitate aus Frodls Einvernahme ab. »Ich weiß oft nicht, was ich mache. Es kommen Kaulquappen auf mich zu, ich spüre sie im Genick, in den Haarwurzeln, ich spüre, wie sie eindringen in mich.«

Das ist es, was man lesen will, nicht die Erklärung, dass man Köberl nur einen Denkzettel verabreichen wollte, ihm vielleicht Rauschgift ins Auto schmuggeln und ihn bei der Grenze auffliegen lassen wollte. Helfen sollte dabei ein KGB-Agent, so die Aussage. Er, Frodl, habe ja gar nicht töten können, denn in Budapest, in der besagten Wohnung, sei er besoffen gewesen. Der Richter hält ihm vor, dass er bei der Polizei sehr detailliert geschildert hat, wie er Köberl zerstückelt habe. »Nein, nein, ich war es nicht, das muss der KGB-Agent gewesen sein.«

Warum aber, so der Richter weiter, sei er nach der Tat in die Rolle Köberls geschlüpft und habe die Tante angerufen? Wieder eine Antwort, für die die Leser dankbar sein müssen: »Ich wollte, dass sich die Tante nicht kränkt, und damit Köberl weiterlebt, ich wollte es ungeschehen machen.«

In anderen Zeitungen wird wiedergegeben, was Frodl über seinen Geisteszustand schilderte. »Vieles lief ab wie im Film, ich war wie ferngesteuert.« Und er erzählt immer wieder von einem »schwarzen Raben«, der in seiner Einbildung auftauche. Vor Jahren, als er bei Mutter Teresa in Indien war und dort ein Kind adoptierte, war der Vogel auch da – allerdings sei es eine »indische Glanzkrähe« gewesen, wie Frodl pedantisch betonte. »Und nun, in Budapest, war der Rabe auch wieder da? Derselbe oder ein gleicher?«, fragte Richter Fritz Zöllner, der das Verhör oft locker ins Geplauder lenkt. »Natürlich ein gleicher«, antwortet Frodl, sich nicht aufs semantische Glatteis locken lassend.

Mit Plastikkopf vor Gericht

Am 20. Dezember dann der große Auftritt des Gerichtsmediziners Georg Bauer vor den Geschworenen. Jeder von ihnen hat eine Lichtbildmappe mit Fotos von Leichenteilen vor sich liegen. Um zu demonstrieren, wie die tödlichen Schüsse auf Köberl abgegeben worden sind, bittet Bauer die Laienrichter »jenes Bild aufzuschlagen, wo der Kopf schon zusammengenäht und der Nacken ausrasiert ist«. Man werde die Einschusslöcher sehen. Für das Auditorium demonstriert Bauer das Ganze auch an einem Plastikkopf.

Dann hebt der Mediziner den elektrischen Fuchsschwanz Marke »Alligator« von »Black & Decker« hoch – mit so einem Gerät sei die Leiche zerstückelt worden, das habe die Obduktion ergeben. Wenn es gewünscht wird, kann er das Gerät auch anstecken, damit man mitbekommt, welcher Lärm bei dieser Arbeit entstanden sein muss. Das hohe Gericht verzichtet auf die Hörprobe.

Die Arbeit müsse zwei bis drei Stunden gedauert haben. Der Versuch, den Schädel weiter zu zerkleinern, sei deshalb misslungen, weil der Fuchsschwanz gerattert habe, wie Bauer anhand der Spuren festgestellt hat und nun den Geschworenen ausführt.

Eine große Bedeutung erlangt im Prozess auch das von Frodl-Verteidiger Nikolaus Lehner ins Spiel gebrachte Borderline-Syndrom, eine psychische Störung, an der Frodl leiden dürfte. Der Kranke bewege sich zwischen zwei Welten, zwischen Wirklichkeit und Fantasie. In Stresssituationen »kippen« diese Personen und begehen Taten, für die es keine Erklärung gibt.

Am 22. Dezember folgte das Urteil. Ab halb acht Uhr früh hatten sich die Zuhörer angestellt, um dabei zu sein, wenn das Böse bestraft wird, um vielleicht noch bemerkenswerte letzte Worte zu hören. Sie werden nicht enttäuscht. Helmut Frodl setzt an: »Ich stehe in doppelter Weise vor Ihnen als Gefangener. Als Untersuchungshäftling einerseits und andererseits weil ich zwar gehört, aber nicht verstanden wurde.« Während Frodl wieder auf die Bank gedrückt wird, versucht der weinende Gabor Pesti unter Unschuldsbeteuerungen den Geschworenen die Hände zu schütteln.

Es dauert drei Stunden, ehe sie ihren Wahrspruch verkünden: Lebenslang für Frodl, zwanzig Jahre für Pesti. In der Berufungsverhandlung wird auch er später zu lebenslanger Haft verurteilt.

1997 begann Frodl, der seine Strafe in Garsten verbüßt, mit einem Universitätsstudium. Zuerst sollte es die Juristerei sein, dann entschied er sich für Theologie. Allerdings wird er nicht in die Universität Linz »ausgeführt«, wie vor ihm der ebenfalls zu einer lebenslänglichen Strafe verurteilte Mörder Tibor Foco, dem bei einem derartigen Universitätsbesuch die Flucht gelang. Frodl bekommt sicherheitshalber seine Skripten in die Zelle und legt auch im Gefängnis seine Prüfungen ab.

Daneben betreut der Ex-ORF-Mitarbeiter die Anstaltsbibliothek und ist auch in einer Theatergruppe aktiv. Sie nennt sich »Ruhestörung«.

17 Kilo Schmuck und eine verschwundene Leiche

Der Aufruf im Amtsblatt der »Wiener Zeitung« las sich sehr streng. Der 1946 in Wien geborene Werner Riedl wird in umständlichem Amtsdeutsch aufgefordert, sich innerhalb einer knapp bemessenen Zeit bei Gericht zu melden. Widrigenfalls, so die Konsequenz, wird er auf Antrag seiner Ehefrau für tot erklärt.

Doch Werner Riedl konnte diesem im Juni 1992 erfolgten Aufruf nicht Folge leisten. Er war bereits seit mehr als einem Jahr tot. Ermordet. Seine Leiche war spurlos verschwunden.

Am 4. Mai 1991 verließ der Juwelenvertreter Riedl, zwei schwere Taschen schleppend, seine Gemeindebauwohnung in Wien-Simmering. Eingepackt hatte er mehr als 17 Kilogramm Edelsteine und Goldschmuck im Wert von fast zwei Millionen Schilling, im Sakko steckte ein Sparbuch mit einer Einlage von rund 200 000 Schilling. Er hatte vor, einen Geschäftspartner in Floridsdorf zu besuchen. »Mittags bin ich wieder da«, versprach Riedl seiner Frau Renate. Das war das Letzte, was sie von ihm hörte. Der Mann kam weder zu Mittag noch am Abend und verzweifelt suchten seine Frau und Bekannten nach ihm, riefen Freunde und Spitäler an. Dann wurde Abgängigkeitsanzeige erstattet.

Sollte ihrem Mann das Gleiche passiert sein wie dem indischen Edelsteinhändler Rajesh Garg, der Ende 1989 in Wien ebenfalls mit wertvollem Schmuck spurlos verschwunden und wahrscheinlich beraubt und ermordet worden ist?

Die Ehefrau weiß nicht, mit wem sich ihr Mann treffen wollte, wer der Abnehmer der wertvollen Schmuckstücke sein sollte. Sie weiß es nicht, doch der Computer der Telefongesellschaft hat alles gespeichert. Bald hat die Polizei herausgefunden, welche Nummern Riedl angerufen hat und von welchen Anschlüssen bei ihm angerufen wurde.

Zahlreiche Personen wurden befragt, in den Geschäftsbüchern gestöbert, dann tauchte der Name des 44-jährigen Herbert Kümmerl auf. Der Mann hatte geschäftlichen Kontakt mit Riedl, außerdem läuft eine Betrugsanzeige gegen ihn und in der Branche kennt man seine Geldschwierigkeiten. Durch die Rufdatenerfassung weiß die Polizei, dass er wenige Tage vor dem Verschwinden Riedls mit diesem telefoniert hat.

Die Spur ist heiß, Kümmerl wird in die Zange genommen. Inzwischen haben Spaziergänger in der Stopfenreuther Au bei Hainburg (NÖ) einige Täschchen gefunden, in denen üblicherweise Schmuck verwahrt wird. Auf einer davon finden sich Blutspuren von der gleichen Gruppe, die Riedl hat.

Nach »Rempler« gestorben

Der Polizei tischt Kümmerl eine haarsträubende Geschichte auf. Irgendwann im April habe er Riedl zufällig bei einem Würstelstand getroffen und wollte mit ihm wieder ins Geschäft kommen. Bei einem späteren Telefonat sei für den 4. Mai ein Treffen vereinbart worden. In Floridsdorf, in der Carabelligasse, vor dem Haus Nr. 58. Man sei vor dem geöffneten Kofferraum des Autos von Riedl gestanden, dann gab es Differenzen wegen des Kaufpreises, ein Wort gab das andere und schließlich habe er, Kümmerl, seinem Geschäftsfreund einen »Rempler« gegeben. Dieser sei so unglücklich auf den Randstein aufgeschlagen, dass er tot war. Mit viel Mühe habe er Riedl in den Kofferraum seines Seat Ibiza gehievt und die Leiche in der folgenden Nacht von der Brigittenauer Brücke in die Donau geworfen. Riedls Auto habe er beim Flugplatz abgestellt, den Schmuck des Opfers verkaufte er in Amsterdam an einen ihm nicht namentlich bekannten Händler. Seine Frau Christa habe ihn dabei begleitet.

Die Polizei glaubt Kümmerls Version vom Unfall nicht. Sie nimmt an, dass Riedl in eine Falle gelockt wurde, dass Kümmerls Frau nicht nur beim Verkauf der Beute mitgeholfen hat und dass die Leiche Riedls vielleicht gar nicht in der Donau gelandet, sondern irgendwo verscharrt worden ist. Im Mai jedenfalls habe der Strom Niedrigwasser geführt und eine Leiche wäre daher mit hoher Wahrscheinlichkeit irgendwo angeschwemmt worden.

Kümmerls Ehefrau wird ebenfalls in Untersuchungshaft genommen. Hehlerei wird ihr vorgeworfen. Sie sitzt, ebenso wie ihr Mann, im Wiener Grauen Haus. Treffen darf sie ihn zwar nicht, doch haben Häftlinge eine funktionierende Kommunikationsstruktur im Häfen aufgebaut. Briefe wandern, an Schnüren hängend und in ausgehöhltes Brot verpackt, schwingend von einem Zellenfenster zum anderen, als

»Porto« werden ein paar Zigaretten kassiert. Auf diese Weise tritt auch die Ehefrau mit dem Ehemann in Kontakt. Den Inhalt des Kassibers kennen Mithäftlinge, das Briefgeheimnis gilt nicht viel hinter Gittern. »Die Leiche darf nicht gefunden werden, Unfall ist gut«, teilte Christa ihrem Herbert mit. Und: »Wenn ich draußen bin, kann ich dir helfen.« Postwendend antwortete er: »Die Richter sind alle Arschlöcher.« Eine Gaudi für alle Mitleser.

Ohrfeige vom Verteidiger

Am Freitag, dem 26. Februar 1993, beginnt der Prozess gegen Kümmerl. Seine Frau ist schon auf freiem Fuß, für eine Anklage reichte es nicht. Begonnen hat das Verfahren, noch im Gang zum Verhandlungssaal, mit einem Knalleffekt im wahrsten Sinne des Wortes: Kümmerls Verteidiger Gunther Gahleithner versetzte seinem Klienten eine Ohrfeige, weil es Differenzen um die Verteidigungsstrategie gab. Seine Vollmacht wurde daraufhin gekündigt, der Angeklagte stand ohne Verteidiger da. Richterin Klothilde Eckbrecht begann dennoch die Verhandlung und beauftragte einen Richter, für Kümmerl aufzutreten.

Eckbrecht ist bekannt dafür, dass sie sehr direkt fragen kann und deftig zu formulieren versteht. Als Kümmerl den Schlag gegen Riedl schildert und dann darauf hinweist, wie schwer es war, den Toten in den Kofferraum des Autos zu legen, meinte sie nur trocken: »Hätten S' ihn liegen lassen.« Kümmerl setzt fort: Völlig perplex sei er gewesen, mit der Leiche im Auto ist er herumgefahren und dann ist er mit seiner Frau essen gegangen, weil er es ihr am Vortag versprochen hat. »No, da gehört aber schon ein starker Magen dazu«, kommentiert Eckbrecht.

Am 5. März 1993 begibt sich das Gericht zum Lokalaugenschein, zuerst in die Carabelligasse, dann zur Brigittenauer Brücke. Mit dabei eine Puppe: mit 1,72 Meter Größe und 68 Kilo Gewicht, genau den Maßen des Wiener Schmuckhändlers Werner Riedl entsprechend. Kümmerl demonstriert, dass es ihm möglich war, allein die Leiche in den Kofferraum seines Autos und auch über das Brückengeländer zu heben. Er muss also keine Komplizen gehabt haben.

Am nächsten Tag dann das Urteil der Geschworenen: 17 Jahre Haft wegen Raubes mit Todesfolgen. Ungeklärt blieb, was tatsächlich mit der Leiche von Riedl geschehen ist.

Etwa zwei Jahre später saß Kümmerl wieder auf der Anklagebank, diesmal wegen Betrugs zum Nachteil eines anderen Geschäftspartners. Neues Urteil: zwei Jahre Haft. Voraussichtliches Strafende daher 2011.

Mord in der Villa, Beute im Friedhof versteckt

Die Pötzleinsdorfer Höhe in Wien-Währing gilt als absolut ruhige Wohnlage. Auf der einen Straßenseite Villen und niedere Häuser mit Eigentumswohnungen, auf der anderen der Neustifter Friedhof. Und an Sonntagen gegen Abend, wenn die letzten Friedhofsbesucher weggefahren sind, ist es meist noch stiller hier. Dennoch fiel am 5. März 1995 niemandem von den Nachbarn ein mehrmaliges kurzes Blubbern auf, vermutete niemand, dass eben Dutzende Schüsse aus einer Waffe mit Schalldämpfer abgefeuert worden sind.

Mit einer Pistole in der Hand war an diesem Sonntag gegen 21 Uhr ein Mann in den Garten der Villa von Margareta Wolf geschlichen. Von der Terrasse an der Hinterseite des Hauses wollte er eindringen, durch Schüsse die Alarmanlage außer Betrieb setzen. Durch das Fenster sah der Mann die Frau, sie hielt einen Telefonhörer in der Hand.

Sollte sie ihn bemerkt, vielleicht sogar die Polizei alarmiert haben? Der Mann überlegte nicht lange und feuerte durch die Scheibe auf die Frau. Sieben Schüsse streckten die Frau nieder. Mit weiteren Kugeln setzte er die Alarmanlage außer Betrieb, und als auch noch der Cockerspaniel »Nanni« der Besitzerin immerzu kläffte, schoss er auch diesen nieder. Mit einigen Bildern, die er aus dem Rahmen schnitt, etwa 5000 Schilling Bargeld und einem Videorekorder floh der Räuber dann aus dem Haus.

Die 55-jährige Geschäftsfrau, seit einigen Jahren verwitwet, hatte an diesem Abend gerade ein Telefongespräch mit ihrer Tochter beendet, als der Verbrecher aufgetaucht ist. Wäre er ein paar Minuten früher gekommen, hätte die Tochter noch die Schüsse mitbekommen. So merkte sie erst am nächsten Tag, dass etwas nicht stimmen konnte, denn ihre Mutter war weder in ihrem Architekturbüro noch in der Wohnung erreichbar. Die alarmierte Polizei fand die Leiche der Frau in ihrer Villa, insgesamt 31 Schüsse waren abgegeben worden. Weitere Spuren gab es nicht, es wurde lediglich registriert, welche Gegenstände geraubt worden sind. Kunsthändler und amtsbekannte Hehler wurden informiert, welche Bilder vielleicht »auf den Markt« kommen könnten.

Vier Tage später meldete ein Totengräber, dass er hinter dem Grab 31 in der Reihe 4, Gruppe M, des Neustifter Friedhofs einen im Gebüsch liegenden Koffer mit zusammengerollten Gemälden und einen Videorekorder entdeckt hat. Der Täter muss seine Beute hier auf dem Friedhof, gleich gegenüber der Wolf-Villa, versteckt haben. Es war anzunehmen, dass er sie bald abholen werde.

Die Ermittler der Wiener Mordkommission lancierten daher die Nachricht, dass der Überfall durch die Überwachungskamera in der Villa gefilmt worden sei, der Täter jedoch die Videokassette mitgenommen habe. Um diese verräterische Spur zu beseitigen, würde der Räuber jedenfalls versuchen, den am Friedhof deponierten Koffer raschest zu holen. So jedenfalls hoffte die Polizei.

Zehn Kriminalbeamte bezogen Posten am Friedhof. Getarnt als Gärtner, als Totengräber, als trauernde Besucher. Vier Tage und vier Nächte warteten sie auf den Täter. Dann, in der Nacht auf den 17. März 1995, näherte sich ein Mann dem Grab 31 in der 4. Reihe der Gruppe M und zündete eine Kerze an.

Einige Schatten lösten sich aus den Gebüschen, kamen hinter Grabsteinen hervor, kamen dem vermuteten Täter auf Griffweite nahe. Der sah die Männer, ließ den Koffer stehen und spurtete davon, kreuz und quer durch die Grabreihen und hechtete schließlich über die Friedhofsmauer. Trotz sofortiger Großfahndung im Heurigengebiet und den Gärten und dem Wald in der Umgebung war er nirgends mehr zu finden. Ganz Wien spottete über die Polizei.

Spur nach Ungarn

Alle Versuche, durch Kontakte in die Unterwelt etwas über den Täter oder die Beute zu erfahren, schlugen fehl. Nach mehr als drei Jahren dann doch eine erste Spur. Im Oktober 1998 verhafteten Kriminalbeamte in Wien-Brigittenau drei Ganoven, die nach mehreren Einbrüchen auch einer Prostituierten ihr Auto geraubt hatten. Einer der Festgenommenen, ein Ungar, erklärte im Verhör, den Mann zu kennen, der die »Wolf gemacht« hat. Laszlo Samson sei sein Name.

Bereits seit fünf Jahren, nach einem Villeneinbruch in Wien-Penzing, stand ein Mann dieses Namens auf den Fahndungslisten. Ein Komplize, der Samson bei dem Einbruch in Penzing geholfen hatte, saß immer noch in Ungarn im Gefängnis. Ermittler aus Wien besuchten ihn dort, nahmen ihn in die Zange, und tatsächlich verriet der

Häftling, dass Laszlo Samson in Wahrheit Tibor Vrancsik heißt, dreißig Jahre alt ist und in Budapest lebt.

Als die ungarische Polizei den Mann festnehmen wollte, war der Vogel ausgeflogen. Aus dem Gefängnis heraus hatte er einen »Zund« bekommen, dass er verraten wurde und verschwinden möge. Vrancsik packte daraufhin seine Sachen, raffte sein Geld zusammen und stieg am 20. Dezember 1998 in den Orient-Express, um bei der Fremdenlegion anzuheuern, bei der er früher schon gedient hatte.

Die österreichische Grenzpolizei war jedoch alarmiert und nahm verdächtige Personen besonders scharf in Augenschein. Vrancsik versuchte, sich mit einem gefälschten Pass auszuweisen, die Beamten wurden misstrauisch und fanden schließlich, unter der Hose versteckt, seinen echten Personalausweis. Zum Verhör wurde er dann nach Wien, ins Sicherheitsbüro, gebracht.

Zwei Tage später gestand er vor Ernst Geiger, dem Chef der Mordkommission, den Überfall auf der Pötzleinsdorfer Höhe. »Ich war so nervös, als ich die Frau im Zimmer sah, da hat sich unabsichtlich der erste Schuss gelöst.« Genau wurde die Tat rekonstruiert, auch seine Flucht aus dem Friedhof. Der dicke Akt wanderte zur Staatsanwaltschaft, Vrancsik in die Untersuchungshaft ins Wiener Graue Haus.

Dann folgte ein häufig unternommener Versuch. Sein Geständnis vor der Polizei sei falsch gewesen, erzählte er seinem Verteidiger Rudolf Mayer, ein anderer habe die Tat begangen. Es war Alain, ein ehemaliger Fremdenlegionär, den er aus Dschibuti kennt. Er selbst war nur Aufpasser, habe aber dann den Koffer vom Friedhof holen sollen, als Alain von der verräterischen Videokassette aus der Überwachungskamera in der Zeitung las. Wo Alain jetzt sei, wisse er nicht. »Wahrscheinlich wieder in der Legion.«

Im Juni 1999 folgte dann der Geschworenenprozess gegen Vrancsik. Alain spielte keine Rolle mehr, zu unglaubwürdig schien die Geschichte. »Ja, ich habe die Frau getötet, aber nicht absichtlich. Es war ein eingedrillter Reflex, in der Fremdenlegion lernt man, dass einmal schießen nicht genügt«, verteidigte er sich. Seit der Tat verfolgen ihn Albträume.

Für die Geschworenen war alles klar, einstimmig erkannten sie auf Raubmord und verhängten lebenslange Haft. Drei Monate später war das Urteil rechtskräftig.

Ein »Tschick« als Mördertick – Vergebliches Warten in der Putzerei

Er hat die sympathischen Falten einer »Lachwurzen« im Gesicht, obwohl er in seinem langen Berufsleben dienstlich nicht viel zu lachen hatte. Alois »Ali« Fiala war Polizist, Kriminalpolizist, er war Spezialist für Mordermittlungen im Wiener Sicherheitsbüro. Jetzt sitzt der Mann, Jahrgang 1932, als Pensionist in seinem Reihenhaus in der Donaustadt und malt. Aquarelle, Landschaften, die schönen Dinge dieser Welt.

Hässliche hat er ja genug gesehen in seinen 37 Dienstjahren bei der Polizei. Etwa zweihundert Mal wurde er zu Tatorten gerufen, zu Erstochenen, Erschossenen, Erwürgten, Ertränkten, Vergifteten. Und jedes Mal galt es herauszufinden, wer Schuld am gewaltsamen Tod des Opfers hatte.

Ein Fall blieb ihm besonders deutlich in Erinnerung, weil er zeigte, wie brutal jemand vorgehen kann, nur um zu Geld zu kommen.

Anfang der Siebzigerjahre kam es in Wien zu einer Serie von Überfällen auf ältere Frauen. Sie hatten offenkundig arglos einen Fremden in die Wohnung gelassen und waren von diesem niedergeschlagen und beraubt worden. Der Täter streckte die Frauen mit Handkantenschlägen nieder. Josefa Vierlinger überlebte die Attacke nicht und auch andere Opfer starben oft Tage danach im Spital.

Die Überlebenden sagten übereinstimmend aus, dass ein gut gekleideter, höflicher und etwas fülliger Mann sich als Bediensteter des Gaswerkes ausgegeben habe, der die Geräte überprüfen müsse. Er habe auch einen Ausweis gezeigt. Er habe ganz fachmännisch gesprochen, eben wie ein Installateur. Als die Frauen das für die Kontrolle verlangte Geld holten, wurden sie niedergeschlagen.

Die weiteren Spuren waren dürftig – meist stand jedoch ein Wasserglas mit fremden Fingerabdrücken auf dem Küchentisch. Fingerabdrücke, die allerdings in der Verbrecherkartei nicht aufschienen und daher nicht zugeordnet werden konnten.

Und noch etwas fiel auf: In einigen Wohnungen lag oben, auf der Küchenkredenz, der Stummel einer Zigarette, ein »Tschick«, wie man in Wien sagt. Offenkundig also ein Serientäter, einer, der es auf alleinstehende, ältere Frauen abgesehen hat, um leichte Beute zu machen. Und er hatte den Tick, seine ausgerauchte Zigarette zurückzulassen.

Nach einem Überfall in Floridsdorf gab es jedoch eine Zeugin. Eine Nachbarin hatte aus der Wohnung der Frau einen fremden Mann kommen sehen. Sie war Grafikerin und konnte eine ziemlich genaue Beschreibung des Unbekannten geben. Ein weiches, etwas dickliches Gesicht, dunkles, gewelltes Haar, große Augen. Herbert Hofer, der Zeichner des Sicherheitsbüros, entwarf ein Phantombild, das die Zeitungen auch veröffentlichten. Zielführende Reaktionen des Publikums aber blieben vorerst aus.

Nur in einer Wohnung in Meidling gab es eine Reaktion. Der zehnjährige Sohn einer Hilfsarbeiterin, die seit einiger Zeit mit einem Mann zusammenlebte, sagte zu seiner Mutter: »Schau, der sieht aus wie der Onkel Harry.« Onkel Harry, das war der Lebensgefährte seiner Mutter. Er hieß Harald Sassak und er lachte nur, als der Bub die Ähnlichkeit ansprach. Erst später kam die Frau Bekannten gegenüber auf den Vorfall zu sprechen und stellte erleichtert fest, dass die Erkenntnis ihres Sohnes damals auch dramatische Folgen hätte haben können.

Entlarvung in Hietzing

Die Gegend rund um das Altersheim Lainz in Wien-Hietzing ist ruhig und friedlich. Eine gute Wohnlage. Ein kleines Haus hier dient als Heim für Offizierswitwen. Ende Jänner 1972 kommt ein Mann in dieses Haus zu Frau Beatrix Rosa. Er müsse die Gasgeräte überprüfen, erklärt er, verlangt ein Glas Wasser, raucht eine Zigarette, während er einen Zettel ausfüllt. Geld habe sie keines im Haus, sagt sie, man möge eine Rechnung schicken.

Obwohl nichts passiert ist, wendet sich die misstrauisch gewordene Frau an die Polizei. Vom Sicherheitsbüro kommt der Kriminalbeamte Alois Fiala und zeigt der Frau das Phantombild. »Ja, das könnte er gewesen sein.« Das Glas Wasser, die Zigarette, die er geraucht hat, alles deutet auf den Serientäter hin.

Nur ein paar Tage später, in der Nacht zum 12. Februar 1972, bricht ein Mann in das gleiche Witwenheim ein. Er klopft an die Tür der Frau Beatrix Rosa. Die ist zwar über die späte Stunde erstaunt, glaubt jedoch, dass der Polizeibeamte wieder gekommen sei, und öffnet. Ein rascher Handkantenschlag und die Frau bricht zusammen. Dann dringt er auch noch in die benachbarte Wohnung ein. Dort schlägt er die alte Frau nieder, vergewaltigt sie und flieht mit einer Beute von ungefähr 1000 Schilling.

Großeinsatz der Polizei, wieder erscheint Fiala am Tatort. Wie ist der Täter gekommen? Straßenbahn fährt zu dieser Zeit keine mehr, das Geräusch eines Autos wäre in dieser Gegend und um diese Stunde wohl aufgefallen. Dann gibt es noch die Aussage der vergewaltigten Frau – der Mann habe nach Alkohol regelrecht gestunken. Vielleicht war er vorher in einem Lokal hier in der Gegend, vielleicht wohnt er sogar hier?

Fiala und seine Kollegen klappern die Wirtshäuser und die kleinen Hotels in der Umgebung ab. Sie kommen ins Hotel Reiser, zeigen auch hier dem Kellner das Phantombild. Ob er diesen Mann oder jemand, der ihm ähnlich sieht, kenne? »Natürlich, das ist der Harry, dort sitzt er.«

Ein Moment, so aufregend wie für einen Schwammerlsucher der Anblick eines frischen Herrenpilzes. Hoffentlich ist es kein falscher, hoffentlich ist »Harry« auch der gesuchte Täter. Ein Kollege Fialas bringt die Frau aus dem Witwenheim ins Hotel Reiser. »Ja, das ist er, der zweimal bei mir war!«

Der Mann wird festgenommen. Es ist der 24-jährige Harald Sassak und er weiß, dass er entlarvt ist. »Noch im Auto, auf dem Weg ins Sicherheitsbüro, hat er drei Morde gestanden«, erinnert sich Fiala.

Durch den Dialekt verbunden

»Adi« Fiala ist ein gutes Beispiel jener Polizisten, die es verstehen, auf den Verbrecher einzugehen. Er spricht mit ihnen in ihrer Sprache, einen eher derben Dialekt. Fiala hat ihn in seiner Kindheit und Jugend in Meidling und Favoriten gelernt, den Hochburgen der direkten Sprache. Der Dialekt verbindet auch irgendwie sozial und intellektuell. Der Verbrecher weiß, dass der Beamte kein reicher, feiner »Binkel« ist und er weiß auch, dass er ihn nicht mit dem Schmäh auf die Schaufel nehmen kann. Trotz des lockeren Umgangs bleibt eine Distanz, aber doch Verständnis für die Situation des anderen.

Um bei Verhören zum Ziel zu kommen, ist es daher für die Polizisten wichtig, direkt mit den Verhafteten zu sprechen. Sassak brachte man mit den ersten Protokollen zum Untersuchungsrichter – den »Suacherl«, wie er bei der Polizei genannt wird – und der erhielt die Erlaubnis, ihn weiterhin in der Zelle des Sicherheitsbüros zu behalten, jederzeit für weitere Verhöre zur Verfügung. Er bekam eine Verwaltungsstrafe wegen Besitzstörung und somit hatte der Aufenthalt bei der Polizei auch eine formale Begründung.

Sassak wurde gefragt, wie er geschlafen habe, ob er vielleicht noch einen Kaffee oder eine Zigarette wolle, und erst dann begann man nach den Umständen der Tat zu Fragen. »Das Wort Mord wollte er nicht hören, da machte er sofort zu, er sprach nur von einer ›harten Hackn‹, aber wir wussten, was er damit meinte«, erzählt Fiala.

Durch Geständnisse und andere Indizien schrieb man Sassak schließlich sechs Raubmorde und elf Raubüberfälle zu. Das Geld versoff er beim Heurigen oder er gab sich spendabel in Tanzlokalen und Likörstuben.

In allen Fällen waren Frauen die Opfer, nur einmal war es ein Mann. Den Rentner Richard Langer hatte Sassak mit einem Komplizen in dessen Wohnung überfallen und ihn praktisch zu Tode gemartert, weil dieser nicht das Versteck seines Sparbuches verraten wollte.

Am 22. Jänner 1974 wurde Sassak vor Gericht gestellt. »Lebenslänglich« für einmal Mord und fünfmal räuberischen Totschlag lautete das Urteil, gegen das Sassak keinen Widerspruch erhob.

Ein Schrei bei der Nachbarin

So schön der Erfolg im Fall Sassak war, so weh tat es Fiala, ein anderes Gewaltverbrechen nicht klären zu können, obwohl man knapp davor stand, eine Falle zuschnappen zu lassen.

Ein Wohnhaus in der Weißgerberlände in Wien-Landstraße. Die Parteien haben nicht allzu viel Kontakt zueinander, ab und zu vielleicht ein Tratsch bei der Bassena, das ist auch schon alles. Und natürlich ein Blick durchs »Guckerl«, durch den Spion in der Wohnungstür. So weiß man wenigstens, wer kommt, wer geht.

Am 15. März 1977 gellt plötzlich ein Schrei aus einer Wohnung im zweiten Stock, dann noch etwas Lärm. Vielleicht ein Streit? Der Blick durchs Guckerl bringt nichts, es ist ja auch schnell wieder ruhig geworden. Vorsichtig sieht man zur Eingangstür der Nachbarin, klopft, aber nichts rührt sich. Erst etwas später, als wieder eine Partei durch den Spion lugt, sieht sie einen Schatten durch den Gang huschen. Die Frau sieht nach, findet jetzt die Eingangstür zur Wohnung der Nachbarin Margit Hartl halb offen und alarmiert die Polizei.

Eine Funkstreife kommt und verständigt gleich die Mordkommission des Sicherheitsbüros. Margit Hartl, 22, liegt erwürgt, von zahlreichen Messerstichen zerfleischt, tot am Boden. Am Kopf werden weitere Wunden festgestellt. Wahrscheinlich hat der Täter mit einem langen

Stemmeisen oder einer »Gashaxen« die Tür aufgebrochen, weil er die Wohnung leer glaubte, hat aber dann, als die Bewohnerin zur Tür stürzte, sofort mit dem Eisenstück zugeschlagen. Den Schrei, den Margit Hartl ausstieß, hörten die Nachbarn, als der Täter die Frau danach würgte und mit dem Messer erstach, war es wieder still. Mit seiner Beute – etwas Schmuck und Bargeld – verschwand der Unbekannte dann, nur noch sein Schatten wurde gesehen.

Blutverschmierte Kleidung

Spuren hat der Täter keine hinterlassen. Er wird sie aber an sich gehabt haben. Seine Kleidung muss blutig gewesen sein, der fliehende Mann muss doch gesehen worden sein.

Einerseits wurde durch Zeitungsaufrufe nach Zeugen gesucht, außerdem wurden Dutzende Polizisten aus den Wachzimmern zu sämtlichen Putzereien der Stadt geschickt. Wenn Kleidungsstücke mit Blutflecken zur Reinigung gebracht werden, dann möge man sich sofort im Sicherheitsbüro melden. Natürlich wurde diese Fahndungsmaßnahme streng geheim gehalten, um den Täter nicht zu warnen.

Man schien einen Volltreffer gelandet zu haben. In der Putzerei im Bahnhof Wien-Mitte, also nicht allzu weit vom Tatort entfernt, war eine blutige Hose aufgetaucht, eine Hose, die außerdem seltsame klebrige Verunreinigungen aufwies. Und ein Mann meldete sich, den ein nervöser Passant angerempelt und sich dabei an seinem Kübel mit Tapeziererkleister beschmutzt hatte. Dem Tapezierer schien der Vorfall deshalb eine Meldung wert, weil der Passant ungerührt weiterstürmte, ohne wegen der Flecken wütend zu sein.

Rasch stellte die Gerichtsmedizin fest: Die klebrige Verschmutzung auf der Hose ist Tapeziererkleister, das Blut stammt offenkundig von Margit Hartl. Der nervöse Mann dürfte also der Täter sein. Jetzt brauchte man nur noch zu warten, bis er die Hose aus der Putzerei abholte. Das dürfte er jedenfalls vorhaben, sonst hätte er das verräterische Stück ja gleich weggeworfen. Das Mordpuzzle nahm Gestalt an.

Verräterischer Zeitungsbericht

Mordspezialist Alois Fiala teilte sich eine ungewöhnliche Rolle zu. Er schlüpfte in einen weißen Arbeitsmantel und begann in der Putzerei zu arbeiten. Gegenüber der Putzerei saß am Gehsteig ein Sandler, die Bierflasche in der Hand. Ein anderer Kriminalbeamter, der bereit war, bei der Verhaftung des Mörders einzugreifen.

»Drei Tage habe ich in der Putzerei gearbeitet, Anzüge und Pelzjacken entgegengenommen, Geld kassiert und Abholzettel ausgegeben«, erinnert sich Fiala. Die Angel war ja ausgelegt, man musste nur warten. »Einmal ist sogar eine Bekannte von mir in die Putzerei gekommen, die sich gewundert hat, dass ich meinen Posten bei der Polizei aufgegeben habe.«

Doch dann kam der Rohrkrepierer. Ein Reporter der »Arbeiter-Zeitung« hatte von einem Gerichtsmediziner erfahren, dass man die Hose des Täters entdeckt habe, und veröffentlichte das am 23. März. »Da wusste ich, dass weiteres Warten in der Putzerei keinen Sinn mehr hat. Wir packten ein. Wahrscheinlich hat es der Mörder einem Zeitungsbericht zu verdanken, dass er nicht gefasst werden konnte«, ärgert sich Fiala noch Jahre später.

Verraten durch ein verlorenes Messer

Der Fall wurde durch einen einfachen, aber wirksamen Trick gelöst. Im Wiener Sicherheitsbüro legten Kriminalbeamte einem Festgenommenen einige Gegenstände vor, die angeblich von seiner Lebensgefährtin abgegeben worden sind und die nun für ihn bei der Polizei verwahrt werden sollen. »Gehört das alles Ihnen?«, wird der 30-jährige Aushilfskellner Gerhard Oberleitner von den Polizisten gefragt. Er nickt bei allen vorgelegten Kleinigkeiten, bei einer Brieftasche, bei einem alten Foto. Er nickt auch bei einem Military-Messer, das der Beamte auf den Tisch legt. »Ja, das gehört mir.« Damit hatten die Ermittler der Mordkommission einen erhofften Beweis, denn das Military-Messer war nicht von der Lebensgefährtin abgegeben, sondern an einem Mord-Tatort gefunden worden. Oberleitner dürfte es in der Wohnung der erwürgten 91-jährigen Pensionistin Johanna Wanko in Wien-Leopoldstadt verloren haben.

Am Freitag, dem 2. November 1990, war die tote Frau in ihrer Wohnung gefunden worden. Ihr Sohn hatte sich Sorgen gemacht, weil sie ihn nicht angerufen hatte, obwohl er immer freitags für sie die Wochenendeinkäufe besorgte, und hatte die Polizei alarmiert. Die Wohnung war durchwühlt, es fehlten 20 000 Schilling Bargeld, Schmuck und auch zwei Golddukaten, die Johanna Wanko anlässlich ihres 90. Geburtstages vom Bezirksvorsteher erhalten hat.

Die Kriminalbeamten fanden heraus, dass die Frau am Donnerstagabend in einem nahe gelegenen Gasthaus war und dort fünfhundert Schilling in den Sparverein eingezahlt hat. Gleichzeitig mit ihr verließ ein jüngerer Mann das Lokal. Besonderes Kennzeichen: ein Vollbart.

Nur eine Woche später gab es neuerlich Mordalarm, diesmal in der Brigittenau. Die 87-jährige Leopoldine Kugler hatte auf das Läuten ihrer Nachbarin, die ihr morgens wie üblich die Milch bringen wollte, nicht geöffnet, daher wurde die Polizei alarmiert. Im Vorzimmer lag die mit einem Polster erstickte Frau, die Hände auf den Rücken gefesselt. Die Wohnung war durchwühlt, was genau fehlte, konnte nicht festgestellt werden.

Nach den Tatumständen dürfte das »Phantom mit dem Vollbart« neuerlich zugeschlagen haben, ein Verbrecher, der es auf alte, hilflose Opfer abgesehen hat. Habgier, zu befriedigen durch Überfälle auf betagte Menschen, schien das Motiv zu sein. Der Verdacht wurde erhärtet, als kurz darauf der 94-jährige Pensionist Julius Müntzker in der Leopoldstadt in seiner Wohnung mit einem Nudelwalker niedergeschlagen und ausgeraubt wurde. Die Frau des Pensionisten war kurz nach der Tat nach Hause gekommen und konnte eine Beschreibung des Täters geben.

Vier Tage lang klapperten Kriminalbeamte die Lokale auf der so genannten Wiener »Glasscherbeninsel« ab, dem Gebiet zwischen Donau und Donaukanal. Man vermutete, dass der Täter in einfachen Kreisen verkehrte, dass er seine Beutestücke, an Bargeld war er ja kaum herangekommen, unter die Leute bringen werde und dass ein jüngerer Mann mit Vollbart – oder ein solcher, der seit kurzem keinen mehr trägt – zu finden sein muss.

Ein Hinweis ergab einen nächsten und so stieß man schließlich auf Gerhard Oberleitner. Er wurde von Gästen des Lokals, in dem am 1. November Johanna Wanko zuletzt gesehen worden war, als jener Mann wiedererkannt, der ihr damals nachgegangen ist. Auch die Ehefrau des überfallenen Pensionisten Müntzker war überzeugt, dass sie den Festgenommenen bei dessen Flucht im Stiegenhaus gesehen hatte.

Das entscheidende Indiz lieferte dann das Military-Messer, durch dessen Identifizierung sich Oberleitner verriet. In den Verhören erklärte er immer wieder, dass er »ständig betrunken« gewesen sei und er sich daher an die Überfälle auf die alten Leute nicht erinnern könne. Erst nach und nach gab er zu, Johanna Wanko und Leopoldine Kugler getötet zu haben, auch den Raubüberfall auf Julius Müntzker gestand er.

Im Jänner 1992 wurde Oberleitner dann wegen der beiden getöteten Frauen, die vom Gericht als »schwerer Raub mit Todesfolge« gewertet wurden, zu lebenslanger Haft verurteilt. Ständige Schulden hätten ihn zu den Taten getrieben, bei denen er betrunken gewesen sei. »Ich wollte die Frauen ja nicht töten, ich wollte nur verhindern, dass sie schreien.«

Entsprungener Mörder: »Holt mich nach Hause«

Pleiten, Pech und Pannen häufen sich manchmal in Kriminalfällen wie Nebeltage im November. Würde da nicht Kommissar Zufall eingreifen, bliebe wohl manches Rätsel ungelöst, manches Verbrechen ungesühnt.

Doch letztlich zählt, wie im Film, auch in der Kriminalistik nur das Happy End, die Aufklärung eines Falles und das Schließen einer Gefängniszelle hinter einem Verurteilten.

Am Donnerstag, dem 24. Juli 1997, konnte der Direktor des Gefängnisses im burgenländischen Eisenstadt aufatmen. Glückliches Ende in einem Fall, bei dem sich seit 1988 die erwähnten Pannen nur so gehäuft haben.

Es begann am 27. Jänner 1988 in der niederösterreichischen Stadt Mank. »Du, da will dich ein Sektionschef Doktor Oberleitner vom Unterrichtsministerium sprechen«, rief Ingrid Schmoll ihren Ehemann Peter zum Telefon. Der Baumeister nahm das Gespräch in seinem Büro entgegen. Als er aufgelegt hatte, war er aufgeregt. Er müsse sofort weg, ein großes Geschäft sei zu machen – »da erwartet sich der Herr Beamte ein Schmiergeld, drum hat er mich angerufen«, erklärte er noch –, dann fuhr er mit seinem grafitgrauen Mercedes 500 CE los, Richtung Burgenland, wo ein Treffen in Frauenkirchen vereinbart worden war. Den Pass nahm er mit, 120 000 Schilling und, für alle Fälle, seine Pistole.

Der 49-jährige Unternehmer kam nicht zurück. Nicht am nächsten Tag und auch nicht am übernächsten. Er hatte auch nicht angerufen, wie es sonst seine Art war, wenn er länger ausbleiben musste.

Die Ehefrau ging zur Gendarmerie. Meldete, was sie wusste. Den Anruf vom Sektionschef, das Fahrtziel Frauenkirchen, die beträchtliche Geldsumme, die er mithatte. Im Geheimen glaubten die Beamten zu wissen, was passiert sein könnte, denn der Baumeister hatte einen gewissen Ruf als Frauenheld. Vielleicht hielt ihn Gott Amor auf, nicht ein Geschäft. Oder war es doch etwas Schlimmeres? Schließlich lauert das Böse ja überall, warum nicht auch im Burgenland, warum nicht auch in Frauenkirchen?

Die ersten Recherchen ergaben, dass Schmolls auffälliger Mercedes in Frauenkirchen gesehen worden ist. Den von Frau Schmoll erwähnten Sektionschef gab es zwar, doch hatte er den Baumeister nicht angerufen, ja, er kannte ihn gar nicht. Bei weiteren Erhebungen stellte sich heraus, dass Schmoll – über eine gemeinsame Bekannte – mit einem Friedrich Woschnak, 37, befreundet war, dessen Mutter in Frauenkirchen ein Haus hat.

Hatte dieser Mann, der als EDV-Professor an der Pädagogischen Akademie in Wien arbeitet, die Reise ins Burgenland veranlasst? Die Mutter wusste nichts und Woschnak konnte man nicht befragen, denn auch er war seit dem 27. Jänner nicht mehr gesehen worden.

Mit seiner Scheckkarte war jedoch danach Geld abgehoben worden. In Thailand. Anfragen im Land blieben jedoch erfolglos, es gelang auch nicht, Woschnaks Reiseroute dorthin zu rekonstruieren.

Leiche blieb lange unentdeckt

Die erste Panne in diesem Fall muss die örtliche Gendarmerie auf ihre Kappe nehmen, denn sie blieb bei der routinemäßigen Nachschau im Haus von Woschnaks Mutter erfolglos.

Niemand fand die Leiche, die unter Gerümpel und verpackt in Tüchern und Plastikbahnen in der Garage lag. Es war die Leiche von Schmoll.

Sie würde noch einige Zeit unentdeckt bleiben.

Anfang März wird der Mercedes des Baumeisters in Rom, auf dem Parkplatz des Flughafens Fiumicino, entdeckt. Eine erste, heiße Spur. War er selbst dorthin gefahren, ohne seine Familie zu informieren? Oder benützte jemand anderer den Wagen Schmolls?

Gemeinsam mit dem Gendarmeriebeamten Reinhold Aigner fuhr Ingrid Schmoll nach Rom. Sie musste das Auto um 5000 Schilling auslösen. So viel Geld war aufgelaufen, denn der Wagen stand seit Ende Jänner auf dem gebührenpflichtigen Parkplatz.

Neuerlich beginnen die Erhebungen dort, wo vielleicht der Schlüssel des Rätsels zu finden ist: im Haus von Woschnaks Mutter in der

Franziskanerstraße in Frauenkirchen. Am 21. März 1988 wurde bei einer neuerlichen Durchsuchung in der Garage die Leiche Schmolls gefunden. Wahrscheinlich lag sie dort, in eine Plastikplane und einen Bettzeugüberzug verschnürt, bereits seit Jänner. Als Todesursache wurden fünf Schüsse in den Kopf diagnostiziert. Der Tatort war ein Zimmer im Haus, man entdeckte dort Patronenhülsen und Blutspuren. Auch dieses Zimmer war von der Gendarmerie bereits einmal in Augenschein genommen worden. Eine Tatwaffe wurde, auch bei der zweiten Durchsuchung des Hauses, nicht gefunden.

Der Verdacht, dass Woschnak der Täter gewesen sein könnte, wurde konkreter. Ein internationaler Haftbefehl wurde erlassen.

Auf die Pannen bei der Untersuchung des Hauses im Burgenland folgte nun weiteres Pech: Die Interpol versagte bei der Suche nach dem Österreicher in Thailand. Pech schien auch, dass offenkundig die Passkontrollen auf Flughäfen nicht immer funktionieren. Denn Woschnak war, trotz internationaler Fahndung, aus Asien kommend, mit seinem Pass am 2. April 1988 ungehindert durch die Kontrolle am Flughafen Berlin marschiert. In einem Laden wollte er Schmuck für seine thailändische Freundin einkaufen, doch seine Scheckkarte war gesperrt und Woschnak musste ohne Geschenk wieder abziehen. Das Einzige, was von ihm blieb, war die durch die Scheckkarte gelegte Spur.

Drei Wochen später dann ein Paukenschlag. Am Samstag, dem 23. April 1988, konnten deutsche Grenzpolizisten auf dem Flughafen von Frankfurt am Main Woschnak verhaften, der eben, aus Manila kommend, gelandet war. Kurz darauf wurde er nach Österreich überstellt und legte ein Geständnis ab.

Getarnt mit »Plastilinnase«

Als »Sektionschef Oberleitner« habe er im Jänner 1988 Schmoll nach Frauenkirchen gelockt. Für die Begegnung hat er versucht, sich unkenntlich zu machen. Das Haar färbte er grau, die Nase vergrößerte er mit Plastilin. Er habe Schmoll dann enthüllt, dass er ihm zwar keinen Bauauftrag verschaffen könne, aber ein wesentlich einträglicheres Geschäft anzubieten habe: den illegalen Import von Rauschgift. Er brauche nur einige 100 000 Schilling Startkapital, und wenn Schmoll dieses vorstrecke, würde es sein Schaden nicht sein. Trotz der Plastilinnase und dem grauen Haar erkannte Schmoll sein Gegenüber, lachte, lehnte das Geschäft ab und wollte gehen.

Einen Zeugen für seine Pläne allerdings konnte der habgierige Woschnak nicht brauchen. Fünfmal schoss er den Baumeister in den Kopf, dann wollte er die Leiche mit Schmolls Mercedes wegschaffen. Unversehens tauchte ein Hindernis auf: Die Gendarmerie hatte im Burgenland Großeinsatz, denn in Apetlon war eine Frau ermordet aufgefunden worden. Das Letzte, was Woschnak brauchte, war, dass man ihn mit einer Leiche im Kofferraum stoppen würde. Aus diesem Grund säuberte er das Zimmer, in dem er Schmoll erschossen hatte, notdürftig von den Blutspuren. Das dazu verwendete Leintuch steckte seine Mutter arglos in die Waschmaschine. Die Leiche deponierte er in der Garage, dann fuhr er mit Schmolls Mercedes nach Rom. Auf den Weg in den Süden warf er die Mordwaffe, seinen Revolver, auf einer Autobahntoilette weg. Diesmal hatte die Gendarmerie Glück: Obwohl mehr als zwei Monate vergangen waren, fand man die Waffe neben der Raststelle Hartberg.

In Eisenstadt begann 1988 der Schwurgerichtsprozess gegen Woschnak. Die Pannen setzten sich fort: Da die Fragen an die Laienrichter fehlerhaft formuliert wurden, musste das Verfahren wiederholt werden. Erst im zweiten Anlauf 1990 hielt das Urteil: Lebenslang.

Bald folgte die nächste Pleite.

Beim Orgelspiel entsprungen

Am 30. Oktober 1991 wurde Woschnak mit zwei Mithäftlingen in die Gefängniskapelle geführt. Er durfte ein Musikstück auf der Orgel probieren. Während er sich mit Hilfe eines Gefangenen aus dem Fenster der Kapelle zwängte, spielte der andere weiter auf der Orgel, sodass das Wachpersonal erst nach einigen Dissonanzen aufmerksam wurde.

Woschnak war weg, das »Lebenslang« hatte knapp ein Jahr gedauert. Wieder floh er nach Thailand, wieder folgte ein internationaler Haftbefehl.

Inzwischen hatte sich Woschnak in seinem Exil einen deutschen Pass besorgt, als Leopold Gratzer war der »Falang«, wie Ausländer genannt wurden, bekannt. 1994 wurde er wegen eines läppischen Mopeddiebstahls festgenommen, und da die Thailänder den Ausweispapieren nicht recht trauten, wurden die Fingerabdrücke des Verhafteten an die Interpol und damit auch nach Österreich übermittelt.

Doch Amtswege ziehen sich. Als die österreichischen Behörden die Abdrücke mit den im Archiv gesammelten verglichen und feststellten, dass es sich bei Leopold Gratzer um Friedrich Woschnak handelte, war dieser im fernen Thailand längst wieder auf freiem Fuß. Pleiten, Pech und Pannen reihten sich nahtlos aneinander.

Das deutsche Bundeskriminalamt hat in Thailand spezielle Fahnder stationiert. Das Land gilt als Fluchtort vieler Verbrecher und das Vertrauen in die Interpol ist nicht gerade groß. Einer dieser Fahnder entdeckte am 1. Jänner 1997 im Dorf Nakhon Sawang den gesuchten Woschnak. Er lebte dort mit einer einheimischen Frau, die er bereits bei seinem letzten Thailandaufenthalt nach buddhistischem Ritus geheiratet hatte, und seinem vierjährigen Sohn zusammen. Dass Woschnak auch in Österreich verheiratet ist, schien ihn nicht gestört zu haben.

Österreich stellte einen Auslieferungsantrag, doch immer wieder türmten sich neue bürokratische Hürden auf. Aus der nicht gerade komfortablen Haft bombardierte Ausbrecher Woschnak die Botschaft: »Bitte, holt mich da raus, ich will nach Hause.« Nach Hause, damit war wohl eine Zelle in Österreich gemeint.

Nach neun Jahren schien dann die Pleitenserie rund um den Mord an dem niederösterreichischen Baumeister Schmoll beendet, der verurteilte Mörder Woschnak wurde am 24. Juli 1997 nach Österreich ausgeliefert. Und wenn er inzwischen nicht wieder entsprungen ist, sitzt er noch heute ...

Mordgeständnisse nur wegen eines Schnitzels?

Nur die wenigsten Mörder sehen wie Mörder aus. Sie haben keine stechenden Augen, keinen böse zusammengekniffenen Mund, keine fahrigen Hände.

Aber so wenig Ähnlichkeit mit einem Verbrecher wie er hat kaum jemand anderer: Als der Mann verhaftet wird, ist er 48 Jahre alt, das schüttere Haar trägt er glatt nach hinten gekämmt. Er misst nur 1,65 Meter, vielleicht wirkt er auch dadurch dicker, als er wirklich ist. Er spricht mit leichtem Tiroler Akzent, gibt sich liebenswürdig und gewandt im Umgang mit Menschen. Das machte ihm auch die Arbeit als Vertreter leichter.

Und das Einschleichen in das Vertrauen anderer, auch das Morden, fiel ihm dadurch leicht.

Max Gufler, so heißt der kleine, dickliche Mann mit dem Babyface, wurde am 10. Oktober 1910 in Rum, nahe von Innsbruck, als uneheliches Kind geboren. Am 9. August 1961 stirbt er in einer Zelle des Gefangenenhauses in Stein an der Donau, wo er eine lebenslange Strafe zu verbüßen hat. Mindestens vier Morde hat er auf dem Kerbholz, die Zeitungen bezeichnen ihn als »Blaubart von St. Pölten«.

Schon in seiner Jugend in Südtirol führte er das Leben eines Taugenichts. Er wuchs in einem Kinderasyl in Meran auf, mit 15 Jahren fasste er die erste Vorstrafe aus. Fünfzehn Tage Arrest wegen Betrugs, weitere Verurteilungen wegen Diebstahls folgten, schließlich schließt er eine Friseurlehre ab. 1932 setzt er sich nach Österreich ab, liest eine Heiratsannonce und macht so die Bekanntschaft der Eisenbahnerwitwe Thekla Kriegl, 38, in Knittelfeld (Steiermark). Er wohnt bei ihr und 1935 bekommt sie ein Kind von Gufler, das Siegfried getauft wird.

Der frisch gebackene Vater Max Gufler zieht jedoch aus. Er findet 1940 in Klagenfurt eine Anstellung bei der »Bewachungsgesellschaft der Industrie«. Trotz seiner italienischen Vorstrafen bekommt er einen Waffenschein und kauft sich eine Pistole. Etwa zehn Jahre später begeht er damit in Wien einen bewaffneten Raubüberfall auf einen Juwelier.

1941 wird Gufler zur deutschen Wehrmacht eingezogen, wo er es 1944 zum Obergefreiten bringt. Er rüstet ab, arbeitet in Österreich als Vertreter, vor allem für Versicherungen. Für einige Zeit wohnt er in Tirol, dann lebt er bis etwa 1948 in der Ramsau in der Steiermark.

Einkauf mit der Pistole

Durch ein weiteres Heiratsinserat lernt er 1949 Auguste Lindebner, 47, Besitzerin eines Zeitungskioskes im Bahnhof Schwaz (Tirol) kennen und zieht 1951 zu ihr. Die Frau, nur 1,52 Meter groß, hatte einen Kropf, rauchte mit starkem Pfeifentabak selbst gedreht Zigaretten und hatte, wie Gufler später angab, einen »verheerenden Mundgeruch«. Offenkundig wog jedoch Lindebners Einkommen von etwa 2000 Schilling monatlich die fehlenden äußeren Reize auf.

Gufler entfaltete in der Folge eine bemerkenswerte kriminelle Energie und die Erfolge dürften ihn überheblich gemacht haben.

Am Heiligen Abend des Jahres 1951 betrat er gegen drei Uhr nachmittags das Geschäft des Juweliers Karl Kovaricek in Wien-Währing. Gufler kaufte Ohrgehänge und einen Ring, zahlte mit einer 1000-

Schilling-Banknote, die der Juwelier in seine Westentasche steckte. Dann wollte er noch einen Ring aufpoliert haben. Der Juwelier bat ihn mit in die Werkstätte. Dort zog Gufler seine Pistole, die er noch von seiner Tätigkeit als Wachorgan in Klagenfurt hatte. »Rock und Hose ausziehen, auf den Sessel setzen, zur Wand drehen«, befahl er und setzte fort: »Ich komme von Ihrer früheren Frau, um sie zu rächen.« Dann drückte Gufler dem Juwelier die Pistole ins Genick und schoss. Er glaubte sein Opfer tot, steckte den Tausender und zahlreiche Schmuckstücke ein und verschwand unerkannt.

Der angeschossene Juwelier schleppte sich zur Hausbesorgerin, diese alarmierte die Polizei, nach einer Notoperation – das Projektil ging knapp an der Wirbelsäule vorbei und steckte im Unterkiefer – konnte Kovaricek die Aussagen des Täters wiedergeben und ihn beschreiben: 35 bis 40 Jahre alt, ovales Gesicht, rötlichblondes glattes Haar. Die Erhebungen der Polizei bei der geschiedenen Frau des Juweliers und deren neuem Lebensgefährten blieben erfolglos.

Gufler war inzwischen zu seiner Bekannten nach Schwaz zurückgekehrt. Als Weihnachtsgeschenk erhielt sie einen Ring aus der Beute.

»Nasenpeter« kam nicht

Bald trieb es den Mann wieder nach Wien. Von zahlreichen Aufenthalten kannte er die Prostituierten, die beim »Dobner-Eck« in Mariahilf auf Kundenfang waren. Dort sprach er am 11. März 1952 Emilie Meystrzik an, die von Kolleginnen »Nasenpeter« genannt wurde, und ging mit ihr in ihre Wohnung in der Novaragasse 36 A in der Leopoldstadt.

Als die Prostituierte in den nächsten Tagen nicht wie vorgeschrieben zur Kontrolluntersuchung beim Gesundheitsamt kam, hielten Kriminalbeamte des Bezirkspolizeikommissariats am 27. März Nachschau in ihrer Wohnung. Sie war versperrt, man holte die Schwester von Emilie und ließ die Tür aufsperren. In der Küche stand ein Teller mit gebratenen Fleischstücken, die bereits Schimmel angesetzt hatten, im Kabinett lag die Frau mit einem getupften Schlafrock bekleidet auf ihrem Stahlrohrbett – offenkundig mit einem Schal erdrosselt. Aufgrund des Zählerstandes des Gasmessers wurde errechnet, dass nach dem 11. März kein Verbrauch mehr stattgefunden hat, und auch die Kolleginnen der Toten haben Meystrzik nach dem 11. März nicht mehr gesehen.

Die »Arbeiter-Zeitung« berichtete unter dem Titel »Mord in der Zinskaserne« über das Verbrechen und gab auch Erzählungen von Nachbarn wieder, wonach man einen »untersetzten Mann« zuletzt als Besucher gesehen habe. Der Neffe der Toten, Wladislaw Mraz, gab an, dass seine Tante Tage vor ihrem Tod von einem »reichen Fabrikanten aus Graz« gesprochen habe, den sie vor einiger Zeit kennen gelernt hat und der sie in absehbarer Zeit heiraten wird.

Die Wohnung der Prostituierten ist ausgeräumt, die Zeitungen veröffentlichen eine lange Liste mit den fehlenden Gegenständen, darunter ein seltener lettischer Radioapparat und ein Schrankkoffer mit den Initialen E. M.

Für die Polizei ist vorerst Mraz der Hauptverdächtige, vom erwähnten »reichen Fabrikanten« findet man keine Spur. Da man aber keine weiteren Indizien gegen den Neffen findet, wird der Akt beiseite gelegt. Prostituierte leben eben gefährlich, ermordet zu werden ist fast ein Berufsrisiko.

Unmittelbar nach dem Mord an Emilie Meystrzik kehrt Gufler wieder zu Auguste Lindebner nach Schwaz zurück. Doch ihr Zusammensein dauert nicht lange. Am 16. April 1952 wird der Frau im Kiosk schlecht, Gufler verabreicht ihr zur Stärkung ein Glas Kognak, nach einigen Minuten stirbt sie. Herzversagen, schreibt der Arzt in den Totenschein. Niemand ahnt, dass die Frau ermordet, vergiftet worden ist.

»Aufrichtiger Charakter« gesucht

Kaltblütig bleibt Gufler noch einige Zeit in Schwaz wohnen, dann liest er am 13. Juni 1952 in der »Neuen Illustrierten Wochenschau« folgendes Inserat: »Kriegerswitwe, 35/165, Trafikantin, sucht auf diesem Wege passenden Lebensgefährten. Unter ›Aufrichtiger Charakter 2973‹ an den Verlag.« Er fühlt sich angesprochen, schreibt, bekommt Antwort von Herta Junn und übersiedelt zwei Wochen später nach St. Pölten, wo er sich bei den Eltern der Trafikantin einquartiert.

Anfangs geht alles gut, Gufler arbeitet fleißig in der Trafik mit. Aber nach einem Streit muss er 1955 ausziehen. Er wird Verlagsvertreter und macht mit dem Buch »Gesünder leben – länger leben« des berühmten Arztes Prof. Leopold Schönbauer schöne Umsätze. Doch bald wechselt er wieder den Arbeitsplatz, wird Hilfsarbeiter.

Dennoch kann er sich im April 1957 in St. Pölten sein erstes Auto kaufen, einen teuren DKW 3=6, für den er die Nummer N 183.097 bekommt. Er hat zwar keinen Führerschein, fährt aber doch herum. So auch im Oktober 1957.

Bei einer Tour durch Niederösterreich nimmt Gufler bei Gloggnitz einen Autostopper mit. Dieser stellt sich als Richard Wagner vor, er ist Schmuckvertreter. Gufler bezeichnet sich als Spirituosenvertreter. Bei einer Rast in der Neunkirchner Allee bietet Gufler seinen speziellen Magenbitter an. Wagner trinkt, Gufler bevorzugt den Steinhäger. Noch ein Stamperl, dann wird es Wagner offenkundig durch den angebotenen Magenbitter übel, er schläft ein. Gufler fährt Richtung Donau, in der Nähe von Rust im Tullnerfeld wird Wagner fast munter, ist nur noch leicht benommen. Gufler wirft ihn aus dem Auto, fährt ihn mehrmals an und verschwindet mit dem Musterkoffer Wagners.

Der Schmuckvertreter schleppt sich verletzt zu einem Bauernhof, die Gendarmerie wird alarmiert. Zuerst hält man den lallenden Wagner für betrunken, dann glaubt man, er habe selbst den Schmuckkoffer beiseite geschafft und seine Geschichte nur erfunden, doch Wagner beharrt auf seiner Darstellung. Es war ein Mann in einem grünen DKW, das Kennzeichen beginne mit N 183.

Schnell werden alle Fahrzeughalter aus dem Bezirk St. Pölten aus der Kartei herausgefischt. Es sind 13. Zwölf Autobesitzer kommen, die Gegenüberstellungen mit Wagner verlaufen ergebnislos. Der 13. Mann ist nicht gekommen. Es ist Max Gufler.

Seine zeitweilige Lebensgefährtin erklärt, er sei verreist, sie wisse nicht, wann er zurückkomme. Die Polizei lässt den Akt liegen, man setzt nicht nach.

Obwohl Gufler also zahlreiche Spuren hinterlässt, wird man auf ihn nicht aufmerksam. Vielleicht wird er deshalb immer frecher.

Das »richtige Weiberl«

Im Dezember 1957 gibt er selbst in der »Neuen Illustrierten Wochenschau« ein Inserat auf: »Ernst denkender Mann, 47/165, kein Schürzenjäger, Nichtraucher, Nichttrinker. Sehr strebsam, sucht Ehekameradin, die ihm zu einer Existenz verhilft. Bin ledig, ohne Anhang, für jede Arbeit zu gebrauchen. Wo ist die Frau, der ich Stütze sein kann? Unter ›Treu und verlässlich‹ an den Verlag.« Die Quittung über 95,70 Schilling hebt er sich auf.

Die erste Antwort kommt von Maria Schnalzer, 45, einer Hilfsarbeiterin aus Wien. Gufler besucht sie im Jänner 1958 bei ihren Eltern im Burgenland. »Du bist das richtige Weiberl«, schmeichelt er und lockt ihr 15 000 Schilling für den Kauf einer Gemischtwarenhandlung in Krems an der Donau heraus. Traurig schreibt er ihr wenig später, dass aus dem Kauf nichts wurde, er habe aber ein Geschäftslokal in Innsbruck in Aussicht. Wenn der Kauf möglich ist, werde er sie abholen und mit ihr nach Tirol fahren.

Dazu kam es vorerst wohl auch deshalb nicht, weil im Frühling 1958 noch eine andere Frau auf Guflers Heiratsinserat geantwortet hat: die Witwe Josefa Kamleitner, 45. Die Frau arbeitete als Köchin in einem Gasthaus in Kitzbühel. Gufler besuchte sie, seine Masche von später Zuneigung und künftigem, bescheidenem Wohlstand zog auch diesmal. Man fuhr am 2. Juni gemeinsam zur Schwester Kamleitners nach Amstetten, Gufler wurde als Verlobter vorgestellt. »Wir werden in Bad Vöslau eine Gemischtwarenhandlung übernehmen«, erzählte sie und hob 10 000 Schilling von ihrem Sparbuch ab. Dann fuhren sie mit dem DKW los. Unterwegs bot Gufler seiner »Braut« eine Stärkung an, ein Stamperl mit Weichsellikör. Offenkundig wieder mit einem Betäubungsmittel versetzt. Die bewusstlose Frau warf er bei einem Steinbruch oberhalb von Rossatz in die Donau.

Am 12. Juni wurde bei Tulln eine weibliche Leiche aus der Donau geborgen, die damals nicht identifiziert werden konnte. Bei der Obduktion fand man lediglich Spuren eines Schlafmittels. Etwa vor zehn Tagen, so der Befund, sei die Frau ertrunken. Weitere Nachforschungen gab es nicht, man nahm der Einfachheit halber Selbstmord an. Die Leiche wurde in Tulln beerdigt.

Gufler selbst war schon am 6. Juni wieder bei der Schwester Kamleitners aufgetaucht. »Der Pepi geht es gut, sie hat nur leichtes Fieber. Ich soll ihre Sachen abholen«, meinte er und packte ein paar Habseligkeiten ein. Die 10 000 Schilling hat er ja schon.

Eine Stärkung kredenzt

Im Spätsommer 1958 schlägt Gufler neuerlich zu. Bei einer seiner Reisen lernt er Maria Robas, 47, die am Wörthersee eine kleine Pension betreibt, kennen. Er umwirbt sie, spricht mit der geschiedenen Frau von gemeinsamer Zukunft und hat sie bald so weit. Anfang September werden die letzten Sommergäste abreisen, dann könne er kommen und mit ihr alles Weitere planen, schreibt sie ihm.

Gufler kommt am 17. September nach Kärnten, sie hebt ihre Ersparnisse von rund 11 000 Schilling ab, kündigt noch ein Darlehen, das sie einem Fleischhauer gewährt hat, der jedoch erst später bezahlen kann, und dann fahren sie ab, Richtung Steiermark. In der Nähe von Leoben kredenzt Gufler der Frau eine Stärkung, ein Stamperl Kognak, natürlich mit seinem Schlaftrunk gemischt. Maria Robas wird bewusstlos, er fährt über Bruck an der Mur Richtung Pernegg zum Kaltenbachgraben. Dort legt er die Frau bäuchlings in den Bach. Er zieht ihr noch die Unterwäsche aus, um einen Sexualmord vorzutäuschen.

Dann verschwindet er genauso unbemerkt und mit der Gewissheit, dass die Bewusstlose im Bach ertrinken wird.

Am 22. September geht bei der Gendarmerie ein anonymer Anruf ein. Im Kaltenbachgraben liege eine Leiche. Bald finden die Beamten die Tote. Die Frau im Kaltenbachgraben trägt ein weißes Kleid mit roten Tupfen, die wie große Erdbeeren aussehen. Solche Kleider trägt man nicht, wenn man in den Wald zum Schwammerlsuchen geht, man trägt so etwas als Sonntagsstaat. Ein Unfall kann es also kaum sein, die fehlende Unterwäsche könnte ein Indiz für ein Sexualdelikt sein, aber äußere Anzeichen von Gewalt sind auch nicht zu bemerken. Neben der Leiche liegt auch keine Handtasche, nichts, was zur Identifizierung der Toten führen könnte. Als »Unbekannte Tote« wird die Frau in die Gerichtsmedizin in Graz gebracht. Das Ergebnis der Obduktion: Der Tod trat vor etwa einer Woche ein, da in der Lunge Schlamm und Algenteilchen gefunden wurden, ist die Frau ertrunken. Aber: Im Magen befanden sich Reste eines Schlafmittels.

Die Gier Guflers ist größer als seine Vorsicht. Obwohl er in den Zeitungen von der »unbekannten Leiche« im Kaltenbachgraben gelesen haben musste, fährt er am 2. Oktober 1958 wieder nach Reifnitz am Wörthersee. Dort gab es ja noch etwas zu holen – nämlich jenes Darlehen, dass Maria Robas von dem Fleischhauer noch zu bekommen hat, aber bei der Abreise nicht mehr kassieren konnte. Immerhin 24 000 Schilling, die wollte Gufler nun einstreifen. Er bekommt zwar das Geld, der Fleischhauer meint jedoch, Gufler müsse irgendein Dokument hinterlassen, bis Frau Robas selbst die Rückzahlung des Geldes quittieren kann. Und Gufler lässt den Zulassungsschein für seinen grünen DKW mit dem Kennzeichen N 183.097 zurück. Eine Spur, die ihm zum Verhängnis werden sollte.

Der »traurigste« Mord

Doch Gufler hat schon das nächste Opfer im Visier. Bereits im Sommer hatte er die Zeitungsausträgerin Julie Nahs, 48, kennen gelernt. Sie rangierte in seiner Liste wohl unter »ferner liefen«, da sie kaum Bargeld oder Ersparnisse hatte, aber schließlich macht auch Kleinvieh Mist. Da Nahs aus Fohnsdorf weg wollte und auch keinen Kontakt zu Verwandten hielt, schien sie eine leichte Beute zu sein.

Am 16. Oktober 1958, einen knappen Monat nach dem Mord an Maria Robas, holte Gufler Nahs von ihrer Wohnung mit dem Auto ab. Die Fahrt geht Richtung Norden. Dann folgte der übliche Modus Operandi: Unterwegs eine »Stärkung« aus der Schnapsflasche und die Bewusstlose dann ins Wasser gebracht. Bei Weißenkirchen wirft Gufler die Frau in die Donau. Sie muss ertrunken sein, ihre Leiche wurde bis heute nicht gefunden.

Am 18. Oktober holt er Nahs' Sachen aus Fohnsdorf und meldet sie in ihrem Namen bei der Gendarmerie ab. Sie verreise. Viel Mühe gibt er sich nicht, denn er unterschreibt mit »Naß« statt mit »Nahs«. Später gesteht Gufler, es sei sein »traurigster Mord« gewesen. Da sie kein Bargeld hatte, habe es ihm »leid um das Benzingeld« getan.

Nachdem er die schmale Beute abgeholt hat, fährt Gufler nach München. Niemand weiß, was ihn dazu getrieben hat, jedenfalls schreibt er Ende Oktober 1958 zwei verräterische Briefe. Den einen an Josef Robas, den geschiedenen Mann eines seiner Opfer. »Wir teilen Ihnen mit, dass Frau Robas Maria, geb. Zwitter, Hausfrau in Villach, in Köln durch einen Autounfall tragisch ums Leben gekommen ist.« Weitere Einzelheiten, so hieß es in dem nur mit »Eberharter aus München« unterschriebenen Brief, wisse Notar Dr. Erich Moshelmer in Innsbruck.

Da Maria Robas seit mehr als einem Jahr nicht mehr bei ihrem geschiedenen Mann lebte, schockte diesen natürlich die Mitteilung. Zuerst rief er den Notar an. Dieser hat zwar einen ähnlichen Brief des unbekannten Absenders erhalten, er wusste jedoch überhaupt nichts über eine Frau Robas.

Josef Robas geht zur Gendarmerie. Man fragt in Deutschland nach – nichts. In Kärnten erfährt man dann, dass Maria Robas am 16. September mit einem Gast in dessen Auto abgereist ist. Ihre Wohnung in Reifnitz ist durchwühlt, offenkundig vieles daraus abtransportiert. Und man bekommt vom Fleischhauer den hinterlegten Zulassungsschein jenes Mannes, der im Namen von Frau Robas etwas später ihr

Darlehen einkassiert hat. Fahrzeughalter ist ein Max Gufler, Versicherungsinspektor in St. Pölten.

Das Spiel ist aus.

Beute im Mansardenzimmer

Die unbekannte Leiche vom Kaltenbachgraben ist bald als Maria Robas identifiziert, Gufler gibt nur Widersprüchliches zu Protokoll, bei einer Hausdurchsuchung in seinem Mansardenzimmer findet man eine Unmenge von Hausrat und zahlreiche Aufzeichnungen aus den vergangenen Jahren. Im Schubkasten einer Nähmaschine die Zahnprothese von Frau Robas. Am 31. Oktober 1958 wird Gufler unter Mordverdacht verhaftet. Die Karriere eines habgierigen Serientäters ist zu Ende.

Eine Sonderkommission des Innenministeriums unter der Leitung von Ernst Schopf beginnt die Verhöre. Guflers Leben wird durchleuchtet, seine zahlreichen Frauenbekanntschaften, die meist durch Heiratsinserate zustande gekommen sind, werden in ganz Österreich überprüft. Die bei Gufler gefundenen Gegenstände werden sortiert und man versucht die früheren Eigentümer zu ermitteln. Unter anderem findet man Schmuckstücke, die beim Juwelier Karl Kovaricek gestohlen wurden, und man findet auch den lettischen Radioapparat aus dem Besitz der ermordeten Prostituierten Emilie Meystrzik. Auch ihr Schrankkoffer taucht auf, Gufler hatte die Initialen E. M. auf seine, auf G. M. umgeändert. Immer wieder gesteht er Taten ein, dann nennt er andere Personen, die mitgemacht hätten, er widerruft und gesteht erneut. »Bei meiner Mörderehre, ich will jetzt alles sagen«, erinnert sich Ernst Schopf an einen Ausspruch Guflers.

Die in Guflers Wohnung gefundenen Schnapsflaschen werden nach Wien in das Gerichtsmedizinische Institut zu Prof. Gottfried Machata gebracht. Er findet in einigen Getränken das Schlafmittel Somnifen, eine süßlich schmeckende Mischung von zwei Barbituraten.

Die »frischeste Leiche«, die auf das Konto Guflers geht, wird obduziert. Man findet im Körper von Maria Robas Somnifen, auch bei Obduktionen jener Frauen, deren Todesursache man bisher nicht einwandfrei zuordnen konnte. Und ein weiterer Sachbeweis im Fall Robas wurde gefunden. Gufler hatte sein Auto in München zum Service gebracht und mit penibler Genauigkeit das Serviceheft ausfüllen lassen. Das Datum entsprach jenem, an dem der Brief über den angeblichen Todesfall der Frau geschrieben wurde.

Nur ein Heiratsschwindler?

Als am 10. April 1961 vor einem Geschworenengericht im Wiener Grauen Haus der Prozess gegen Gufler beginnt, bestreitet er alle Taten. Er sei höchstens ein Heiratsschwindler, mehr nicht. Bei der Polizei habe er nur deswegen gestanden, weil man ihm versprach, er würde nach einer Verurteilung jedes Jahr zu Weihnachten im Gefängnis ein Wiener Schnitzel mit Gurkensalat bekommen.

Drei Stunden dauert die Verlesung der Anklageschrift. Vier Meuchelmorde und zwei Mordversuche werden ihm angelastet. Erschreckend: Die drei letzten Morde – an der Köchin Josefine Kamleitner, der Pensionsbesitzerin Maria Robas und der Zeitungsausträgerin Julia Nahs – erfolgten in einem Zeitraum von nur vier Monaten im Jahr 1958. Die Wiener Prostituierte Emilie Meystrzik hatte er schon 1952 ermordet.

In der »Arbeiter-Zeitung« heißt es über den Prozessbeginn auf Seite 1: »Man möchte nicht glauben, dass dieser unscheinbare, fünfzigjährige Mann ein solches Schreckgespenst ist. Aber wie anders als durch unauffällige Harmlosigkeit sollte der Mann, den der Volksmund als den ›Blaubart von St. Pölten‹ bezeichnet hat, sich in die Herzen der einsamen, alternden Frauen stehlen, die so freudig ihre Habseligkeiten packten, um mit dem olivgrünen DKW in das schöne, neue Leben zu fahren und wenige Stunden später bereits als Leichen in der Donau schwammen?« Die Tageszeitung »Neues Österreich« bescheinigte Gufler, das »Gesicht eines behäbigen Spießbürgers, ohne Dämonie und Brutalität« zu haben.

Der Prozess dauert bis zum 5. Mai 1961. Das erwartete einstimmige Urteil der Geschworenen: Lebenslang. Gufler kommt in das Gefangenenhaus in Stein an der Donau. Am 9. August 1966 stirbt er dort an Magenkrebs. Kurz vorher hat er noch einen Arzt um die Verordnung von bequemen Pantoffeln ersucht, da ihn die Gefängnisschuhe drückten.

Von Arsen bis Zyankali: Das Alphabet der stillen Waffen

Gift ist die stillste Waffe, um Menschen zu töten. Es kommt in der Natur vor, kann künstlich hergestellt werden, und manchmal wird auch ein Medikament in falscher Dosierung daraus. Nach dem Grundsatz von Paracelsus: Die Menge macht das Gift. Die Palette reicht von Arsen bis Zyankali und manchmal genügen ein paar Körnchen, um jemanden ins Jenseits zu befördern. Häufig vermutet man Gift in Frauenhänden, weil diese zu schwach seien, um zu würgen oder zu schlagen. Tatsächlich aber greifen auch Männer danach. Vielleicht bedient man sich des Giftes auch deshalb, weil es tötet, obwohl man selbst auf Distanz zum Opfer bleibt, es nicht einmal berühren oder auch kennen muss.
Auch in Kriminalroman werden Giftmorde häufig beschrieben. Spezialistin dafür war die britische Schriftstellerin Agatha Christie, die ihr Wissen wahrscheinlich als Apothekerin in einem Feldlazarett erworben hatte. In 41 ihrer 73 Romane arbeitet der Täter mit tödlichen Giftstoffen.

Tödliches Arsen in der steirischen Spezialität

Der Tod kam am 14. September 1972 per Post als angebliche Liebesgabe eines Verehrers. Adressiert war das Paket an Heinz Kern in der Grazer Quergasse 5, den Besitzer einer angesehenen Tanzschule und erfolgreichen Turniertänzer. Es enthielt eine Schweinsstelze, ein paar Landjägerwürste, drei Dosen Löwenbräu, etwas Brot und obendrein noch die steirische Spezialität Verhackert. Im beigelegten Brief stand, rot mit Maschine geschrieben: »Wir wünschen Ihnen guten Appetit und wieder einen guten Start in der kommenden Saison.« Man freue sich schon auf den nächsten Tanzkurs in Schladming. Der Neffe habe das Paket nach Graz mitgenommen und dort aufgegeben.

Als Absender schien ein Heinrich Pilzner aus Ramsau, Vorberg 193, auf. Zwar war der Mann sowohl Heinz Kern als auch dessen Ehefrau Helga nicht bekannt, aber vielleicht war es jemand, der sie von Veranstaltungen kannte.

Die Lebensmittel wurden ausgepackt, der Nachmittag und frühe Abend verlief wie immer: Unterricht in der Tanzschule. Helga Kern, 19, legte sich früh zu Bett, er fuhr noch zum Bahnhof, wichtige Post war aufzugeben. Als er nach Hause kam, aß er noch ein Brot mit Verhackert. Gut, dass seine Frau nicht mehr munter war, denn ihr war dieser kräftige Aufstrich nicht »fein« genug, nicht standesgemäß. Ihm aber schmeckte es.

Um vier Uhr früh wand sich Kern vor Schmerzen. Eine Übelkeit, wie er sie bisher noch nie verspürt hatte, krümmte ihn zusammen, ein Brechdurchfall ließ seine Frau verzweifeln, die sofort den Hausarzt alarmierte. Kern wurde ins Landeskrankenhaus eingeliefert, aber jede Hilfe kam zu spät. Der 33-Jährige starb, ohne noch einmal das Bewusstsein erlangt zu haben. Kurz darauf ist auch der Hund des Ehepaares, der eine Brotschnitte mit dem Aufstrich gefressen hatte, eingegangen.

Hohe Lebensversicherung

Das Spital meldete den Todesfall der Behörde. Das Wochenende hatte für die Justiz an diesem Freitag jedoch schon begonnen, also wurde erst am Montag die Polizei eingeschaltet und die Obduktion angeordnet.

Diese brachte ein eindeutiges Ergebnis: Tod durch Arsenvergiftung. Besonders in der Steiermark ist Arsen bekannt. Das volkstümlich auch als »Hittrach« bezeichnete Gift wird immer wieder als Mordwerkzeug verwendet. Seit 1947 wurden sieben Mordanschläge durch Arsen in der Steiermark verübt, nur einer davon konnte ausgeklärt werden. Auf Bauernhöfen wurde mit »Hittrach« oft das lästige »Ahnl« beseitigt.

Im Fall des Tanzlehrers war offenkundig das tödliche Gift im Verhackert enthalten gewesen, was auch eine Analyse bestätigte. Doch wer hatte den Aufstrich damit vergiftet? Der auf dem Paket angegebene Name jedenfalls war fingiert, eine Person dieses Namens gab es in Ramsau nicht. War es vielleicht die Ehefrau – Eifersucht ist ja immer als Motiv zu berücksichtigen? Außerdem war für Heinz Kern erst ein Jahr vor seinem Tod eine Lebensversicherung in der Höhe von einer halben Million Schilling abgeschlossen worden. Gemordet wurde schon wegen geringerer Summen. Oder war der Absender des Pakets der Täter – ein Racheakt eines Konkurrenten wäre ja auch möglich?

Die Untersuchungen liefen in der Folge auf zwei Gleisen. Rasch war herausgefunden, dass das Paket am 13. September am Bahnhofspostamt von einem etwa 30-jährigen Mann aufgegeben worden war. »Ich habe mich noch gewundert, warum der Mann das Paket nicht persönlich zur Tanzschule gebracht hat, sie ist ja nur fünf Minuten von hier entfernt«, erinnerte sich die Postbeamtin. Gefragt aber hat sie nicht danach.

Dann wurde festgestellt, dass die restlichen Lebensmittel, die im Paket enthalten waren, nicht in Graz erhältlich sind. Landjägerwürste dieser Art gibt es nur bei kleineren Fleischhauern am Land. Ein Aufruf brachte, wie erwartet, keinen Erfolg. Wer will auch als Quelle eines Mordkomplotts in die Öffentlichkeit, in die Zeitung?

Das Arsen im Verhackert wurde aus einem so genannten »Arsenscherben« gewonnen, es war in einem Mörser zerstoßen worden, stellten die Experten fest. Aber derartige Scherben sind seit Jahren in Österreich nicht mehr erhältlich.

Die Recherchen nach einem potenziellen Konkurrenten, der dem Weltcupsieger und österreichischen Staatsmeister in sämtlichen Tanzdisziplinen eins auswischen wollte, verliefen im Sande. Ebenso die Suche nach einer unbekannten jungen Frau, mit der sich der Tanzlehrer einige Male in einem Kaffeehaus getroffen haben soll.

Nachdem Heinz Kern am 22. September 1972 am Friedhof St. Peter beigesetzt wurde, veröffentlichen die Zeitungen eine Vermutung der Polizei: Beim Täter dürfte es sich um eine Frau oder einen sehr femininen Mann handeln. Die »Arbeiter-Zeitung« frohlockt bereits: »Das Netz um den Täterkreis zieht sich zusammen.«

Offenkundig war die Nachricht nur ein taktischer Schachzug, um den unbekannten Täter nervös zu machen, denn jahrelang hörte man in der Öffentlichkeit nichts mehr von weiteren Ermittlungen. Erst im Mai 2001, also knapp dreißig Jahre nach dem Verbrechen, meldete sich die Grazer Mordkommission wieder zu dem Fall. Sollte der Täter den Briefumschlag, der im Paket mit dem vergifteten Verhackert lag, mit Spucke verschlossen haben, dann bestand jetzt die Möglichkeit, einen »biologischen Fingerabdruck« zu finden, könnte man nach DNA-Spuren suchen. »Der Mörder hat jetzt wieder Grund, nervös zu werden«, zitierte eine lokale Zeitung einen Polizeibeamten, »die Vergangenheit könnte ihn nach so langer Zeit einholen.«

Wieder nur ein taktischer Schachzug? Angehörige des ermordeten Tanzschulbesitzers jedenfalls informierten die Öffentlichkeit, dass es gar kein Kuvert mehr gebe, es daher unklar sei, von wo die biologischen Spuren kommen könnten. Und in der Tat ist der Mord bis heute unaufgeklärt.

Zwei Leichen und kein Motiv – Klärung durch seltene Alge

Oft ist es nur ein schmaler Grat zwischen der Normalität und dem Verbrechen. Überschritten wird er dann, wenn scheinbar zwingende Gründe bestehen: Gier oder Leidenschaft, Verzweiflung über eine verfahrene Situation oder das Bestreben, aus ihr zu entrinnen. Es gibt auch einen krankhaften Zwang zu einem Verbrechen, verursacht durch eine Störung der Psyche. Verbrechen ohne klares Motiv scheinen undenkbar, noch sinnloser als solche mit einem Motiv. Dennoch gibt es solche Verbrechen. Eines geschah im Sommer des Jahres 2001 in Oberösterreich. Tatwaffe war Gift.

Die erste Meldung der Gendarmerie zu diesem Fall erweckte in den Redaktionen der lokalen Zeitungen nicht viel Interesse. Am Ufer der Naarn, einem kleinen Fluss im südlichen Oberösterreich nahe der Donau, wurde am 13. Juli 2001 die Leiche eines jungen Mannes gefunden. Wahrscheinlich ertrunken. Es handelte sich, wie mitgeteilt wurde, um Dominic Wittberger, 16, aus der nahen Gemeinde Perg. War es ein Selbstmord oder ein Unfall, vielleicht im betrunkenen Zustand?

Kurz darauf eine zweite Meldung: die 13-jährige Sandra Hauser, ebenfalls aus Perg, wurde als vermisst gemeldet. Sie hätte am 13. Juli ins Ausland fahren sollen, hat diese Reise aber nicht angetreten. Da Sandra und Dominic befreundet waren, schien ein Zusammenhang nicht auszuschließen zu sein. Das Ufer der Naarn wurde nun gründlich abgesucht. Etliche hundert Meter stromab, unter einer Fußgängerbrücke, wurde dann tatsächlich das Mädchen gefunden. Ebenfalls tot. Ebenso wahrscheinlich ertrunken.

Die Gerüchte begannen zu wuchern. War es ein »Romeo und Julia«-Drama – zwei junge Menschen, die in pubertärem Gefühlsüberschwang für immer im Tode vereint sein wollten? Starben beide durch Drogen? Oder war es ein seltsamer Zufall?

Beide Leichen wurden in die Gerichtsmedizin nach Salzburg gebracht. Dort begannen langwierige Tests, da Tod durch Gift oder Drogenmissbrauch nicht auszuschließen war.

Schon wenige Tage später schien der Fall geklärt. In einer offiziellen Mitteilung hieß es am 19. Juli, Sandra sei »an einem Herz-Kreislauf-

Versagen« verstorben, Dominic in »selbstmörderischer Absicht« in die Naarn gegangen. Die Mitteilung war jedoch entweder voreilig – oder ein taktischer Schachzug. In Salzburg jedenfalls hatten zu dieser Zeit die Mediziner ihre Arbeit noch nicht abgeschlossen. Sie fanden erst später die wahre Todesursache der beiden jungen Leute heraus: Sie starben an Gift, sie starben an Rattengift, an Strychnin. Entweder wollten sie damit gemeinsam Selbstmord verüben oder sie waren Opfer eines Verbrechens geworden.

Drogen und Jugendliche

Die Gendarmerie versuchte nun herauszufinden, was vor dem 13. Juli geschehen ist. Da gab es doch etliche Jugendliche, denen eine gewisse Nähe zum Drogenmilieu zugeschrieben wurde, vielleicht würde man hier fündig. Doch niemand wollte so recht mit der Sprache heraus. Ja, man habe die beiden gekannt, aber Genaueres wisse man nicht. Einer der Wortführer in dieser losen Gruppe schien ein erst 15-jähriger Bursche zu sein, ein gewisser Mesut. Er wohnte bei seiner Mutter auf einem kleinen Bauernhof.

Die Beamten statteten Mesut einen Besuch ab, untersuchten sein Zimmer und machten eine überraschende Entdeckung. Hinter einem Kasten befand sich, bestrahlt durch Neonlicht, eine kleine Hanfplantage, Mesut war also zumindest Rauschgift-Eigenversorger. Eine weitere Entdeckung jedoch war sensationell. Auf dem Computer Mesuts fanden sie jene Internetseiten gespeichert, die der Bursche zuletzt aufgerufen hatte. Es waren Ergebnisse aus einer Suchmaschine, alle zum Stichwort »Strychnin«.

Nun ließen die Beamten nicht mehr locker. Mesut nannte Freunde, mit denen er häufig zusammen war, unter anderem den Namen eines gleichaltrigen Mitschülers und den 22-jährigen Harald. Auch bei ihm fand man einschlägige Indizien. In einem Lexikon war bei dem Stichwort »Strychnin« ein Lesezeichen eingelegt. Und der Suchtgift-Spürhund erschnüffelte hinter einer Waschmaschine eine leere Dose mit der Aufschrift »Rattengift – Vorsicht, Strychnin«.

Im Verhör bei Major Andreas Sammer, dem Chef der Mordkommission der oberösterreichischen Gendarmerie, gab Harald zuerst nur zu, diese Dose auf einem alten, verlassenen Bauernhof gefunden zu haben. Mit seinen Freunden habe man dann überlegt, was man damit machen könne. Im Internet fand man heraus, dass Strychnin oft verwendet wird, um Suchtgift zu strecken. Probeweise wurde eine Portion von einem Gramm des gefundenen Rattengiftes an einen Süchtigen verkauft. Der beschwerte sich einen Tag darauf – das sei ja Teufelszeug, giftig, sie sollen es ja nicht weitergeben, meinte er.

Sie hätten jedoch die Warnung in den Wind geschlagen. Sie wollten es noch einmal probieren. Der Ausgang des Experiments war schrecklich.

Abschied für immer

Am 12. Juli gab es bei Mesut eine Abschiedsparty für Sandra, die ja vor einem Auslandsaufenthalt stand. Einmal wollte sie Rauschgift kosten, habe sie dabei gesagt. Eine »Straße« wurde gelegt, es war jedoch nicht die Droge, sondern das Rattengift. Sandra schnüffelte und auch Dominic. Sie haben ohnehin nur eine kleine Portion bekommen.

Erst nach und nach erzählte das Trio, was nachher geschah. Im Freien hätten Sandra und Dominic über Übelkeit geklagt, schließlich seien beide zusammengebrochen. »Sie erzählten ganz cool, keine Gemütserregung, so, als würden sie über einen Ausflug mit dem Moped sprechen«, schildert der Gendarmerie-Ermittler Erich Allmer die Verhörsituation. Es habe drei Stunden gedauert, ehe das Mädchen, von fürchterlichen Krämpfen geschüttelt, gestorben ist. Drei Stunden, in denen die drei nichts zur Rettung ihres Opfers getan haben, drei Stunden, die auch der etwas robustere Dominic am Boden lag und litt. War es nur Ratlosigkeit, Zaudern mit der Hoffnung auf Linderung der Krämpfe? Oder Sadismus, die Gier, zu beobachten, was Strychnin tatsächlich bewirke?

Als das Mädchen dann tot war, habe man es zur Naarn geschleppt und bei der Fußgängerbrücke hinter einem Gebüsch ins Wasser gelegt. Dominic habe noch gelebt, als sie gingen. Auch das eine Aussage, die bei den Gendarmeriebeamten einen kalten Schauer auslöste. Sollte es tatsächlich möglich sein, einen sich in Krämpfen windenden Menschen allein zurückzulassen? Nach Hause zu gehen, als wäre nichts geschehen?

Sie können es sich jedenfalls nicht erklären, wie Dominic ans Ufer der Naarn gekommen und dort ertrunken sei. Man brauche neue Beweise, um den drei Zyankali-Tätern auch eine Mitwirkung beim Tod Dominics nachzuweisen. Wieder gelang dies der Salzburger Gerichtsmedizin.

Er konnte nicht allein zur Naarn gelangt sein. Die Wirkung des Rattengiftes macht jede willkürliche Bewegung unmöglich, er muss also zum Wasser gebracht worden sein. In Ufernähe fanden die Gerichtsmediziner zwei Arten von Kieselalgen, die ansonsten kaum gemeinsam vorkommen. Bei einer Untersuchung der Schuhe der drei Burschen wurden die gleichen Algen an den Sohlen festgestellt. Sie müssen also an der Naarn gewesen sein und Dominic dort platziert haben, um seinen Ertrinkungstod vorzutäuschen.

Der Fall war damit geklärt. Im Juni 2002 wurde das Trio verurteilt. Der 22-jährige Harald erhielt »lebenslänglich«, die beiden jugendlichen Mittäter erhielten vier beziehungsweise neun Jahre Haft. Die Geschworenen hatten nur bei Dominic auf Mord entschieden, bei Sandra war es »absichtliche schwere Körperverletzung mit Todesfolgen«.

Es war ein Verbrechen ohne Motiv. Die geringe Summe Geldes, die man für das als Rauschgift deklarierte Rattengift erzielte, konnte kaum ausschlaggebend gewesen sein. War es Neugier, wie das Experiment wirken würde, über das man sich im Internet und im Lexikon kundig gemacht hat, war es das Gruseln, jemand sterben zu sehen? »Herzlosigkeit und Feigheit« sah Staatsanwältin Brigitte Loderbauer bei den Angeklagten. Zwei Waffen, die tödlich wirkten.

Die Mordserie der »Schwarzen Witwe«

Sie bekam ihre Mordwaffen in der Apotheke, bezahlt von der Krankenkasse: Elfriede Blauensteiner, eine vierfache Großmutter, die in den Achtziger- und Neunzigerjahren mindestens drei, wahrscheinlich aber sechs Menschen mit Medikamenten vergiftete. Angetrieben von der Gier nach Besitz und Geld. Die Millionenbeute verspielte sie mit leichter Hand im Kasino, vorrangig in Baden bei Wien. Die »Schwarze Witwe«, wie sie von den Zeitungen genannt wurde, und deren Fotos überall erschienen, bekam nach einem Schwurgerichtsprozess »lebenslänglich« und starb 2003 im Frauengefängnis Schwarzau in Niederösterreich an einem Gehirntumor.

Der knauserige Onkel

»Suche einsamen Mann, der sich nach einer häuslichen Witwe, 62/166, sehnt«, dieses Inserat in der »Kronen Zeitung« stach im

Herbst 1995 dem pensionierten Postbeamten Alois Pichler aus Rossatzbach (NÖ) in die Augen. Er nahm Kontakt mit der Witwe auf, lernte so Elfriede Blauensteiner kennen, die sich im Inserat um zwei Jahre jünger gemacht hat. Sie nannte ihn »Burli« und er schrieb ihr ungelenke Liebesbriefe: »Gold und Silber lieb' ich sehr, aber Dich lieb' ich noch viel mehr.« Leider begann Pichler bald darauf an Unterzuckerung zu leiden und kam ins Krankenhaus. In dem kleinen Ort in der Wachau begann man zu tuscheln, man nannte die Wienerin mit der hochtoupierten Frisur hinter vorgehaltener Hand »Erbschleicherin« und auch die hochbetagte Schwester Pichlers war misstrauisch geworden.

Am 21. November 1995 starb der Mann, dessen Sparbücher seine neue Gefährtin längst geleert hatte, in seinem Haus in Rossatzbach, Blauensteiner war bei ihm. Anstandslos wurde der Totenschein ausgestellt, das Begräbnis für den 25. November fixiert.

Wolfgang Kühmayer, der Wahlneffe des Verstorbenen, glaubte nicht an den natürlichen Tod Pichlers, vor allem nicht, seit er sein Testament kannte. Wie konnte es denn geschehen, dass sein Onkel, immerhin war er schon 77, einer Frau, die er erst fünf Wochen vor seinem Tod durch eine Kontaktanzeige kennen gelernt hatte, sein gesamtes Vermögen vermacht hat? Ein Vermögen, von dem er angenommen hat, dass er es bekommen werde?

Es ging um keine Kleinigkeit, Geld und Besitz dürften um die fünf, sechs Millionen Schilling ausmachen.

Der Neffe ging zur Polizei. Dort war man anfangs skeptisch. Pichler war kurz vor seinem Tod zweimal im Krankenhaus, Unterzuckerung lautete damals die Diagnose. Außerdem: Am Testament des Diabetikers hatte ein Rechtsanwalt mitgewirkt, was sollte denn da nicht stimmen?

Doch der Neffe ließ nicht locker. Die Augen enttäuschter Erben sind oft misstrauischer und schärfer als jene der Polizei. Er erreichte schließlich die Obduktion der Leiche seines Onkels. Das überraschende Ergebnis: Im Körper wurden durch den Gerichtsmediziner Dr. Christian Reiter hohe Dosen des blutzuckersenkenden Medikaments Euglucon und des Antidepressivums Anafranil gefunden. War Pichler ermordet worden? Hat er sich selbst getötet oder versehentlich zu viele Medikamente genommen? Die Kriminalbeamten der niederösterreichischen Gendarmerie unter der Leitung von Chefinspektor Werner Windisch jedenfalls begann zu ermitteln. Im Visier natürlich die Erbin des Verstorbenen, die 64-jährige Elfriede Blauensteiner. Das Gericht genehmigte das Abhören ihres Telefons, und um sie nicht zu warnen, wurde Pichler auch zur verspäteten Bestattung am 1. Dezember freigegeben.

Tatsächlich sprach Wochen später Blauensteiner am Telefon von ihrer Wohnung in der Wiener Margaretenstraße aus mit ihrem Anwalt Harald Schmidt über den Tod Pichlers. Was die Beamten hörten, genügte, um die Frau am 11. Jänner 1996 festzunehmen und zu befragen. Was sie erzählte, füllte in den nächsten Tagen und Wochen die Chronikseiten der österreichischen Tageszeitungen.

Kurz nachdem sie einander kennen gelernt hatten, begann Blauensteiner ihren neuen Gefährten zu hassen. »Er war abstoßend. Besonders dann, wenn er aus seinem hässlichen Blechbecher trank. Er schlürfte, die Flüssigkeit lief ihm aus den Mundwinkeln«, schilderte sie den Beamten. Sie gab ihm Euglucon in den Tee, wollte ihn loswerden. Dass er wegen Unterzuckerung kurz ins Krankenhaus musste, kam ihr gerade recht, das würde später keinen Verdacht auf sie werfen, hoffte sie.

Am 21. November 1995 geschah es dann, sie mixte ihm zum Euglucon noch Antidepressiva in den Tee. Der Mann brach zusammen, sie zog ihn nackt aus und legte ihn im Wohnzimmer auf den Boden. Dann drehte sie die Heizung ab und öffnete die Fenster. Es war kalt draußen und Pichler hatte nichts zum Zudecken. Der Mann war stark unterkühlt, krümmte sich hilflos und röchelte. Als Blauensteiner am Morgen nach ihm sah, war er mit Kot und Urin besudelt. »Ich wollte ihn waschen, in sein Bett legen und dann die Rettung rufen«, erzählte sie den Ermittlern. Doch die Frau schaffte es nicht, den verkühlten und vergifteten Mann allein in die Wanne zu heben. Sie rief ihren Anwalt Dr. Schmidt an. »Er hatte mir ja auch schon früher in Testamentsangelegenheiten geholfen«, betonte sie. Der Jurist kam und gemeinsam mit seiner Klientin legte er Pichler in die Badewanne. Vollgestopft mit Medikamenten starb er im eiskalten Wasser. Wie geplant wurde die Rettung gerufen. Die erhoffte Diagnose des Arztes: Der alte, kranke Mann ist beim Baden verschieden.

Nach der vom Neffen erzwungenen Obduktion Pichlers wusste man es anders und das Geständnis Blauensteiners brachte Gewissheit: Der Mann wurde ermordet.

Am Freitag, dem 13. Jänner 1996, legte sie dieses Geständnis ab, von der Gendarmerie wurde sie ins Wiener Landesgericht gebracht. Vor dem Haus waren schon die Pressefotografen versammelt, denen Blauensteiner huldvoll zulächelte. Offenkundig genoss sie ihren Auftritt, fühlte sich als Star. Auch der Anwalt wurde festgenommen, ihm wurde Mithilfe an der Tötung Pichlers und Testamentsfälschung vorgeworfen.

Nun ging es wie am Fließband dahin. Ein Todesfall nach dem anderen aus dem Umfeld der Frau wurde untersucht und fast bei allen gestand sie, ihre Hände im Spiel gehabt zu haben.

Zum Selbstmord gezwungen

Zum Todesengel wurde Blauensteiner erstmals im Jahr 1981 in Wien. Aus Mitgefühl mit einer hilflosen Ehefrau, wie sie später erklärte. Die Frau sei von ihrem Mann, dem Hausmeister Erwin Niedermayer, immer wieder geschlagen worden und Blauensteiner habe ihn daraufhin im Stiegenhaus wütend zur Rede gestellt. Weinerlich meinte der Mann, er sehe ein, dass er ein schlechter Mensch sei, er wollte sowieso schon Schluss mit seinem Leben machen. »Da habe ich ihm geholfen«, erklärte Blauensteiner kühl. Sie mixte ihm einen Cocktail aus Schlafmitteln, diktierte ihm einen Abschiedsbrief und nahm sogar 10 000 Schilling mit, die ihr der Hausmeister als »Kostenersatz« für die Medikamente angeboten haben soll. Für die Behörden war es damals ein klarer Selbstmord – ob Blauensteiners Darstellung des Ablaufs stimmt, darf nachträglich in Kenntnis ihres Lebenslaufes bezweifelt werden.

»Vatili« und »Muttili«

1984 war Elfriede Blauensteiner im Krankenhaus, in einem Nebenzimmer lag die hochbetagte Viktoria Reinl. Ihr Ehemann Otto besuchte sie oft, und als die Frau aus dem Spital entlassen wurde, kümmerte sich Blauensteiner um sie und deren Gatten. »Sie wurden meine Ersatzeltern, ich nannte sie ›Muttili‹ und ›Vatili‹. In meinen Armen sind sie 1985 und 1986 gestorben«, erzählte die Frau den Beamten. Euglucon war zumindest bei Otto Reinl im Spiel. Er musste das Medikament ja nehmen und »aus Nächstenliebe« hat Blauensteiner die Dosis erhöht. Er habe sich dauernd im Bett angemacht und war völlig abgemagert, behauptete sie.

Niemand schöpfte nach dem Ableben des Ehepaars Verdacht, vom Hausarzt wurde jeweils die »natürliche Todesursache« bestätigt. Dass

Blauensteiner der Natur vehement nachgeholfen hat, konnte ja niemand ahnen.

Losungswort »Himmel«

Im Jahr 1992 machte sich Blauensteiner an ihre Wohnungsnachbarin Franziska Köberl heran. Sie gewann das Vertrauen der 84-jährigen Frau und begann sie zu »pflegen«. Wie gewohnt mit Euglucon. Es war nicht leicht, denn Köberl aß gern Süßigkeiten und so wirkte das Medikament nicht schnell genug. Blauensteiner musste auch bei ihr die Dosis erhöhen. Schließlich verriet Köberl ihrer Nachbarin das Losungswort ihres mit mehr als zwei Millionen Schilling Einlage sehr stattlichen Sparbuches. Es lautete »Himmel«. Da bekam sie eine Tasse Milchkaffee mit besonders viel Euglucon. Für Blauensteiner war der Weg frei zum himmlischen Geld.

Wieder schöpfte niemand Verdacht, wieder lautete die Eintragung im Totenschein »natürliche Todesursache«.

Körper für die Anatomie

1994 lernte Blauensteiner den rüstigen Pensionisten Friedrich Döcker kennen und heiratete ihn bald darauf. Er nahm sie als Erbin seines Hauses in sein Testament auf und unterschrieb damit wahrscheinlich sein Todesurteil. Das von der »Schwarzen Witwe« nach aller Erfahrung verabreichte Euglucon sorgte für Unterzuckerung des Ehemannes. Vorher hatte Blauensteiner den Pensionisten darin bestärkt, seinen Körper der Anatomie zu vermachen. Beweise für die Vergiftung gab es daher nachträglich keine mehr. Als Indiz für die Täterschaft Blauensteiners wurde jedoch die Erbschaft gewertet.

Woran ihr vorheriger Ehemann Rudolf Blauensteiner 1992 wirklich verstorben ist, konnte auch nicht mehr nachgewiesen werden. Er ist eingeäschert worden. Die Witwe gestand jedoch, auch bei ihm mit Euglucon »experimentiert« zu haben, angeblich jedoch nur, um seinen Appetit zu steigern.

Ihr Wissen um die Wirkung des Antidiabetikums hatte sich Blauensteiner vom Beipackzettel angelesen, von einer Arzthelferin erhielt sie Tipps, welche Dosierungen notwendig wären. Da sowohl Euglucon als auch Anafranil geschmacklos sind, merkten ihre Opfer auch hohe

Dosen nicht. Für die Gerichtsmediziner war Blauensteiner die »Erfinderin« der Mordwaffe Euglucon, eine Pionierin sozusagen.

Drei Prozesse

Während von der Kriminalabteilung der niederösterreichischen Gendarmerie Hunderte Seiten mit den Geständnissen Blauensteiners gefüllt und objektive Beweise für die Morde zusammengetragen wurden, hatte der Staatsanwalt bereits Anklage im Fall Pichler erhoben. Im Landesgericht Krems fand im Februar 1997 der Geschworenenprozess gegen sie statt. Sie lächelte den Pressefotografen zu, hielt ihnen ein goldenes Kreuz entgegen und winkte in jede Kamera, die ihr entgegengehalten wurde. Mit dem Richter scherzte sie, wollte aber nichts von Mord wissen und gab nur zu, das Testament mit Hilfe ihres Anwaltes gefälscht zu haben. Dennoch war das Urteil eindeutig: lebenslange Haft für sie, sieben Jahre für den Anwalt wegen Betrugs.

Die Frau, die aus Geldgier gemordet und Millionen ohne Bedenken im Kasino verspielt hat, wurde 2001 wegen zweier weiterer Morde, die inzwischen durch Obduktionen nachgewiesen werden konnten, in Wien vor Gericht gestellt. Demnach wurden auch Franziska Köberl und Friedrich Döcker von Blauensteiner ermordet. Doch mehr als »lebenslänglich« konnte nicht verhängt werden.

Im Gefängnis kündigte sie dann an, ihre Memoiren schreiben zu wollen. Diese Überlegung schien zu ihr zu passen: Sie war eitel, geltungssüchtig, fühlte sich schlagfertig und geistig der Umgebung überlegen. Doch Zeit dazu fand sie nicht, denn sie begann Mithäftlinge zu betreuen und zu beraten. In Rage geriet sie, als ihre Mordtaten Grundlage für einen Spielfilm mit Christiane Hörbiger wurden. »Erstens hat man mich nicht gefragt und zweitens wäre Liz Taylor die passende Hauptdarstellerin gewesen«, ließ sie sich aus der Zelle vernehmen.

Bereits vor ihren Mordprozessen hatte Elfriede Blauensteiner im September 1996 einen großen Medienauftritt: Im Großen Schwurgerichtssaal des Wiener Landesgerichts trat sie als Klägerin auf und forderte von Zeitungen und vom ORF Schadenersatz für »erlittene Kränkungen«, da sie als »Weibsteufel« und bereits überführte Mörderin dargestellt worden sei. Immerhin wurden drei Zeitungen nach dem Mediengesetz zu insgesamt 90 000 Schilling Geldbuße verurteilt.

2003 starb die »Schwarze Witwe« im Gefängnis und die Zeitungen brachten Nachrufe auf die geldgierige Mörderin.

Wenn das Aktenzeichen XY wirklich ungelöst bleibt

Mord verjährt nicht. Die Polizei legt die ungelösten Fälle nicht ad acta, sie verstauben nicht im Archiv. Aufgeben, so sagt bedeutungsvoll ein Wiener Kriminalbeamter, aufgeben tut man einen Brief, bei der Suche nach einem Mörder gibt man nicht auf. Hunderte Akten sind es, die nicht endgültig geschlossen werden können, weil es noch keinen überführten Täter gibt. Immer wieder wird die eine oder die andere Mappe hervorgeholt, wird ein Verdächtiger vernommen, der vielleicht wegen eines anderen Verbrechens festgenommen wurde, es aber mögliche Zusammenhänge mit der alten Tat geben könnte. Es gibt neue Erkenntnisse der Wissenschaft oder der Kriminaltechnik, wie etwa die DNA-Analyse, durch die man weiterkommen könnte. Doch manchmal muss auch der hartnäckigste Polizist aufgeben, muss eingestehen, dass ein Fall nicht geklärt werden kann. Verdächtige sind gestorben oder Beweismittel verschwunden, die Energien verpufft. Die letzte Hoffnung bietet Kommissar Zufall.

Die blutige Spur des Waffennarren

Ein Grab auf dem Wiener Zentralfriedhof. Vor etwas mehr als dreißig Jahren, 1974, wurde es angelegt. Im Sarg lag nie eine komplette Leiche, nur ein paar Dutzend Stücke Fleisch, winzige Knochenteile. »Zwanzig Kilo Biomasse« hat eine Zeitung damals die makabren Reste beschrieben, die man neben der Südautobahn gefunden und hier bestattet hatte. Man weiß, wer der Mensch war, man weiß aber nicht, wie er ums Leben kam. Auch heute noch nicht. Und man wird es wahrscheinlich auch nie erfahren.

Mittwoch, der 13. Juni 1973. Eine Gendarmeriestreife aus Tribuswinkel, Niederösterreich, fährt am frühen Morgen die Südautobahn entlang. Die Beamten sprechen über das abendliche Fußball-Länderspiel gegen Brasilien in einem Wiener Stadion. Hans Krankl gilt als Stürmerhoffnung. Beim Baukilometer 10,2 stoppt der Fahrer plötzlich. Die Leitschiene ist verbogen. Nach dem Aussteigen entdecken die

Gendarmen daneben einen Krater im Boden. Und an der Böschung ein paar blutige Fleischfetzen. Das kann keine überfahrene Katze sein.

Sie suchen weiter, Verstärkung kommt. Immer mehr blutige Fleischstücke werden neben der Autobahn gefunden, Knochensplitter, aber keine Reste von Kleidungsstücken. Nur die Fetzen eines Jutesackes und ein paar Späne einer Holzkiste.

Nach einiger Zeit steht fest – es muss ein Mensch sein, der hier offensichtlich durch eine Explosion atomisiert worden ist. Aber: Kein Stück des Kopfes wurde gefunden, keine Zähne, auch keine Finger oder Hände. Die Schlussfolgerung: Der Mensch, der hier in die Luft gejagt wurde, musste nackt gewesen sein und man sollte nicht so leicht feststellen können, wer er ist.

Der Gerichtsmediziner Dr. Skala und der Sprengstoffexperte Ing. Massak erscheinen am Tatort, besichtigen die Leichenteile und den Krater. Erste Ergebnisse, die sich in den Labors bestätigen: Es handelt sich um einen jüngeren Mann, etwa Mitte zwanzig, Blutgruppe Null, starke Körperbehaarung, Blinddarmnarbe. Beim Sprengstoff dürfte es sich um Gelatin-Donarit gehandelt haben, der durch eine Junghans-Uhr gezündet worden ist. Die Explosion dürfte um etwa drei Uhr früh erfolgt sein.

Mutter erstattet Abgängigkeitsanzeige

An diesem Vormittag des 13. Juni, knapp vor halb elf, kommt eine Frau auf das Wiener Polizeikommissariat Mariahilf und erstattet Abgängigkeitsanzeige. »Mein Sohn Richard Dvorak ist gestern abends aus seinem Büro im Rathaus nicht nach Hause gekommen, obwohl er es angekündigt hat. Er will doch übermorgen nach Tokio fliegen, zu einer Karatemeisterschaft. Es wird ihm doch nichts passiert sein?«

Routine für die Beamten. Mit ein paar beruhigenden Worte schicken sie die Frau nach Hause, nehmen vorher noch ein paar Angaben auf. Bekanntenkreis, besondere Kennzeichen, Routine eben.

»Kriminalrätsel auf der Südautobahn – Mensch von Sprengstoff zerrissen«, so lautet der Titel in der »Arbeiter-Zeitung« am nächsten Tag, auch der »Kurier« und die »Kronen Zeitung« berichten über das Ereignis auf Seite 1. Kombinationen werden angestellt. War der Tote das Mitglied einer Tresorknackerbande, die in letzter Zeit Geldschränke aufgesprengt hat, war es ein Geheimagent, der beseitigt worden ist, oder war es ein geplanter Anschlag auf einen Transport jüdischer Auswanderer? Viele Fragen, keine Antworten.

Nur eine Mutter ahnt, was wirklich passiert ist.

Am Freitag, dem 15. Juni, kommt die Frau, die zwei Tage zuvor eine Abgängigkeitsanzeige erstattet hat, wieder auf das Polizeikommissariat Mariahilf. Der unbekannte Tote von der Südautobahn könnte ihr Sohn sein, meinte sie. Er war nämlich noch immer nicht zu Hause und nach Tokio ist er auch nicht geflogen, wie er beabsichtigt hat. Sie hat am Flughafen nachgefragt. Das Ticket auf dem Namen Richard Dvorak wurde nicht abgeholt.

Die Erwähnung der Blinddarmnarbe schien es zu bestätigen. Der zerfetzte Tote dürfte Dvorak gewesen sein.

Und dann setzt seine Mutter noch fort. Sie habe nach Erstattung der Anzeige, also noch am 13. Juni, einen Freund ihres Sohnes aufgesucht. Obwohl es schon nach Mittag war, war er nicht rasiert, stoppelbärtig, sah übernächtig aus. Von Richard wisse er nichts, leider, sagte er. Sie wollten sich zwar am 12. Juni treffen, er sei aber nicht gekommen.

Der Freund, um den es geht, heißt Dostal, Ernst Dostal. Und er wohnt bei seinen Eltern in Tullnerbach bei Wien, sagte die Frau der Polizei noch.

Die Gendarmerie in Tullnerbach wird verständigt. Am Samstag, dem 16. Juni, wird Ernst Dostal auf dem Posten von den Beamten befragt. Ja, er kenne Dvorak, sie seien befreundet. Am 12. Juni wollten sie miteinander sprechen, denn Dvorak wollte von ihm einen Bauernhof kaufen. Doch der Freund sei nicht gekommen. Mehr wisse er nicht.

Doch die Exekutive wusste schon etwas mehr – unter anderem, dass Dostal und Dvorak Waffennarren waren, private Sprengstoffexperten und Karatekämpfer, dass sie in einem Kreis Gleichgesinnter verkehrten. Entsprechend die Information, die man an die Öffentlichkeit gab.

Zur Einvernahme gebeten

Am Sonntag, dem 17. Juni schrieb die »Arbeiter-Zeitung« auf Seite 1: »Bombentoter war Freund von Rechtsradikalen.« Das Leben Dvoraks wurde aufgerollt. Er war 26 Jahre alt, Vertragsbediensteter der Gemeinde Wien, wohnte immer noch bei seiner Mutter in der Mollardgasse, Freundinnen waren nicht bekannt, er hatte Chemie studiert, war zuletzt Mitglied eines Karateklubs in der Wiener Gumpendorfer

Straße und hat noch am 12. Juni 20 000 Schilling von der Bank abgehoben. Pünktlich zu Büroschluss hat er an diesem Tag das Rathaus verlassen.

Was ist danach geschehen? Laut Dostal ist Dvorak ja nicht zum vereinbarten Rendezvous an diesem Tag erschienen, im Klub war er auch nicht. Eine neue Einvernahme von Dvoraks Freund schien notwendig. Er wurde für Freitag, den 22. Juni zur Erhebungsabteilung der Gendarmerie in die Wiener Rennwegkaserne gebeten.

Dostal erscheint pünktlich um 16.30 Uhr im ersten Stock, Zimmer 47. Wie für eine Filmszene öffnet er lächelnd sein Sakko, demonstriert damit unaufgefordert, dass er unbewaffnet ist. Was die Beamten nicht sehen: Dostal hat hinten im Hosenbund zwei Revolver stecken.

Viele Fragen, viele Antworten. Jedoch keine klare zu seinem Alibi. Er behauptet, in einem Lokal gewesen zu sein. Ein Telefonat klärt die Sache – das Lokal hatte Ruhetag. Die beiden Beamten verschärfen den Ton. Dostal wird nervös, zieht plötzlich seine beiden Waffen und schießt beidhändig. Den Inspektor Matthias Horvath trifft er in den Bauch, dessen Kollegen Ottokar Pücher, 39, ins Genick. Zwei weitere Beamte werden verletzt. Die Verletzung von Pücher ist so schwer, dass er querschnittgelähmt ist und an den Rollstuhl gefesselt bleibt.

Dostal stürzt aus dem Zimmer, die Schüsse alarmieren Beamte in den Nebenzimmern, ein Tohuwabohu entsteht. Dostal feuert weiter, rennt in den Hof, als er die Kaserne nicht verlassen kann, dreht er um und läuft wieder ins Haus.

Zeuge der Schießerei wurde Pressefotograf Otto Mang. »Es war eine wilde Sache, er hat auch in unsere Richtung geschossen, aber so schnell konnten wir gar nicht schauen, war er auch schon wieder weg. Ich habe in einem Raum Aufnahmen gemacht, habe blutüberströmte Beamte gesehen.«

Dostal springt aus einem Toilettenfenster, aus fünf Meter Höhe landet er mit einer Rolle direkt vor dem Auto der Fahrschule »Grand« in der Oberzellergasse.

»Polizei, raus, der Wagen ist beschlagnahmt«, mit diesen Worten scheuchte Dostal den Fahrlehrer Gerhard Petersmann und dessen Schüler aus dem Auto und brauste damit davon, schnurstracks zur Waffenhandlung Weber am Wiener Südtirolerplatz 9. Da er dem Inhaber bekannt war, bekam er anstandslos die verlangte Smith & Wesson und 150 Schuss Munition.

Mittlerweile lief eine Alarmfahndung nach dem Schützen in Wien und Niederösterreich an, im Fernsehen wurden Suchmeldungen ausgestrahlt, Dostals Elternhaus in Tullnerbach war das nächste Ziel der Kriminalbeamten.

Nur die Mutter war zu Hause, Vater Robert, ein erfolgreicher Kaufmann und Vertreter einiger Schweizer Firmen, war gerade weggefahren. »Nach einem Anruf«, wie die Ehefrau sagte. Eine andere Gruppe der Gendarmerie suchte im Bauernhof der Familie in Obergrafendorf nach Spuren. Sie fanden zwar weder Ernst noch Robert Dostal, entdeckten jedoch Mysteriöses. Während das Gebäude selbst desolat war, waren rundherum Fangeisen aufgestellt und ein Raum im Vierkanthof besonders ausgestattet. »Folterkammer in Dostals Bauernhof entdeckt« beschrieb ein Zeitungsbericht das schalldicht isolierte Verlies im Haus. Bei einer späteren Hausdurchsuchung fand man auch Listen mit den Namen prominenter Österreicher, die vielleicht entführt und in diesem Raum gefangen gehalten werden sollten. Die Industriellen Herbert Turnauer und Eduard Schrack schienen auf.

Die Flucht durch Niederösterreich

Vater und Sohn, zwei Waffennarren. Waren sie gemeinsam auf der Flucht? Beide brandgefährlich, erfahren als Schützen und geländekundig, wo konnten sie stecken? Nach den Fernsehberichten meldeten sich Dutzende Personen, die den einen von ihnen oder beide gesehen haben wollten. »Sie sind in Sieghartskirchen«, also westlich von Wien, untergetaucht, lautete einer der Hinweise. Die Gendarmerie umstellte am Samstagabend den Ort. Gefunden wurde nichts. In den Zeitungen wurde Dostal bereits zum »Staatsfeind Nr. 1« hochstilisiert.

Die beiden waren allerdings ganz woanders. Sohn Ernst Dostal war mit dem gekaperten Auto in die Lobau gefahren. Am Sachsengang 39 brach er einen Ferienbungalow auf, öffnete ein paar Konserven, nahm den Trainingsanzug einer Frau aus dem Kasten, zog ihn an und legte sich seelenruhig zur Ruhe.

Am Sonntag, dem 24. Juni, wurde er durch ein Geräusch vor dem Haus geweckt. Die Besitzer waren da, Johanna und Viktor Steiger aus Wien-Döbling. Dostal fackelte nicht lang. Als sich die Tür öffnete, erschoss er beide. Ohne Warnung, ohne Erbarmen, gezielte Schüsse wie an einem Schießstand.

Über den Trainingsanzug der Frau zieht Dostal einen Hubertusmantel, setzt sich einen Hut auf und fährt mit dem VW-Bus der Ermordeten davon, in die Lobau. Dort sieht er einen geparkten Ford Escort. Er gehört dem Bundesheersoldaten Johann Beckmann, der vom Fischen kommt und wieder in seinen Wagen steigen will. »Da steht ein Mann im Hubertus vor mir, sagt nur: ›Hände hoch, Dostal‹, aber ich konnte mit dem Namen nichts anfangen. Ich wollte schon schimpfen ›Schleich dich, Depperter‹, als ich die Pistole in seiner Hand sah. Da blieb ich doch stumm.« Dostal springt in das Auto Beckmanns und fährt neben der Donau stromaufwärts. Bei Weidlingbach bricht er einen Puch Haflinger auf, in dem er drei Gewehre gesehen hat, fährt damit weiter.

Wende durch ein Inserat

Bei der Exekutive war Feuer am Dach, die Bilanz erschreckend: Ein Mann konnte bei einem Gendarmerieverhör Beamte anschießen und unbehelligt fliehen, konnte trotz Alarmfahndung noch neue Waffen einkaufen und seinen Vater warnen, konnte untertauchen und nach zwei Morden erneut untertauchen. Auch vom Vater gab es keine Spur.

Handlungen waren notwendig, die Bevölkerung befürchtete weitere Aktionen des kaltblütigen Gewalttäters. Die Straßen von und nach Wien wurden mit Ketten gesperrt, unzählige Autos mit Exekutivbeamten patrouillierten durch Feld und Wald. »Niederösterreich gleicht einem Land in Kriegszustand«, bemerkt die »Arbeiter-Zeitung«.

Die Interpol ist alarmiert und Frau Theresia Dostal wird ins Fernsehstudio gebeten, um einen Aufruf in die Kamera zu sagen: »Ernsti, Robert, kommt zurück, es wird alles sonst noch schlimmer. Irgendeinen Weg werden wir ja doch finden. Stellt euch!«

Die Aktionen und der Aufruf waren erfolglos. Die Wende brachte ein Inserat. Am Dienstag, dem 26. Juni, erschien es im »Kurier«. Der Wortlaut: »1919, habe montags vergeblich beim Turm auf Dich gewartet, werde es Mittwoch und Donnerstag gegen 22 Uhr nochmals probieren. Bin momentan unter 02774326 zu erreichen.«

Einem Leser, durch die überbordende Dostal-Berichterstattung sensibilisiert, war der seltsame Text aufgefallen und er meldete es der Gendarmerie. 1919 – war das nicht das Geburtsjahr von Dostal senior? Die Telefonnummer passte zu einem Anschluss in Altlengbach, in der Nähe des Wohnsitzes der Dostals. Bei einem Anruf meldete sich niemand – über die Wiener Telefonnummer des Besitzers allerdings erfuhr die Gendarmerie, dass das Haus derzeit unbewohnt sei.

Saß Dostal in der Falle?

Ein Großaufgebot der Gendarmerie umstellte das Haus in Altlengbach. Der von Dostal gestohlene Puch Haflinger stand in der Garageneinfahrt. Beamte mit kugelsicheren Westen schlichen näher, warfen Tränengasbomben durch die Fenster. Per Lautsprecher hieß es: »Verlassen Sie das Haus, Widerstand ist zwecklos!«

Doch nichts rührte sich. Sturmangriff. Das Gebäude war leer.

Ein neugieriger Nachbar beobachtete das Geschehen aus einiger Entfernung. Er hörte aus einem Gendarmeriewagen einen Funkspruch. »Rax an 111, das Haus Lengbachl 12 übersieht die Autobahn und ist zu perlustrieren.« Dort ist er doch erst vor einer halben Stunde vorbeigegangen – hatte er nicht gesehen, wie sich Jalousien bewegten, überlegt der Nachbar. Er meldete das den Beamten im Funkwagen und diese fuhren los. Zum Haus Lengbachl 12, zwei Kilometer entfernt.

Das letzte Gefecht

Es war 15.20 Uhr, am 26. Juni, einem heißen Sommertag. Tatsächlich war Ernst Dostal in dem Haus versteckt. Er kochte sich in der Küche einen Kakao zur Jause, bemerkte das Gendarmerieauto erst im letzten Augenblick und versuchte, mit einem Gewehr in der Hand durch die Tür an der Rückseite zu entkommen. Er feuerte aus dem Gewehr und seinem Revolver auf alles, was sich bewegte, aber er hatte keine Chance mehr. Etliche Gendarmen eröffneten aus Maschinenpistolen das Feuer. Insgesamt werden mehr als 200 Schuss abgegeben. Um 15.43 Uhr war alles zu Ende, Ernst Dostal lag, von vier Kugeln getroffen, sterbend am Boden.

Die Gerichtsmedizin hatte nun die Aufgabe, herauszufinden, aus welchen Waffen die tödlichen Schüsse abgegeben worden sind. Dr. Gottfried Machata stellte durch einen Vergleich der Schmauchspuren und der Pulvereinsprengungen an der Wunde fest, dass der Schuss aus einer Entfernung von etwa 15 Zentimeter abgegeben worden sein muss. Entspricht es der Logik, dass ein Selbstmörder, der mit Waffen umzugehen weiß, die Waffe nicht direkt an den Kopf ansetzt, sondern sie 15 Zentimeter entfernt hält? Eine Frage, die unbeantwortet bleiben musste. Von der Gendarmerie jedenfalls wurde erklärt, dass kein Beamter näher als zwanzig Meter an Dostal herangekommen ist.

Die Zeitungen vom 27. Juni waren voll mit den Schilderungen, wie es zum Showdown auf der Klarahöhe bei Altlengbach gekommen war.

Dass der Mörder zwar tot ist, man aber keine Gelegenheit hatte, vielleicht noch Details über das Schicksal des Toten von der Autobahn zu erfahren. Warum war Dvorak ermordet und gesprengt und ausgerechnet neben der Südautobahn deponiert worden. Und man erfuhr auch nichts darüber, wo sich Dostals Vaters versteckt haben könnte.

Der Vater in Deutschland

Robert Dostal war ja schon am 22. Juni nachmittags, kurz nachdem er von der Schießerei in der Rennwegkaserne erfahren hatte, aus Tullnerbach verschwunden. Mit dem Zug fuhr er, in einem 1.-Klasse-Abteil, in die Schweiz. In Biel hob er von seinem Konto 14 000 Franken ab, fuhr weiter nach Solothurn. Im Hotel Astoria nahm er sich ein Zimmer. Am 25. Juni, er saß gerade beim Frühstück, trafen die österreichischen Tageszeitungen ein. Voll mit den Meldungen, dass sein Sohn am Tag zuvor zwei Menschen am Sachsengang ermordet hat. Äußerlich ungerührt zahlt Dostal seine Rechnung in Höhe von 54 Franken und verlässt das Hotel. Wieder besteigt er einen Zug, fährt über Hamburg nach Lüneburg und steigt dort im Hotel Altenbruckentor ab.

Die österreichischen Zeitungen des Tages liegen erst am Nachmittag auf. Der Bericht über das Feuergefecht in Lengbachl fällt ihm sofort ins Auge. Dostal geht in sein Zimmer.

Er schreibt einen Brief, legt in das Kuvert 125 000 Schweizer Franken, adressiert es an seine Frau Theresia und zieht sich bis auf die Unterhose aus. Im Bett liegend hält er sich eine Pistole an die Schläfe und drückt ab. Seine Leiche wird vom Stubenmädchen am nächsten Morgen, dem 28. Juni, gefunden.

Im September 1973 werden die Urnen mit den sterblichen Überresten von Robert und Ernst Dostal am Wiener Zentralfriedhof beigesetzt, im April 1974 jene Körperteile, die von Richard Dvorak nach der Explosion an der Südautobahn gefunden wurden.

Wie er ums Leben kam und warum, bleibt ungeklärt. Ebenso, ob Dostal wirklich der Täter war oder ob der Mörder Dvoraks noch unter uns ist. Nie ist sein Kopf aufgetaucht oder seine Hände, keine anderen Spuren. Das Rätsel ist ungelöst. Was bleibt, ist nur eine Erinnerung an die turbulenten Junitage des Jahres 1973, die der »Kurier« später etwas burschikos als »Dostalgie« bezeichnete.

Tod im Linzer Vergnügungsviertel

Die Reihe der Aktenordner mit Verhörprotokollen und diversen Gutachten, auf denen mit grünem Stift die Aufschrift »Mord« und ein Name steht, ist einige Meter lang. Staub hat sich angesetzt und die Abstände werden immer länger, in denen die Unterlagen wieder hervorgeholt werden müssen, weil ein neuer Hinweis auftaucht. »Wenn nicht jemand zur Tür hereinkommt und gesteht, den Mord begangen zu haben, haben wir kaum noch Chancen, die Tat aufzuklären«, resignierte kürzlich sogar der Linzer Chefkriminalist Christian Grufeneder.

Am 27. Februar 1988, um etwa vier Uhr früh, wurde der 43-jährige Günther Schädel, Sportredakteur der »Oberösterreichischen Nachrichten«, am Tummelplatz, im Vergnügungsviertel von Linz, von Nachtschwärmern sterbend gefunden. Er wurde offenkundig in den Kopf geschossen. Knapp vorher hat Schädel allein das nahe gelegene Lokal »Klausur« verlassen.

Die Tat muss mit einer altertümlichen Pistole der Marke »Frommer« begangen worden sein, die bei Sammlern begehrt ist. Gefunden wurde die Waffe nie. Zwar wurde eineinhalb Jahre nach der Tat der Lauf einer derartigen Pistole anonym an die Zeitung geschickt, bei der Schädel arbeitete, doch ergab die Untersuchung keine Hinweise, dass aus diesem Pistolenlauf der tödliche Schuss abgefeuert worden sein könnte.

Obwohl etliche Hinweise auf mögliche Verwicklungen Schädels in erotische Abenteuer oder Beziehungen zu Rauschgiftkreisen so gar nicht in das veröffentlichte Bild des treuen Familienvaters zu passen schienen, wurde auch diesen Spuren nachgegangen. Ergebnis: negativ.

Die Rätsel blieben. War es eine Zufallstat, also eher ein Mord, dem jemand anderer zum Opfer fallen sollte? Eine Art Hinrichtung oder eine Attacke aus Eifersucht? 50 000 Schilling Belohnung, die von den »Oberösterreichischen Nachrichten« für Hinweise ausgesetzt wurden, halfen auch nicht, den Fall zu lösen.

Der Mädchenmord vor den Augen der Polizei

So etwas hat es in Wien noch nicht gegeben: Nur ein paar Dutzend Meter neben patrouillierenden Polizisten wird im Herzen der Stadt ein junges Mädchen erschlagen und seine Leiche im lockeren Erdreich neben einem Gebüsch verscharrt. Der in die Kriminalgeschichte als »Mord beim Russendenkmal« eingegangene Fall ist bis heute ungeklärt und wird es wohl auch weiter bleiben.

Dienstag, 15. April 1958. An diesem nasskalten Frühlingstag dreht Polizeirayonsinspektor Rudolf Bertl seine Morgenrunde um das nach dem Ende des Zweiten Weltkrieges errichtete Siegesmonument der Sowjetarmee beim Hochstrahlbrunnen am Schwarzenbergplatz, der damals noch Stalinplatz hieß. Gegen neun Uhr früh bemerkt er einen heruntergekommen wirkenden Mann zwischen den Säulen des Denkmals stehen und sieht im nahen Gebüsch einen halb im Boden steckenden Schirm.

Haben beide etwas miteinander zu tun? Der Polizist, nicht gerade übermäßig beschäftigt, schlendert zu dem Schirm, bemerkt dort einige Kleidungsstücke und stolpert schließlich fast über einen knapp aus dem Erdreich ragenden, mit Blut und Erde verschmierten Kopf. Den Kopf eines Mädchens, das offenkundig gewaltsam getötet worden ist.

Der aufgeregte Polizist gibt vom nahen Wachzimmer aus Alarm, die Mordkommission und der übliche Tross treffen ein. Spurensucher, Gerichtsmediziner, ein Richter und ein Staatsanwalt aus dem Journaldienst.

Die Leiche wird freigelegt. Es handelt sich um die 21-jährige Mannequinschülerin Ilona Faber, die in der Nähe bei ihren Eltern wohnt. Ihre Kleider sind zerrissen, der Oberkörper nackt, offenkundig wurde sie gewürgt, mit einem stumpfen Gegenstand erschlagen und im lockeren Boden verscharrt. Die Tat muss etwa zwischen zehn Uhr abends und Mitternacht verübt worden sein.

Wie sich später herausstellt, hat Ilona vorher das nahe gelegene Schwarzenbergkino besucht und dürfte auf dem Weg nach Hause beim Russendenkmal vorbeigegangen und dabei auf ihren Mörder gestoßen sein.

Der Mann, den Inspektor Bertl vor der Entdeckung der Leiche zwischen den Säulen gesehen hat, steht noch immer dort. Er wird festgenommen. Sein Name: Johann Gassner. Er ist 29 Jahre alt, wohnt in Wien zeitweise mit einer Frau zusammen und geht keiner geregelten Beschäftigung nach. Zahlreiche Vorstrafen wegen Eigentumsdelikten und Homosexualität hat er auf dem Kerbholz.

Was er hier gemacht hat, wird er gefragt. Er war beim Denkmal, weil er auf jemanden gewartet habe. Um eine Gelegenheitsarbeit zu erledigen. Seine Tasche mit verschiedenem Werkzeug habe er auf einen Baum gehängt, um sie nicht tragen zu müssen. Er habe sie aber im Auge behalten, deshalb stand er zwischen den Säulen.

Zwar könnten die Fußspuren im Erdreich neben der Leiche von seinen Gummistiefeln stammen, doch sind weder an seiner Kleidung noch an seinen Händen Erd- oder Blutspuren zu bemerken, die aber unweigerlich entstanden wären, hätte er das Mädchen getötet oder verscharrt.

Am nächsten Tag wird Gassner enthaftet. Die Indizien reichen nicht aus, ihn länger festzuhalten.

In den Zeitungen wird ausführlich über den Mordfall berichtet und eine Diskussion über die Wiedereinführung der 1950 abgeschafften Todesstrafe losgetreten. Auch der damalige Handelsminister Fritz Bock, in dessen Ressort der Vater Ilona Fabers beschäftigt ist, meldet sich zu Wort: »Da die gegenwärtig im Gesetz vorgesehenen Strafen ganz offensichtlich nicht ausreichen, um so entsetzliche Verbrechen zu verhindern, ist es ganz klar, dass nur noch die Wiedereinführung der Todesstrafe eine Änderung erwarten lässt. Sexualmörder sind Bestien in Menschengestalt, die das Recht auf Weiterleben verwirkt haben.« An den Rand gedrängt wurde bei dieser öffentlichen Diskussion allerdings die Tatsache, dass man zuerst einen Mörder überführen muss, ehe man ihn hinrichten kann. Im Fall des Mordes beim Russendenkmal war das zu dieser Zeit jedenfalls nicht gegeben.

Die Spur des Ohrrings

Während die Debatte mit heftigem Für und Wider weitergeführt wird, erfährt die Polizei von einem seltsamen Fund. Der Juwelierlehrling Julius Liebewein gibt an, dass er am 15. April, etwa um vier Uhr nachmittags, neben einer Toilettenanlage am Naschmarkt unter Gemüseabfällen einen auffallend großen goldenen Ohranhänger gefunden hat. Er zeigt das Schmuckstück den Beamten: Es entspricht genau der Beschreibung, die die Eltern Ilona Fabers von den Ohrringen gemacht haben, die ihre Tochter zuletzt trug.

Die Toilettenanlage ist ein stadtbekannter Treffpunkt von Homosexuellen – und Gassner war nach eigenen Angaben oft dort. Er wird am 18. April neuerlich festgenommen. Inzwischen waren weitere Gegenstände der Ermordeten zwischen Schwarzenbergplatz und dem Naschmarkt gefunden worden – eine Spur, die der Mörder hinterlassen hat?

War es Gassner, der nach der Tat in den frühen Morgenstunden des 15. April diesen Weg ging und unnützes Zeug wegwarf, den Ohrring aber versteckte? Allerdings: Besonders raffiniert war das Versteck unter Gemüseabfällen nicht, und warum hätte er unmittelbar danach wieder zum Tatort, zum Russendenkmal, zurückgehen sollen?

Rätsel gibt der Polizei auch eine halb leere Schachtel Zigaretten »Austria 3« auf, die man bei der neuerlichen Befragung Gassners bei ihm findet. »Täter gesehen, Naschmarkt, 2. Klosett, Montag zw. 1/2 1 und 1/2 2«, hatte er auf die Schachtel gekritzelt. Ja, die Notiz stammt von ihm, er habe sie nach den Zeitungsberichten über den Fund des Ohrringes gemacht und die Zeitangabe bezieht sich auf die Nacht vom 14. auf den 15. April, also auf die Tatnacht. Er habe sich damals in dieser Bedürfnisanstalt aufgehalten und es könnte ja ein Zusammenhang zwischen den ihm unbekannten Mann und dem Mord geben.

Die Beamten der Mordkommission glauben ihm kein Wort. Für sie ist Gassner bereits überführt. Ihr stärkstes Indiz: Bei der Obduktion Ilona Fabers hat man Bisswunden an den Brüsten festgestellt und ein Sachverständigengutachten schließt aufgrund der Zahnstellung Gassners nicht aus, dass die Bisse von ihm stammen könnten.

Er bleibt in Untersuchungshaft. Wird immer wieder verhört, wo er vor dem Mord und wo er nachher gewesen ist. Dutzende Zeugen, die in der Umgebung des Schwarzenbergplatzes unterwegs waren, werden vernommen und es wird genau rekonstruiert, wo und mit wem Ilona Faber den 14. April 1958 verbracht hat.

Die Anklage bricht zusammen

Fast auf den Tag genau 14 Monate nach der Tat beginnt am 15. Juni 1959 im Wiener Grauen Haus der Geschworenenprozess gegen Johann Gassner. Raubmord und Schändung wird ihm von Staatsanwalt Otto Hörmann vorgeworfen, zum Beweis dafür bietet er 95 Zeugen und fünf Sachverständige auf.

Der Angeklagte, dessen Sonntagsanzug ihm fremd wie der Bewohner eines anderen Kontinents scheint, geht unsicher zur Anklagebank. »Herr Doktor, ich will nicht, dass ich fotografiert werde«, bittet er seinen Verteidiger Walter Macher. Erfolglos, denn die Blitzlichter erhellen minutenlang den düsteren Saal.

Gassner bekennt sich nicht schuldig, lediglich mitangeklagte Eigentumsdelikte gibt er zu. Zehn Tage wird verhandelt, dreimal rückt das Gericht zu Lokalaugenscheinen aus. Der Staatsanwalt erleidet dabei eine erste Niederlage: Er wollte beweisen, dass Gassner von seinem Standort zwischen den Säulen des Denkmals den aus dem Erdreich ragenden Kopf der Ermordeten hätte sehen müssen. Niemand vom Gericht konnte allerdings beim Lokalaugenschein den Kopf einer vergrabenen Puppe von diesem Punkt aus bemerken.

War er also wirklich nur zufällig am Tatort, ohne etwas gesehen zu haben?

Dann die Aussage des als Sachverständigen geladenen Kriminologen Roland Graßberger: Gassners Anwesenheit beim Russendenkmal kann sowohl für seine Schuld als auch für seine Schuldlosigkeit sprechen, so ergibt es sich jedenfalls aus der Theorie. Was die Geschworenen mit derartigen Erklärungen anfangen können, weiß niemand zu sagen.

Schlechte Karten hatte auch die Polizei: Sie konnte vor Gericht keine Erklärung dafür liefern, warum Gassner nach einer Bluttat und nach dem Vergraben einer Leiche weder an den Händen noch an seiner Kleidung Blut- oder Erdspuren aufwies. Die Beamten der Mordkommission hatten sogar protokolliert, dass Gassners Hände »normal verschmutzt« waren, er sie also nicht nach der ihm vorgeworfenen Tat und vor der Verhaftung gründlich gewaschen habe.

Außerdem: Wo war die Tatwaffe, der »stumpfe Gegenstand«?

Von den Werkzeugen, die Gassner in einer Tasche mitführte, kam jedenfalls keines dafür in Frage. Womit immer Ilona Faber erschlagen wurde, der Gegenstand blieb unauffindbar.

Zuletzt verflüchtigte sich auch noch das offenkundig stärkste Indiz des Staatsanwaltes: die Übereinstimmung der Bisswunden an Ilona Fabers Körper mit der Zahnstellung Johann Gassners. Der Sachverständige Leopold Petrik muss dem Gericht erklären, dass die beim Angeklagten festgestellte Stellung der oberen seitlichen Schneidezähne »keineswegs sehr selten ist«. Noch ein zweiter Experte wird zugezogen. Ob er bestätigen könne, dass die Bisswunden von Gassner stammen und von niemand anderem? »Nein, das kann ich nicht«, meint Professor Hermann Zinner dazu klar.

Damit war die Anklage zusammengebrochen. Durch ein pathetisches Plädoyer versuchte der Staatsanwalt zu retten, was aus seiner Sicht noch zu retten war. »Die Stadt hat den Atem angehalten. Angst, Furcht und Schrecken lösten die Frage aus: Ist es schon so weit, dass der Mord durch die offenen Straßen unserer Stadt schreitet, dass der

Mörder sein scheues Geschäft gleichsam unter unseren Augen betreibt? Geben Sie, meine Geschworenen, der Allgemeinheit das Gefühl der Sicherheit und Ruhe zurück, indem Sie diesen reißenden Wolf unschädlich machen.«

Doch auch das war vergebens. Mit vier zu vier Stimmen sprachen die Geschworenen am 26. Juni 1959 Johann Gassner von der Anklage wegen Raubmordes und Schändung frei. Wegen früher begangener Vermögensdelikte, die er auch zugegeben hat, wird er zu drei Jahren Kerker und der unbefristeten Einweisung in ein Arbeitshaus verurteilt.

Neue Spuren ins Nichts

Die Akten waren geschlossen, zumindest für die Justiz. Für drei Wiener waren sie es nicht. Welche Motive sie tatsächlich hatten, verrieten sie nicht, für das Ergebnis ist das aber auch nicht wichtig: Jedenfalls verbündeten sich der Privatdetektiv Walter Jaromin, der Journalist Ernst Ebm und der Autohändler Hans Luksch, um weitere Nachforschungen in dem für sie ungeklärten Mordfall durchzuführen. Sie befragten Zeugen, die bereits vor der Polizei ausgesagt hatten, noch einmal und neue Zeugen, sie gingen Spuren nach und verstiegen sich zu fantasievollen Kombinationen.

Ein Zufall brachte sie auf die Spur eines Meidlinger Bauingenieurs. Der Mann wurde allerdings, ehe sie mit ihm sprechen konnten, am 21. Mai 1962 in seiner leuchtgaserfüllten Wohnung tot aufgefunden. Die Polizei ging von einem Unfall aus – überkochendes Teewasser habe die Flammen gelöscht, das Gas war unverbrannt ausgeströmt.

Den drei privaten Ermittlern gelang es jedoch, Einblick in den Nachlass des Verstorbenen zu nehmen. Auf dem Dachboden entdeckten sie eine Kiste mit verschiedenen Damenwäschestücken, darunter auch eine blutverschmierte Bluse und ein paar weiße Damenhandschuhe.

Die Handschuhe wurden von den Eltern Ilona Fabers als deren Eigentum identifiziert. Die Mutter hatte behelfsmäßig einen verlorenen Knopf durch einen Hemdknopf ersetzt, daran erkannte sie die Handschuhe wieder. Wie sie in den Besitz des Bauingenieurs gekommen sind, konnte nicht mehr geklärt werden.

Auch eine weitere Spur führte ins Nichts. Fast genau zum 44. Jahrestag des Mordes beim Russendenkmal, im April 2002, wurde über den Fall neuerdings in der Öffentlichkeit diskutiert. In der TV-Sendung »Vera« trat eine Frau auf, die behauptete, ihr inzwischen verstorbener Ehemann Eduard habe ihr seinerzeit gestanden, Ilona Faber getötet zu haben. Erika Weninger, die späte Zeugin, habe seinerzeit unter Drohungen versprechen müssen, nichts davon weiter zu erzählen.

Laut Weninger habe ihr Mann im April 1958 mit Ilona Faber ein Rendezvous gehabt. Gemeinsam wollten sie den Film »Gold aus heißer Kehle« im Schwarzenbergkino ansehen, hatten aber nur noch eine Karte bekommen. Daher habe ihr Mann auf Ilona vor dem Kino gewartet und sie nachher noch in ein Lokal eingeladen. Dort kam es jedoch zu einer Auseinandersetzung und er habe sie getötet und verscharrt. Die Frau reicherte ihre Erzählung mit zahlreichen Details an, die jedoch alle aus den damaligen Veröffentlichungen bekannt waren. Für die Tageszeitung »Kurier« waren Weningers Angaben Grundlage zahlreicher Berichte, die Beamten des Sicherheitsbüros gingen auch den Spuren nach, doch kamen sie zu keinem Ergebnis.

Der Mord an Ilona Faber blieb ungeklärt. Der einzige Tatverdächtige, der vor Gericht stand, nämlich Johann Gassner, war nach Verbüßung seiner Haft bereits 1966 gestorben, die beiden anderen Männer, die mit der Tat in Zusammenhang gebracht wurden, waren auch tot.

Viele Geheimnisse, versunken in Gräbern.

Das Rätsel um das Mädchenhaar im Akt

Wiener Neustadt am Samstag, dem 3. März 1973. Schulschluss. Die elfjährige Gabriele Karpischek huscht nach dem Läuten kurz vor zwölf Uhr aus der Klasse, sie teilt mit Freundinnen noch ihren Jausenapfel, dann verabschiedet sie sich und macht sich durch den Akademiepark auf den Weg nach Hause. Es sind nur ein paar hundert Meter, die sie zurücklegen muss, und sie geht jeden Tag hier durch die verwilderte, ungepflegte Gegend. Meist allein, ihre Freundinnen nehmen einen anderen Weg.

Doch Gabi, wie sie gerufen wird, kommt nicht nach Hause. Bis zum Abend nicht, dann bitten die Eltern die Polizei um Hilfe. Eine Suchaktion beginnt, die offenkundig nicht sehr gründlich verläuft, denn erst am Sonntag knapp nach sieben Uhr morgens findet der Polizist Johann Diess die Leiche des Mädchens in einem Gebüsch im Akademiepark. Gabriele wurde erwürgt, sie hat Verletzungen am Unterleib und in ihrer Brust steckt noch ein Bleistift.

Wie die spätere Obduktion ergab, muss der Täter den Bleistift immer wieder herausgezogen und neuerlich in den Körper gestoßen haben, insgesamt neun Mal. Das Mädchen dürfte am Samstag gegen 13 Uhr getötet worden sein, also kurz nach dem Verlassen der Schule.

Die Stadt ist in Aufruhr. Eltern fürchten um ihre Kinder, der Stadtsenat tritt am Montag zu einer Sondersitzung zusammen, um Sicherheitsmaßnahmen zu beraten. Zeugen werden befragt, viele wollen einen verdächtigen Mann im Park gesehen haben, doch die Beschreibungen weichen diametral voneinander ab. Groß mit Mantel, klein und dick, grau meliert oder mit tief sitzender Mütze, die Polizei konnte sich aussuchen, welchen Angaben sie mehr glaubt. Dennoch wird ein Phantombild angefertigt, doch zielführende Reaktionen darauf gibt es nicht.

Dann ein scheinbarer Erfolg. Ein arbeitsloser »Umhertreiber«, wie ihn Zeitungen bezeichnen, wird festgenommen. Es ist Walter Winkler, er wohnt in der Wöllersdorfer Straße in Wiener Neustadt und Zeugen wollen ihn am Samstag in der Nähe des Parks gesehen haben. Der Mann hat Kratzspuren an den Händen, erklärt sie aber damit, dass er ein Liebesabenteuer mit einer 15-jährigen Hausgehilfin hatte. Seine Anwesenheit in der Nähe des Tatortes gibt er zwar zu, er habe im Park jedoch nur seine Notdurft verrichtet. Die Polizei lässt Winkler nach einem Tag frei, denn sie glaubt, den wahren Täter gefasst zu haben.

»I hab was ang'stellt«

Am Donnerstag, dem 8. März, verhaftet sie den 30-jährigen Herbert Postl im Haus seiner Eltern in Maiersdorf, einem kleinen Ort am Fuß der Hohen Wand. Der Hinweis dazu war von einem Arzt aus Muthmannsdorf gekommen, den Postl am Montag aufgesucht und dem er mitgeteilt hat, er habe »was ang'stellt«. Nach einer kurzen Untersuchung überwies ihn der Arzt an einen Neurologen in Wiener Neustadt. Der Arzt vermutete, der Besuch Postls bei ihm könnte vielleicht mit dem »Bleistift-Mord« im Akademiepark zusammenhängen.

Für die Polizei und die Zeitungen war alles klar. Als Postl verhaftet wird, hat er die vom Neurologen ausgestellte Überweisung an eine psychiatrische Klinik in Wien in der Tasche, und bei der Polizei gesteht er die Tat. »I bin a rechter Trauminet«, gibt die »Arbeiter-Zeitung« die Aussage Postls wieder, der nie richtigen Kontakt mit Frauen gehabt haben soll. Das Blatt weiß auch von anderen Spuren: »Blut am rechten Hosenbein stammt vom Opfer«, heißt es.

Postl wird in Untersuchungshaft genommen und postwendend wird bekannt, dass er an der rechten Handfläche eine blutunterlaufene Stelle hat – entstand sie durch den starken Druck auf einen Bleistift? Auf jenen Bleistift, mit dem auf die kleine Gabriele Karpischek eingestochen wurde?

Kurz darauf Aufregung in Wiener Neustadt. Postl zieht in der U-Haft sein Geständnis zurück, eine Untersuchung beweist auch, dass das Blut an seiner Hose von ihm selbst stammt. Doch die Polizei beharrt darauf: Der Mann habe bei einem Lokalaugenschein genau gezeigt, wie der Arm des Mädchens gelegen ist und dass das Federpennal, aus dem der Bleistift entnommen worden ist, Druckknöpfe und keinen Zippverschluss hatte wie das zur Demonstration verwendete. So schnell lässt man sich einen geklärten Mord nicht durch die Finger gehen.

Erst nach fast zwei Jahren begann am 10. Februar 1975 der Prozess gegen Herbert Postl. Vor den Richter trat ein kleiner, schmächtiger Mann. »Na, i war's net, sicher net«, antwortete er auf die Frage, ob er sich schuldig bekenne.

Sein Leben wurde aufgerollt. 1943 geboren, sechs Geschwister, in der Hauptschule zweimal sitzen geblieben, Arbeiter in einem Bergwerk an der Hohen Wand. Nach einem Unglück war er 48 Stunden verschüttet, das linke Ohr wurde taub, er bekam immer wieder epileptische Anfälle, 1971 hatte er einen Autounfall, schwere Schädelverletzungen mit Hirnaustritt waren die Folge. Ständiges Kopfweh, er begann Stimmen zu hören, weitere Anzeichen für eine beginnende Schizophrenie waren bemerkbar. Sein Intelligenzquotient, so wurde im Gefängnis festgestellt, liegt nur bei fünfzig. Ein Mann, dem man viel einreden kann, der das Dulden gewohnt ist.

Im Prozess wird bekannt, dass die Polizei schlampig war, dass bei Gericht wichtige Protokolle verschwanden, dass es keine hieb- und stichfesten Beweise gegen den Angeklagten gibt. Das klare Votum der Geschworenen: Mit acht zu null Stimmen wird Postl freigesprochen.

Im Innenministerium war Feuer am Dach. Eine Sonderkommission sollte nicht nur den wahren Bleistift-Mörder finden, sondern auch bei der Polizei in Wiener Neustadt aufräumen. Während das zwar gelang, blieb die Mördersuche erfolglos. Den nächsten Schritt brachte eine unerwartete Wende.

DNA-Analyse wurde möglich

Im Zusammenhang mit den damals noch ungeklärten Favoritner Frauenmorden überprüfte die Polizei 1999 viele Personen, die eventuell als Täter in Frage kommen könnten. Mit Hilfe der DNA-Analyse könnte es nun möglich sein, den Mord an Nicole Strau zu klären. Auch Herbert Postl wurde vorgeladen, doch schied er als Täter in diesem Fall aus.

Im Postl-Akt aus dem Jahr 1973 befand sich auch ein Haar, das man angeblich an der Leiche von Gabriele Karpischek gefunden hat und das vom Mörder stammen könnte. Wieder ein Vergleich mit Postls genetischem Code, wieder schied er als Verdächtiger aus.

Wolfgang Rohl, ein Beamter der 1975 eingerichteten Sonderkommission, wurde zu Rate gezogen. Er erinnerte sich anhand seiner Aufzeichnungen an 14 Verdächtige, die 1973 zum Bleistift-Mord einvernommen worden sind. Die zehn noch lebenden Männer wurden gebeten, einen Mundhöhlenabstrich vornehmen zu lassen.

Unter diesen Männern war auch Walter Winkler. Es wurde ein Volltreffer, jubelten Zeitungen. Sein DNA-Code und der des Haares aus dem alten Akt stimmten überein. War nach 26 Jahren der Mord an Gabriele Karpischek geklärt? War der damals schon von der Polizei festgenommene und dann wieder enthaftete Mann aus Wiener Neustadt doch der Täter? Winkler leugnete zwar, doch das Haar sprach als Zeuge umso deutlicher. Jedenfalls wanderte der Mann im März 1999 nach Wiener Neustadt in Untersuchungshaft.

Sein Verteidiger Rudolf Mayer spielte den stärksten Trumpf aus. Wann, so wollte er wissen, ist das ominöse Haar in den Akt gekommen? Hat es tatsächlich die Polizei an der Leiche gefunden? Oder ist es nicht vielmehr jenes Haar, das man Winkler seinerzeit, als er kurzfristig in Polizeihaft saß, zu Vergleichszwecken ausgezupft hat? Ein Mithäftling soll am 5. März 1973 Zeuge der Prozedur gewesen sein, doch blieb er leider unauffindbar.

Noch nie hing das Schicksal eines Menschen im tatsächlichen Wortsinn so sehr an einem Haar. War es von der Leiche – schuldig, war es eine Probe – unschuldig. Trotz aller Bemühungen konnte keine klare Antwort gefunden werden, Winkler wurde daher enthaftet.

Zweimal glaubte die Polizei, den Mörder der Gabriele Karpischek gefasst zu haben. Zweimal waren es die falschen Personen oder die Beweise gegen sie reichten zumindest nicht aus.

Zwei Urteile aufgehoben

Schlampige Ermittlungen der Gendarmerie haben zu einem Skandal auch in einem anderen Fall geführt. Nach der Ermordung der Salzburger Taxilenkerin Claudia Deubler im Juni 1993 war der Soldat Peter Heidegger aus Gmunden verhaftet worden. Obwohl er vor Gericht ein gegenüber der Gendarmerie abgelegtes Geständnis widerrufen hat, wurde er schließlich zu zwanzig Jahren Haft verurteilt. Erst im Mai 2003 gelang es seinem Anwalt Franz Hitzenbichler, das Fehlurteil aufheben zu lassen und für Heidegger einen Freispruch sowie eine gewaltige Haftentschädigung – 950.000 Euro – zu erreichen.

In der Folge gab es Ermittlungen gegen die seinerzeit tätigen Gendarmeriebeamten wegen Beweismittelunterdrückung und Urkundenfälschung sowie Erhebungen gegen einen Burschen, der schon 1993 in Mordverdacht stand. Ob die Indizien nun ausreichen, um gegen ihn einen Prozess zu führen, bezweifeln Juristen.

Etwas anders gelagert, aber auch durch seltsame Begleitumstände in die Pannenchronik von Exekutive und Justiz eingegangen ist der Fall Tibor Foco.

Der Zuhälter und Motorradfan war 1987 wegen des Mordes an einer Linzer Prostituierten zu lebenslanger Haft verurteilt worden. Entscheidend war die Aussage einer Kollegin der Toten, wonach Foco ihr beim Todesschuss die Hand geführt habe. Als diese Zeugin später ihre Aussage widerruft und einige Geschworene in der Öffentlichkeit erklären, bei der Urteilsfindung vom Richter beeinflusst worden zu sein, liegt eine Wiederaufnahme des Verfahrens in der Luft. Doch Foco, der im Gefängnis Jus studiert, will darauf nicht warten. Als er 1995 zu einem Besuch in die Linzer Universität ausgeführt wird, gelingt ihm die Flucht mit einem von Freunden bereitgestellten Motorrad. Dennoch hebt das Oberlandesgericht 1997 das Urteil auf, im Jahr 2000 wird eine neue Mordanklage gegen Foco erhoben. Trotz aller Fahndungsbemühungen bleibt der Mann verschwunden.

Weist ein Zigarettenstummel den Weg zum Mörder?

Der Stummel einer heruntergerauchten »Marlboro light« und ein winziger Blutfleck auf einem leeren Geldkuvert: Das sind die einzigen konkreten Spuren, die der Mörder einer lebenslustigen, attraktiven Frau hinterließ. Einer Frau, die er mit einem Metallhocker erschlagen und dann mit deren Pyjamahose erdrosselt hat.

Vielen Fernsehzuschauern war die muntere Elisabeth Krasa aufgefallen, die in der »Barbara Karlich«-Talkshow des ORF locker über Beziehungsprobleme plauderte und ganz schön über ihren damaligen Lebensgefährten herzog. Sie, eine jünger aussehende, verwitwete Endsechzigerin, machte wenig Hehl daraus, einem Flirt oder auch mehr nicht abgeneigt zu sein. Er war mehr für Treue. Themen, wie geschaffen für TV-Talks.

Krasa war in ihrem Wohnhaus in der Auhofstraße in Wien-Hietzing beliebt. Sie galt als »seltsamer Vogel«, einmal sehr fröhlich und aufgekratzt, dann wieder betrübt und niedergeschlagen. Manisch-depressiv, wie es im Psychologenfach heißt. Anfang Februar 2002 fiel den Hausbewohnern auf, dass sie die Frau schon einige Tage nicht gesehen haben, in ihrer Wohnung aber Licht brannte.

Die Tochter der Frau wurde verständigt, mit ihrem Reserveschlüssel kam sie in die Wohnung. »Tochter fand die ermordete Mutter im Schlafzimmer«, überschrieb die Wiener Tageszeitung »Kurier« am 3. Februar die Meldung über die grausige Entdeckung. Im Bett lag die tote Frau, alles war voll Blut, das bis an die Zimmerdecke gespritzt war. Mit einem Hocker, dessen Sitzfläche zertrümmert war, dürfte Elisabeth Krasa erschlagen worden sein. Um den Hals der Frau war noch eine zu einem Strick zusammengedrehte Pyjamahose geschlungen. Da an der Leiche bereits die Verwesung eingesetzt hatte, muss der Mord bereits vor etwa einer Woche geschehen sein.

Die Tatortspezialisten der Wiener Mordkommission sicherten die unzähligen Blutspuren, nahmen Fingerabdrücke von Möbeln und den Türschnallen ab und durchsuchten systematisch alle Räume. Im Beautycase des Opfers fanden sie ein Geldkuvert, wie man es bei Banken bekommt, und darin einen Kontoauszug, auf dem eine Abhebung von 480 Euro am Freitag, dem 25. Jänner, aufschien. Die Behebung fand in der BAWAG-Filiale in der Mariahilfer Straße statt. Auf diesem Geldkuvert wurde ebenfalls ein kleiner Blutfleck festgestellt. Geld jedoch war keines mehr vorhanden.

Immer wieder erweisen sich für die Spezialisten der Mordkommission Mistkübeln und Aschenbecher als wahre Fundgruben bei der Spurensuche.

So auch in Krasas Wohnung. In einem Aschenbecher lag ein Stummel einer Zigarette der Marke »Marlboro light«, im Mistkübel eine zusammengeknüllte leere Packung der gleichen Sorte. Frau Krasa war jedoch Nichtraucherin.

Parallel zur Tatortarbeit wurde der Bekanntenkreis der Ermordeten durchleuchtet. Der erste Verdacht richtete sich gegen den aus der Talkshow bekannten Lebensgefährten Krasas. Der hatte sich allerdings schon vor etlicher Zeit von der »lustigen Witwe«, wie er sie bezeichnete, getrennt. Er wusste jedoch, welche Lokale die Frau immer wieder besucht hat.

Nachtschicht für die Beamten der Mordkommission.

Der Tipp war richtig. Im »Kaunitzstüberl« erfuhren die Polizisten, dass Elisabeth Krasa am 25. Jänner gegen 22 Uhr hier war. In ihrer Begleitung ein auffallend kleiner Mann, nur etwa 1,60 Meter groß. Etwa 25 Jahre alt. Südländischer Typ, vielleicht Nordafrikaner. Sie hat bezahlt, er hat eine Packung »Marlboro light« bestellt. Nach ein bis zwei Stunden seien sie gegangen, erinnerte sich das Personal.

Der nächste Treffer dann in einer Disco in der Testarellogasse in Hietzing, nahe der Wohnung Krasas. Das Paar war dort aufgefallen, weil sich die Frau in der Toilette umgezogen hatte. Schrilles Kleid mit Pailletten, blonde Wuschelperücke, hochhackige Schuhe. Dem kleinen Mann in ihrer Begleitung war die Verwandlung der älteren Frau in eine flatterhafte Discoqueen eher peinlich, dennoch verließen sie gemeinsam gegen zwei Uhr früh das Lokal. Sie noch immer im ungewöhnlichen Outfit.

Das war das letzte Mal, dass man Elisabeth Krasa lebend gesehen hatte. Wahrscheinlich hatte sie der Südländer nach Hause begleitet und dort aus irgendeinem Grund getötet. »Es war sicher ein spontaner Entschluss, er hat ja keine Waffe dabei gehabt, keine Pistole, kein Messer, hat den nächstbesten Gegenstand ergriffen und zugeschlagen. Da sie nur Unterwäsche trug, könnte sie es auf einen sexuellen Kontakt angelegt haben, den er nicht haben wollte«, kombinierten die Kriminalbeamten.

Inzwischen waren die Ergebnisse der Blutanalysen, der Fingerabdrücke und der DNA-Auswertung der Speichelreste auf dem Zigarettenstummel bekannt. Mit Ausnahme des Blutflecks auf dem Geldkuvert stammten alle anderen Blutspuren von Elisabeth Krasa. Das Blut auf dem Kuvert stimmt mit den DNA-Werten auf der Zigarette überein. Die gefundenen Fingerabdrücke scheinen in keiner Kartei auf.

Damit war der wahrscheinliche Mörder bekannt. Ein Steckbrief mit den wichtigsten, unveränderlichen Merkmalen liegt vor. Man weiß, dass er Raucher ist, klein gewachsen, südländisches Aussehen, brutal und konsequent bei Erregungszuständen. Man kennt seine Fingerabdrücke und seinen genetischen Code.

Das ist aber auch schon alles. Real ist der Mörder immer noch unter uns.

Wo lag die Leiche im Heu versteckt?

Ob im Sommer oder Winter – am oberösterreichischen Mondsee trifft man zu jeder Jahreszeit Taucher an. Die Unterwasserwelt lockt sie an, Sport und Abenteuer gleichermaßen. Auch am 22. November 1986 tauchen drei Männer nahe der steil abfallenden Kienbergwand in das eiskalte Wasser. In Ufernähe bemerken sie ein längliches Paket, in eine grüne Plastikplane eingewickelt und mit Draht verschnürt. Neugierig geworden bringen sie ihren schweren Fund ans Ufer. Lösen vorsichtig die Umhüllung und entdecken einen menschlichen Körper. Die Leiche eines jungen Mädchens.

Es kann sich nur um ein Gewaltverbrechen handeln, die alarmierte Gendarmerie stellt fest, dass das Mädchen erwürgt worden sein muss. Bald ist es Gewissheit: Die Tote aus dem Mondsee ist die 17-jährige Martina Posch aus Vöcklabruck, die seit den Morgenstunden des 12. November, nachdem sie ihr Elternhaus verlassen und an ihrer Arbeitsstelle in Attnang-Puchheim nicht erschienen ist, als vermisst galt.

In den Lokalzeitungen war die erste Meldung über die Abgängige am 14. November erschienen. Den Reportern gegenüber schloss man aus, dass Martina »ausgerissen« sei. Freiwillig jedenfalls verschwand sie nicht, hieß es in den Blättern.

Am 20. November eine neue Meldung, die eine Spur vermuten ließ. Das Mädchen sei in Perchtoldsdorf, in der Nähe von Wien gesehen worden, teilte ein Pfarrhelfer mit. Die Recherchen ergaben jedoch keinen Hinweis, dass es sich bei dem erwähnten Mädchen tatsächlich um Martina Posch gehandelt hat. Die oberösterreichischen Sicherheitsbehörden versuchten vorerst noch zu beruhigen – es gebe keinen Anlass, ein Verbrechen zu befürchten, wahrscheinlich sei Martina bloß ausgerissen.

Ein Fehlschluss, wie sich kurz darauf herausstellte, als die Leiche des Mädchens im Mondsee gefunden wurde. Sie war erwürgt worden, aber offenbar hat es vorher keinen Kampf gegeben, jedenfalls keinen, der Spuren hinterlassen hat. Ein Indiz dafür, dass sich Täter und Opfer gekannt haben mussten. Die Gerichtsmediziner stellen auch fest, dass

Martina Posch nach ihrer Ermordung nicht sofort im See versenkt worden ist, sondern dass ihre Leiche vorher woanders versteckt war. Strohhalme und Heu wurden an ihrer Kleidung und den Haaren gefunden.

War es ein Stadel, in dem die Tote lag, ehe sie ins Wasser geworfen wurde? War das auch der Tatort?

Eingegrenzt konnte wenigstens die Tatzeit werden. Der Gerichtsmediziner Dr. Johann Haberl fand im Magen Martina Poschs noch den unverdauten Kakao, den sie zum Frühstück getrunken hat. Sie muss also maximal zwei Stunden nach dem Verlassen der elterlichen Wohnung noch am 12. November getötet worden sein.

Gab es einen heimlichen Freund?

An diesem Mittwoch ging sie, wie immer, kurz vor sieben Uhr früh aus dem Haus, um mit dem Bus nach Attnang-Puchheim zu fahren. Fahrgäste und der Lenker erinnerten sich jedoch bei ihrer Befragung, dass Martina damals nicht mitgefahren sei. Eine Bekannte von ihr erzählte, dass das Mädchen ihr vor einiger Zeit unter dem Siegel der Verschwiegenheit mitgeteilt hat, sie werde manchmal von einem Mann im Auto nach Attnang-Puchheim mitgenommen. Namen nannte sie jedoch nicht.

Die Ermittlungsmaschinerie lief nun auf Hochtouren. Der geheimnisvolle Mann mit dem Auto wurde gesucht. War es ein heimlicher Freund Martinas? Hunderte Zeugen wurden vernommen.

Vergeblich.

Der Heustadel oder ein Raum, in dem Stroh gelagert wurde, wurde gesucht, zwanzig Gendarmeriebeamte schwärmten aus, um in Stadeln nach Spuren zu suchen. Auch die Landwirte aus der Umgebung wurden um Mithilfe ersucht, denn die Analyse des Heus ergab, dass es aus der Nähe von Vöcklabruck stammen muss.

Vergeblich.

Einzelheiten über mögliche Besitzer von grünen Plastikplanen, an der auch Farbspritzer festgestellt worden sind, wurden gesucht. Sie könnte vom Täter ja gefunden worden sein.

Vergeblich.

Vorbestrafte Sexualtäter mussten Alibis erbringen. Doch keiner kam für den Mord in Frage.

Wieder keine Spur.

Am 6. November 1987 wurde der Fall auch in der Fernsehsendung »Aktenzeichen XY – ungelöst« gezeigt. Die Gendarmerie glaubte inzwischen herausgefunden zu haben, dass Martina Posch schon einige Male nicht mit dem Bus gefahren sei, sondern sich von jemand in einem grauen Mittelklassewagen nach Attnang-Puchheim mitnehmen ließ.

Hinweise nach der Sendung gab es keine.

Kriminalpsychologen erstellten schließlich ein Täterprofil. Danach musste der Mörder Martina Posch gekannt, zu ihr auch eine seelische Beziehung gehabt haben. Dafür spricht, dass er die Leiche so im See versenkt hat, dass sie gefunden werden musste, sie also letzten Endes auch auf einem Friedhof beigesetzt werden konnte, wie man es von jemand wünscht, den man schätzt.

Dafür spricht auch, dass der Täter offenbar eine Handtasche des Opfers, in der sich auch ein Lichtbildausweis Martinas befand, mitgenommen hat. Souvenir an eine Person, an der man hängt?

Findet man diesen Ausweis, hat man vielleicht auch eine Spur zum Mörder gefunden. Die Chancen dafür aber stehen nicht gut. Es gibt zwanzig Aktenordner mit Verhörprotokollen, die heiße Spur aber fehlt nach wie vor.

Oft ein Rätsel für die Ermittler: Armer Irrer oder eiskalter Killer?

Ein Mord aus Eifersucht, aus Rache, aus Geldgier – da erkennt man ein Motiv, da gibt es eine Erklärung dafür. Keine Entschuldigung, aber immerhin eine Erklärung. Manche Fälle allerdings entziehen sich der Logik, passen nicht mehr in das übliche Koordinatensystem von Ursache und Wirkung. Was ging im Gehirn des Täters vor, welche Überlegungen oder Zwänge trieben ihn zur Tat? War es eine psychische Erkrankung, eine seelische Störung? Ist das »Mörder-Gen«, das viele Wissenschafter suchen, die Erklärung für das Verbrechen?
Ebenso oft allerdings ist der nicht zu beherrschende innere Überdruck, der zur Tat führte, nur eine angelesene Ausrede. »Es« war es, nicht ich, da kann man halt nichts machen. Die Seelendoktoren stehen vor der schwierigen Frage: Ist der Täter wirklich ein armer Irrer oder ein eiskalter Killer?
Der Sohn, der den Kopf seiner ermordeten Mutter in ein Schaufenster legt, der Mann, der mit einer nackten Frau im Auto durch Österreich fährt und sie dann im Wildwasser ertrinken lässt, der Mörder, der einen anderen Mörder im Gefängnis erwürgt: arme Irre oder eiskalte Killer?

Verwöhnter Sohn schnitt der Mutter den Kopf ab

Nur wenige Minuten lag am Sonntag, dem 28. März 1993, der blutüberströmte Kopf einer Frau im Schaufenster der Boutique »Beatrice« in der Kutschkergasse in Wien-Währing. Der 26-jährige Michael Tormay hat ihn dort ausgestellt, es war der Kopf seiner 59-jährigen Mutter Ildiko. Der Student hatte sie kurz vorher mit zahlreichen Messerstichen getötet und enthauptet.

Michael Tormay war noch im Laden, als er von der Polizei festgenommen wurde. Das makabre Dekorationsstück sicherten die Beamten als Beweismittel.

Ildiko Tormay wohnte in der Gentzgasse 14, in der Nähe der Boutique »Beatrice«, die ihr gehörte. Ab und zu besuchte sie ihr Sohn, der Informatik studierte und als Unteroffizier seinen Militärdienst absolviert hat. Hausbewohner kennen Michael als liebenswerten jungen Mann, der von seiner Mutter regelrecht verhätschelt wurde. Sie hatte ihm sogar eine luxuriöse Eigentumswohnung in der Grinzinger Himmelstraße eingerichtet. In letzter Zeit, so erinnern sich die Hausbewohner, habe es jedoch immer wieder Auseinandersetzungen zwischen dem Sohn und der Mutter gegeben.

Samstagabend war der Sohn wieder zu Besuch gekommen. In der Nacht hörten Nachbarn einen lautstarken Streit, der sich Sonntag früh fortsetzte. »Faschist, Faschist«, schrie Michael und hämmerte an die Wand. Dann schrie die Frau minutenlang, ehe es still wurde.

Etwa um neun Uhr früh begegnete ein Mieter Michael Tormay im Stiegenhaus, der ein prall gefülltes Plastiksackerl trug. Es war wohl mehr eine Höflichkeitsfloskel als echtes Interesse, die den Hausbewohner die Frage stellen ließ: »Na, wie geht's, wie geht's der Mutter?« Darauf der junge Mann: »Meinen Sie die da?«, öffnete das Sackerl, zeigte dem schockierten Nachbarn den abgetrennten Kopf seiner Mutter und stürzte aus dem Haus.

Er lief zur nahe gelegenen Boutique, zertrümmerte die Auslagenscheiben und drapierte den Kopf seiner Mutter im Schaufenster. Dann warf er aus dem Geschäft Kleidungsstücke in den Schanigarten der benachbarten Pizzeria »Roma« und wollte sie anzünden.

Inzwischen hatte der Hausbewohner die Polizei alarmiert. Die Beamten folgten der Blutspur, die durch das undichte Plastiksackerl verursacht worden war, von der Gentzgasse bis zur Boutique und nahmen dort Michael Tormay fest. In der Wohnung fand man seine Mutter, die Michael mit 15 Stichen mit seinem Hirschfänger getötet hat. Anschließend hatte er ihr den Bauch aufgeschlitzt und den Kopf mit einem Wiegemesser abgetrennt.

»Ich musste die Welt vom Teufel befreien, meine Mutter wollte alles Gold an sich reißen, sie hat alle Computer vernetzt, um mich auszuschalten, ich musste es tun«, so erklärte Michael Tormay der Polizei seine Tat. Er faselte von einer nur ihm bekannten kosmischen Zahlenmagie, nach der er seine Mutter unbedingt am 28. März hatte töten müssen. »Sie kann ja nichts dafür, sie ist halt an einem Tag mit einem negativen Datum geboren worden und dadurch böse und zum Teufel geworden.«

»Der Mann lebt in einer anderen Welt, die von Gesetzen regiert wird, die wohl keiner von uns versteht«, erklärte ein Ermittler den Journalisten, die Einzelheiten über die grausame und unbegreifliche Tat wissen wollten.

Von Sachverständigen wurde Michael Tormay als unzurechnungsfähig erklärt und wegen seiner Psychose in das psychiatrische Krankenhaus Baumgartner Höhe eingewiesen. Das Gericht hat jährlich durch Ärzte überprüfen zu lassen, ob sein Aufenthalt noch gerechtfertigt ist. Gilt er als geheilt, kann er nach Hause gehen, muss allerdings gewisse Auflagen befolgen, wie etwa regelmäßige Arztbesuche. Experten versichern, dass das Aggressionsrisiko und somit auch die Rückfallsquote bei psychisch kranken Tätern wie bei Michael Tormay geringer seien als bei »gewöhnlichen« Gewaltverbrechern.

Gibt es das »Mörder-Gen«?

Immer wieder taucht die Frage auf, was denn die Ursache von abscheulichen Verbrechen ist. Ist es eine kaputte Familie, sind es prägende Ereignisse in der Kindheit oder der Jugend oder hat überbordende Gewalt vielleicht doch einen biologischen Ursprung? Gibt es das »Mörder-Gen«, das zum Verbrechen treibt?

Vor sechs Jahren präsentierte der an der University of Southern California lehrende Professor Dr. Adrian Raine seine Forschungsergebnisse, wonach Mörderhirne anders ticken. Er hatte bei inhaftierten Mördern mittels Positronen-Emissions-Tomografie (PET) den Stoffwechsel im Gehirn untersucht und dabei herausgefunden, dass es bei ihnen im rechten Stirnlappen, wissenschaftlich als »orbitofrontaler Cortex« bezeichnet, eine Störung gibt. Dadurch können, so Raine, Aggressionsimpulse aus dem limbischen System des Gehirns fast ungehindert passieren – also von dort, wo das Gefühls- und Triebleben des Menschen entsteht.

Eine weitere Theorie vertritt Dr. James Blair vom »University College« in London. Danach gibt es bei Schwerverbrechern eine Fehlbildung innerhalb der Amygdala, wie ein kleiner mandelförmiger Teil des Gehirns bezeichnet wird. Diese Region spielt eine entscheidende Rolle bei der Verarbeitung von Gefühlen und bei der Vermittlung von Furcht. Beide Gehirnteile, also Amygdala und orbitofrontaler Cortex, sind durch Nervenbahnen eng verbunden.

Derartige in den Genen verankerte Störungen könnten dazu beitragen, dass Menschen ihr Gefühlsleben nicht mehr beherrschen können und so zu Gewalt neigen. Praktischen Wert allerdings haben diese Theorien kaum – sie könnten nur im Nachhinein Erklärungen für die Ursache von Verbrechen geben.

Der Psychopath als Wildwasserfan

In großen, schwarzen Metallbuchstaben steht »Schwurgerichtssaal A« über der breiten Tür im ersten Stock des Landesgerichts Leoben in der Steiermark. Es sind nicht allzu viele Zuhörer im Saal, hauptsächlich Journalisten und Fotoreporter interessieren sich für den Prozess, der am Morgen des 22. Februar 1999 beginnt. In der Mitte am Richtertisch sitzt bereits Landesgerichtsrat Hans Hladny, die Geschworenen wetzen in den Bänken nervös herum und Staatsanwalt Thomas Mühlbacher streift die rote, bass polierte Robe über, zupft die Ärmel zurecht. Dann beginnt ein Blitzlichtgewitter, als der Angeklagte in Handschellen in den Saal geführt wird. Dabei gibt es Fotos von ihm schon dutzendweise in den Archiven – Wolfgang Ott ist seit Jahren in den Medien präsent.

Bereits vor drei Jahren war der damals 38-jährige Filmemacher, der Beiträge für die ORF-Vorabendserie »Wir« produziert hat, in Wien wegen Mordes an Sonja Svec zu lebenslanger Haft verurteilt worden, diesmal steht er wegen der Tötung von Karin Müller vor den Geschworenen. Jeder weiß, dass keine Überraschung zu erwarten ist, dass es auch bei einer Verurteilung zu keiner zusätzlichen Strafe kommen wird. Es fehlt der Kick, über Wolfgang Ott ist der Stab in der Öffentlichkeit schon lange gebrochen. Er ist ein Monster, ein herzloser, kalter Killer, der weggesperrt gehört und nie wieder in Freiheit kommen darf. Und wenn er auch in diesem Prozess keine zusätzliche Strafe bekommen kann – auch Mörder leben nur einmal –, so soll wenigstens den Angehörigen des Opfers durch eine formelle Verurteilung Genugtuung bereitet werden. Jetzt im Fall Müller, schon vorher geschah es im Fall Svec.

Das tödliche Drama der 23-jährigen Bankangestellten Sonja Svec begann am späten Abend des 30. Mai 1995. Sie hatte gerade ihren Wagen vor ihrem Wohnhaus in Wien-Simmering parkt und war ausgestiegen, als sich jemand schemenhaft von hinten nähert.

Der Schatten ist Wolfgang Ott, der Filmemacher. Er ringt die Frau nieder, fesselt ihr die Hände mit Leukoplast und stopft ihr ein Tuch in den Mund. Kaum ein Laut von der Überfallenen, die Umgebung ist friedlich wie vorher.

Doch Ott muss weg hier, auch sein Opfer muss weg. Spuren will er keine hinterlassen, nicht durch Zufall beobachtet werden.

Der kräftige Mann verpackt Svec in den Kofferraum ihres eigenen Autos, das sie eben abgestellt hat. Die Fahrt führt quer durch die Stadt zu Otts Haus in der Hochstraße 7 in Wien-Liesing. Hier fesselt er ihr auch die Beine. Durch Drohungen zwingt er die junge Frau, ihm ihren Bankomatcode zu verraten. Ott lässt Svec gefesselt und geknebelt nackt in seinem Haus zurück und fährt am nächsten Tag zu ihrer Wohnung nach Simmering. Seelenruhig schafft er ein Fernsehgerät, eine Stereoanlage und einen Staubsauger in den Wagen. Zum Schluss bringt er noch die Perserkatze namens Gismo der jungen Frau in das Auto. Bei einem Bankomat hebt er 5000 Schilling mit der Karte von Svec ab, dann fährt er wieder in sein Haus zurück.

Nackt im Schlauchboot

Am frühen Morgen des 2. Juni legt Ott die gefesselte Frau in sein Wohnmobil und fährt mit ihr in die ihm vertraute Gegend an der Salza in der Steiermark. Ziel ist eine Lichtung am Ufer des Flusses bei der hölzernen Salzabauerbrücke zwischen Palfau und Großreifling. Als Wassersportler kennt und liebt er den wilden Gebirgsfluss. Und er geilt sich an obskuren Sexszenarien auf. Er setzt Sonja Svec nackt in sein Schlauchboot. Ihre Augen verbindet er mit einem Tuch. Ihre Beine fesselt er mit einem blauen Plastikband und bindet sie noch an einen schweren Betonring, wie sie bei Kanalbauarbeiten verwendet werden.

Keine Chance für sie, ihrem Peiniger zu entkommen.

Das Boot treibt Richtung Kraftwerk Großreifling-Krippau. Plötzlich, ohne ersichtlichen Grund, wirft Ott den Betonring über Bord. Vom Gewicht mitgerissen stürzt auch Svec ins Wasser. Sie taucht nicht mehr auf.

Spätabends, es ist etwa halb elf, bemerkten zwei Gendarmeriebeamte vom Posten Großreifling auf ihrem Patrouillengang einen Mann, der im Taucheranzug und mit Kopfleuchte am Ufer der Salza stand. Ein Sportler, um diese Zeit? Die Beamten wurden misstrauisch und begannen zu fragen. Was er hier mache, wer er sei? Der Mann erklärte, er wolle zeitig am Morgen eine Bootstour unternehmen und vorher die Wasserverhältnisse überprüfen. Die Beamten begleiteten den Mann zu seinem Bus und ließen sich seinen Ausweis zeigen. Sorgfältig notierten sie: Wolfgang Ott, wohnhaft in Wien. Dann wünschten sie eine gute Nacht.

Die Gendarmen wunderten sich nur über den Spinner. Ein verschrobener Sportler, dachten sie. Sie konnten nicht ahnen, dass sie fast Zeugen eines brutalen Mordes geworden waren.

Die romantische Gegend an der Salza wird etwa eine Woche später für die Gendarmerie aus einem anderen Grund interessant. Eine Abgängigkeitsanzeige ist zu bearbeiten. Eine am Bisamberg in der Nähe von Wien wohnende Familie hat angezeigt, dass ihre 19-jährige Tochter Karin Müller nach einer Bootstour im Enns-Salza-Gebiet verschwunden ist. Sie war mit Freunden unterwegs, ließ diese allerdings allein paddeln und blieb am Ufer zurück, weil sie für die bevorstehende Matura lernen wollte. Als sie jedoch nicht zum vereinbarten Treffpunkt kam, den so genannten »Großen Stein« in der Salza, begannen die Freunde zu suchen. Vergeblich. Lediglich ihr Auto wurde in der Nähe gefunden. Von ihr gab es nach dem 10. Juni 1995 keine Spur mehr. Ein Unfall war nicht auszuschließen, daher wurden die Gendarmerie und alle Beschäftigten der Kraftwerke und Wehranlagen von der Vermisstenmeldung verständigt.

Einen Zusammenhang zwischen dieser Abgängigkeitsanzeige und derjenigen, die inzwischen von den Eltern der ebenfalls verschwundenen Sonja Svec erstattet wurde, konnte niemand herstellen. Noch viel weniger, dass der von der Gendarmerie am Ufer der Salza angehaltene Wassersportler namens Wolfgang Ott etwas damit zu tun haben könnte.

Sein Name wurde für die Sicherheitsbehörden erst am 14. Juni 1995 zu einem Begriff. Vom Balkon seines Hauses in Wien-Liesing rief eine gefesselte, nackte Frau, die sich erst kurz vorher von ihrem Knebel befreien hat können, laut um Hilfe. Sie sei von dem Mann, der hier wohne, vor Tagen entführt und mehrmals vergewaltigt worden. Außerdem habe er sie gezwungen, den Code ihrer Bankomatkarte zu verraten. Die Polizei durchsuchte das Haus und fand neben Gegenständen aus dem Besitz der Vergewaltigten auch andere Beutestücke, die offenkundig der als vermisst gemeldeten Sonja Svec aus Wien-Simmering gehörten. Speziell die Katze Gismo wurde von den Eltern der jungen Frau als ihr Haustier identifiziert.

Die Polizei hielt die Meldung von der Befreiung der vergewaltigten Frau, die möglichen Hinweise auf das Verschwinden von Svec und auch den Hinweis auf Ott geheim, ließ nichts an die Öffentlichkeit dringen. Man hoffte, der Mann würde zurückkommen, wenn er nicht weiß, dass die Tat bereits entdeckt ist. Das Haus wurde zwar versperrt, bewacht wurde es allerdings nicht.

Im Kofferraum versteckt

Am Samstag, dem 17. Juni 1995, war die 23-jährige kaufmännische Angestellte Gerda T. aus Laakirchen (OÖ) im Hochlecken-Gebiet in der Gegend des oberösterreichischen Attersees schon früh unterwegs. Das Wetter war schön, es sollte eine entspannende Wanderung werden. Sie war es gewohnt, allein durch die Berge zu streifen. Noch im ebenen Gelände bemerkte sie einen Radfahrer, der sie überholte, sonst war weit und breit niemand zu sehen. Sie ging arglos weiter, doch nur zwei Minuten später wurde sie von hinten am Hals gepackt und zu Boden geworfen.

Der Täter war Wolfgang Ott. Er fesselte und knebelte sein Opfer, dann stülpte er ihm dessen Rucksack über den Kopf. Quer durch den Wald und über einen Bach schleppte er die junge Frau zurück zum Parkplatz und stieß sie in den Kofferraum des Autos, das sie dort abgestellt hatte. Nach kurzer Fahrt blieb Ott stehen, löste ihre Fesseln und zwang sie, ihm den Bankomatcode zu verraten. Dann klappte der Kofferraumdeckel wieder zu.

Stundenlang fuhr der Kidnapper mit seinem Opfer durch die Gegend, tankte den Wagen sogar einmal auf. Die junge Frau hatte wegen des Knebels keine Chance, sich bemerkbar zu machen. Einmal durfte sie aussteigen, um ihre Notdurft zu verrichten. Sie glaubte, eine Gegend im Wildalpengebiet zu erkennen, die sie als passionierte Wanderin schon ein paar Mal besucht hatte. Bei diesem Zwischenstopp vergewaltigte Ott die Frau und packte sie dann wieder in den Kofferraum.

Erst am Sonntag um drei Uhr früh hatte die Tortur ein Ende, am Ortsrand von Weyeregg am Attersee ließ der Entführer das Auto mit seinem Opfer stehen, öffnete den Kofferraum und verschwand. Ott hatte am Campingplatz von Weyeregg seit dem 13. Juni sein Wohnmobil stehen. Seit jenem Tag, als er in Wien eine Frau entführt, vergewaltigt und gefesselt nackt auf seinem Balkon zurückgelassen hat.

Die junge Frau war gerade noch dem Tode entronnen, als die Gendarmerie begann, das Gebiet um den Hochlecken und um Weyeregg abzusuchen. Wo sonst noch Spuren zu finden wären – außer in der Wildalpengegend – blieb vorerst unklar, da durch die Tachometeranzeige festgestellt wurde, dass die Irrfahrt über rund sechshundert Kilometer geführt haben musste.

Kaltblütig, wie Ott war, fuhr er direkt vom Attersee am Sonntagabend mit seinem Wagen in sein Haus nach Liesing. Nach der Spurensicherung hatten die Ermittler der Wiener Polizei zwar das Schloss an der Vordertür ausgetauscht, die Hintertüre jedoch nicht speziell gesichert, sodass sie Ott mühelos öffnen konnte. Er packte frische Wäsche ein, holte Geld aus einem Versteck im Haus und verschwand wieder Richtung Oberösterreich.

Aus seinem Wohnmobil in Weyeregg schnappte er sich ein Fahrrad und machte eine Tour ins Weißenbachtal. Da die entführte Gerda T. ja von einem Radfahrer als möglichen Täter gesprochen hatte, hielt der zufällig im Tal patrouillierende Gendarmeriebeamte Werner Eigruber den daherstrampelnden Ott auf. »Papiere, bitte«, wurde er aufgefordert. Er habe keine dabei, er sei ein Urlauber aus Deutschland, erwiderte der Radfahrer, allerdings in unverfälschtem Wienerisch. Eigruber brachte den Mann zum Gendarmerieposten in Schörfling, wo sich die wahre Identität des Mannes herausstellte.

Wolfgang Ott ist gefasst und wird nach Wien gebracht.

»Bis tausend zählen«

Wie gefährlich er ist, zeigte eine Leibesvisitation: In seinem Hosensack hatte er eine »Garotte« stecken, ein mörderisches Drosselungswerkzeug aus Draht mit zwei Griffen aus Holz. Noch während der Fahrt gestand er die Entführung und Vergewaltigung der nackt auf seinem Balkon gefundenen Frau und auch das Verbrechen an Gerda T., das ja schließlich zu seiner Festnahme geführt hat.

In der Folge wurde er auch zu der vermissten Sonja Svec einvernommen, von der ja Gegenstände in seinem Haus gefunden worden waren. Ja, er habe sie am 30. Mai entführt, vor ihrem Wohnhaus in Wien-Simmering in seine Gewalt gebracht und in sein Haus geschafft. Ja, er habe sie beraubt, mit ihrer Bankomatkarte Geld abgehoben, aber vergewaltigt habe er sie nicht. Und am 2. Juni, also nach fast 72 Stunden, habe er sie zu einem Parkplatz an der Westautobahn bei Pressbaum gebracht. Dort habe er sie an einen Baum gefesselt und sei dann weitergefahren. »Ich hab zu ihr gesagt, sie soll langsam bis tausend zählen, dann darf sie sich befreien«, erzählte Ott den Polizeibeamten.

Eine Darstellung, die den Ermittlern unwahrscheinlich schien, denn eine Frau – entweder noch gefesselt oder frei und um Hilfe rufend – wäre auf dem viel besuchten Parkplatz sicher aufgefallen. Sonja Svec allerdings war bis zur Stunde noch immer nicht aufgetaucht.

Im Wiener Sicherheitsbüro begannen danach die Ermittler mit den Verhören. Geschickt wurde der Verdächtige in Sackgassen geführt, aus denen dieser durch neue Variationen seiner Darstellung des Geschehens zu entkommen suchte. Ott sollte Zeit-Weg-Diagramme zu seinen Aufenthalten an der Salza, in Wien und am Attersee erstellen, andererseits wurden seine Vermögensverhältnisse penibel durchleuchtet.

Bald stellte sich heraus, dass er bis zum Hals verschuldet war. Mit zehn Millionen Schilling stand er bei den Banken in der Kreide, sein Haus samt Filmstudio war längst verpfändet. Von der Frau, die er nackt auf seinem Balkon zurückgelassen hatte, erbeutete er von ihrem Sparbuch und ihrem Konto 75 000 Schilling, mit der Bankomatkarte von Sonja Svec hob er 10 000 Schilling ab und auch die junge Frau aus Laakirchen, die er in seinem Kofferraum gefangen gehalten hatte, erleichterte er um 5000 Schilling.

Otts Lage war aussichtslos und er ahnte, dass es nicht mehr lange dauern konnte, bis ihm alle Taten nachgewiesen werden konnten. Schluss machen, endlich Ruhe habe, nichts mehr wissen von allem, was da war und vor allem, was da noch kommen werde. Solche Gedanken tauchen in den Verhörpausen auf, wenn man wieder in die Zelle geführt wird.

Bei Ott war das am 21. Juni der Fall. Mit einem Leintuch versuchte er sich in seiner Zelle aufzuhängen. Doch zwischen Vorsatz und Durchführung liegt viel. Als er schon in der Schlinge hing, rutschte er aus und schrie um Hilfe. »Der Kopf tut mir weh«, klagte er den Polizisten, die rasch zu Hilfe gekommen waren.

Nach einem kurzen Krankenhausaufenthalt wurde der verhinderte Selbstmörder zur Untersuchungshaft in das Wiener Landesgericht überstellt.

Im Wehr gefunden

Am 22. Juni fanden Fahnder der Gendarmerie, die den Uferabschnitt der Salza bei Palfau absuchten, die Handtasche von Sonja Svec. Wieder holte man Ott zum Verhör ins Sicherheitsbüro. Mordspezialist Hannes Scherz konfrontierte den Verhafteten mit dem Fund. Bisher hatte Ott ja behauptet, Svec an einem Parkplatz an der Westautobahn nahe von Wien freigelassen zu haben. Wie kommt dann ihre Handtasche in die Steiermark? Die nächste Ausrede: »Ja, ich habe die Tasche im Wagen vergessen und sie dann bei Palfau aus dem Auto geschmissen.« Mit der Tatsache, dass man außer der Handtasche auch noch einen Ohrring von Sonja Svec neben der Salza gefunden hatte, wollte die Polizei Ott erst beim nächsten Verhör weiter in die Enge treiben.

Am Montag, dem 26. Juni, dann die erwartete und gleichzeitig befürchtete Nachricht aus der Steiermark: Die Leiche von Sonja Svec wird gefunden.

Der für die Wartung des Staubeckens des Kraftwerkes Großreifling-Krippau zuständige Werkmeister Friedrich Minhard holte aus einem Gewirr von Holzstücken, Plastikdosen und sonstigem Gerümpel eine nackte, tote Frau an die Wasseroberfläche. Ihre Beine sind mit einem blauen Plastikband gefesselt und der Zustand der Leiche lässt vermuten, dass sie schon wochenlang im Wasser gelegen ist. Der Werkmeister ist sich sicher, dass die Leiche beschwert gewesen sein muss, sonst wäre sie hier, beim Zusammenfluss von Enns und Salza, schon wesentlich früher an die Oberfläche getrieben worden. Die herbeigerufene Gendarmerie meldete den Verdacht, dass es sich möglicherweise um Svec oder eine andere als abgängig gemeldete Frau handeln könnte, dem Sicherheitsbüro, die Leiche wurde sofort nach Wien ins Gerichtsmedizinische Institut gebracht, wo sie Georg Bauer noch am gleichen Tag obduzierte. Der erste Befund des Gerichtsmediziners: Die Frau wurde gewürgt, geschlagen und ist erstickt. Bei der Leiche handelt es sich mit hoher Wahrscheinlichkeit um Sonja Svec.

Am Dienstagnachmittag sollte Ott aus dem Landesgericht wieder ins Sicherheitsbüro zum Verhör gebracht werden. Die Nachricht vom Leichenfund sollte ihn aus der Reserve locken, aus seiner Zelle A 2-18 ließ daher am späteren Vormittag der Untersuchungsrichter den Radioapparat entfernen. Wie sich herausstellte, war es schon zu spät, denn schon in den Frühnachrichten war die Bergung der Leiche aus dem Kraftwerksbereich in der Steiermark gemeldet worden. Ott konnte sich vorbereiten und zeigte beim Verhör durch die Ermittler der Polizei keine Reaktion.

Erst einige Tage später, zermürbt durch die sich in Variationen immer wiederholenden Fragen, was er mit Sonja Svec gemacht habe und wieso man sie nicht bei dem Parkplatz an der Westautobahn gesehen habe, wo er sie doch angeblich freigelassen habe, rückte Ott im Verhör mit Untersuchungsrichter Andreas Böhm mit neuen Details heraus.

Er habe gelogen, als er das vom Parkplatz sagte, er habe Svec doch an die Salza mitgenommen. »Ich hatte sie zwar schon bei Pressbaum an einen Baum gebunden, aber sie hat gebettelt, dass ich sie nicht allein zurücklassen soll.« Er lud sie also wieder in seinen Bus und fuhr weiter in die Steiermark, an sein bevorzugtes Wildwasser. Sie habe ihm dort sogar beim Aufpumpen des Schlauchbootes geholfen. Obwohl er der nackten Frau neuerlich die Beine gefesselt und er ihr auch die Augen verbunden hatte, sei sie »ganz ruhig« gewesen. Sie habe auch nicht geschrien, als er sie an den mitgebrachten Betonring band. »Irgendwo während der Bootsfahrt hab ich den Ring ins Wasser geworfen – und der hat sie mitgezogen. Es hat einen Platscher gegeben und sie ist gleich untergegangen. Ich weiß nicht, warum ich das getan habe, es ist einfach über mich gekommen. Ich hab dann nur geschaut, dass ich schnell von der Stelle wegkomme«, gab Ott dem Richter weiter zu Protokoll.

Unverständlich, was in einem Menschen vorgeht, der mit einer gefesselten Frau im Auto durch Österreich fährt, der weiß, dass in seinem Haus eine vergewaltigte Frau liegt, der mit einer nackten Frau eine Bootstour unternimmt, ihr die Augen verklebt und einen Betonring an die Füße bindet. Dann seelenruhig zusieht, wie sie ertrinkt.

»Nur ein Unfall«

Im violetten Jogginganzug, die Kapuze tief in die Stirn gezogen, stieg Wolfgang Ott am frühen Nachmittag des 14. Juli aus dem VW-Bus, in dem er aus seiner Zelle im Wiener Landesgericht zum Lokalaugenschein an die Salza zwischen Palfau und Großreifling gebracht worden ist. Vor Untersuchungsrichter Johannes Jilke sollte er demonstrieren, was er am 2. Juni mit Sonja Svec gemacht hat. Der Zufall wollte es, dass der Lokaltermin zur selben Zeit stattfand, als in Wien das Opfer begraben wurde.

An Otts Oberarmen waren lange, orangefarbene Bänder festgemacht, die von zwei Gendarmeriebeamten gehalten wurden. Wie ein gefährliches Tier wurde er so am Ufer zu einem vorbereiteten Schlauchboot gebracht und simulierte, wie er damals Svec einsteigen ließ und ihr einen Betonring an die Füße band. Er blieb jedoch bei seiner Aussage, dass er nicht geplant habe, die junge Frau zu töten – es war ein Unfall.

Mehr als ein Jahr nach dem Lokalaugenschein, am 30. September 1996, begann im Wiener Straflandesgericht unter Vorsitz von Richter Kurt Wachsmann der Mordprozess gegen Wolfgang Ott. Neben der

Tötung von Sonja Svec waren auch noch die beiden von ihm gestandenen Vergewaltigungen angeklagt. Juristen und Journalisten wunderten sich, dass der Fall »Karin Müller« mit keinem Wort in der Anklageschrift erwähnt wird. Bereits vor Monaten war bekannt geworden, dass in Otts Bus zwei blonde Haare gefunden worden waren, die mit mehr als 99-prozentiger Sicherheit von Karin Müller stammten. Proben aus ihrer Haarbürste bestätigten das Ergebnis, ebenfalls Vergleiche mit dem DNA-Code der Haare von Müllers Eltern. Doch Ott bestritt bisher vehement, Karin Müller zu kennen, ihre Leiche wurde bisher auch nicht gefunden. Die Anklage daher nur auf den beiden Haaren aufzubauen schien dem Staatsanwalt zu riskant. Die anderen Fälle aber waren lückenlos zu beweisen.

Auf der Anklagebank verkroch sich Ott fast in sich selbst, er schrumpfte auf ein Häufchen zusammen. Was übrig blieb, suchte er in der Kapuze seines Sweaters zu verstecken. Blitzlichter scheute er wie Dracula das Kreuz.

»Ich möchte einen anderen Anwalt« waren die ersten Worte Otts. Dabei hatte Wolfgang Blaschitz versucht, die Jugendzeit seines Mandanten als Quelle allen Unheils darzustellen. Da gab es den jähzornigen Vater, dessen Bibeltreue sogar den Zeugen Jehovas zu radikal war. Da war – im Alter von zehn Jahren – sein erster Kontakt mit der Kinderpsychiatrie. Da war, in der Pubertät, mit 16, sein Überfall auf ein Mädchen. Eine »schwere Sexualneurose«, gestörte Beziehungen zum anderen Geschlecht, attestierte damals Psychiater Otto Schiller dem jungen Ott.

Dann versuchte der Richter, Ott über seine Taten sprechen zu lassen. Es blieb beim Versuch. Ott wusste nicht zu begründen, warum er Sonja Svec einen Betonring an die Füße gebunden hat und diesen, als sie »das Gleichgewicht verlor« und über Bord des Schlauchbootes ging, der Frau nachwarf, statt sie aus dem Wasser zu retten. »Der Angeklagte weint und gibt keine Antwort«, diktierte der Richter ins Protokoll. Dabei hatte Ott doch kurz vorher gesagt: »Was meine Gründe sind, ist doch jedem vollkommen scheißegal.«

Am nächsten Prozesstag hatte Ott einen neuen Verteidiger, Christian Nurschinger, der seinen Mandanten erst am Abend vorher kennen gelernt hatte. Der Angeklagte schilderte nun einige Details der Bootsfahrt mit Svec und bedauerte die »Fahrlässigkeit«, die ihm dabei passiert sei. »Als Sonja unterging, habe ich geheult. Es ist für mich entsetzlich, am Tod eines Menschen schuld zu sein. Es ist das, was passiert ist, schrecklich genug. Warum muss man es noch überhöhen?

Aber ich bin eben ein Scheusal, weil es so in der Zeitung steht. Damit hat sich's.«

Als Gerichtsgutachter wurde der Psychologe Rudolf Quatember gehört. Ott sei »weinerlich-depressiv, er stehe unter erhöhtem Aggressionsdruck«, was der Experte für die Geschworenen so übersetzt: »Ein Tröpferl, und das Häferl geht über.«

Am 3. Oktober das erwartete Urteil: lebenslange Haft und Einweisung in eine Anstalt für geistig abnorme Rechtsbrecher. Ein Urteil mit Gürtel und Hosenträgern. Es soll dafür sorgen, dass Ott nicht nach gängiger Praxis nach 15 Jahren aus der normalen »lebenslangen« Strafhaft entlassen wird, sondern dass er zeitlich unbefristet so lange in der Sonderanstalt bleiben muss, wie es Sachverständige aufgrund seines Geisteszustandes für notwendig erachten. In dieser Anstalt – etwa Am Steinhof, am Mittersteig in Wien oder im niederösterreichischen Göllersdorf – soll Ott vor allem therapiert werden. »Wenn er reparabel ist, hat er noch eine Chance auf Freiheit«, meinte Richter Wachsmann und lud damit die Verantwortung auf die Seelenmechaniker ab.

Otts Anwalt hatte in seinem Schlussplädoyer noch versucht, bei den Geschworenen ein paar Gutpunkte für seinen Mandanten zu sammeln. Worte, die bei den im Gerichtssaal anwesenden Eltern von Sonja Svec auf unverständiges Kopfschütteln stießen. »Vergessen Sie nicht, dass auch Herr Ott ein Mensch ist. Ich sage nicht, dass er ein guter Mensch ist. Aber ich sage: Was mit Sonja Svec geschah, das war ein Unfall im Boot. Herr Ott hatte kein Mordmotiv. Wenn er seinen Trieb befriedigt hat, dann ist er friedlich, dann ist er lieb.« Gegen das Urteil will er berufen und Nichtigkeitsbeschwerde erheben. Im März 1997 entschied dann der Oberste Gerichtshof darüber: Das Urteil bleibt aufrecht.

Vater identifiziert Tochter

Die Wiener Tageszeitung »Kurier« bringt ein Interview mit den Eltern von Sonja Svec. »Lange Zeit wollten wir es nicht wahrhaben, dass Sonja tot ist. Wir haben ihre Leiche ja nie gesehen, wir hätten den Anblick nicht ertragen. Nur der Gedanke daran, dass wir unser Kind vielleicht einmal in einer anderen Welt wieder sehen werden, gibt uns die Kraft, weiterzuleben. Aber nie mehr werden wir glücklich sein oder lachen können. Jede Sekunde des Tages denken wir daran, was mit Sonja geschehen ist.«

Für die Eltern von Karin Müller hat der Schmerz eine andere Dimension. Sie wussten ja lange nicht, was mit ihrem Kind geschah. Der Vater, ein Zahntechniker, hat mit Freunden unzählige Male das Waldstück an der Salza durchstreift, wo Karin am 10. Juni 1995 zum letzten Mal gesehen worden ist. »Wir haben jeden Laubhügel umgegraben, in jede Erdritze geschaut, um eine Spur zu finden. Nichts.« Er ist überzeugt, dass Ott die junge Frau auf dem Gewissen hat. »Warum sagt er nicht, wo er sie versteckt hat, wo sie ist? Wir wollen sie begraben. Kann ein Mensch so kaltherzig sein, das nicht zu verstehen?«

Drei Monate nach der Entscheidung des OGH über das Ott-Urteil wurden die schrecklichen Befürchtungen der Eltern Karin Müllers zur Gewissheit. In einem Waldstück bei Palfau (Steiermark) in der Nähe des Wildwassergebietes wurde von einem Förster am 5. Juni 1997 ein skelettierter Kopf und Oberschenkelknochen einer jungen Frau gefunden. Die Überreste der vor rund zwei Jahren verschwundenen Karin Müller. Ihr Vater konnte sie durch einen von ihm selbst früher angefertigten Gebissabdruck identifizieren. Neben den Knochen wurden Fragmente eines Gurtes gefunden, der aus dem Auto des Mädchens stammte. Weitere Teile des Plastikbandes waren schon vorher im Campingbus von Ott sichergestellt worden. Am Waldboden fanden sich noch andere verknüpfte Bänder, mit denen Karin Müller gefesselt hätte sein können. Zwei Schlaufen, in der Mitte verbunden, waren noch zu erkennen. Die gleiche Knüpfungsart, wie sie auch bei der Fesselung der Füße von Sonja Svec angewendet worden ist.

Durch Zeugenaussagen wurde auch dokumentiert, dass Ott zur möglichen Tatzeit im Juni 1995 in der Nähe von Palfau gesehen worden ist. Und schließlich stammten zwei Haare, die in seinem Wagen gefunden worden waren, laut DNA-Gutachten eindeutig von Karin Müller.

Neuerlich wird Ott aus der Strafhaft ins Wiener Sicherheitsbüro gebracht und zum Tod des 19-jährigen Mädchens verhört. »Ich habe mit der Tat nichts zu tun, ich habe Müller nie bewusst gesehen«, bleibt er bei seiner Verantwortung. Alle Indizien wischt er beiseite.

Dennoch klagt Staatsanwalt Thomas Mühlbacher den Exfilmemacher wegen Mordes an Karin Müller vor dem Landesgericht Leoben an. Am 22. Februar 1999 beginnt der Prozess gegen den »Serientäter«, wie es der Ankläger formuliert. Ein neuerliches Urteil gegen Ott würde verhindern, dass der Mann jemals wieder in Freiheit kommt. Mit diesem Argument wischt der Staatsanwalt alle Bedenken beiseite, warum ein bereits zu lebenslänglicher Haft Verurteilter neuerlich vor Gericht gestellt wird.

Die Situation im Verhandlungssaal ist von absurder Emotionslosigkeit geprägt. »Ott sitzt aufrecht im Stuhl, seine Haare haben dasselbe Grau wie seine Hose und der Pulli, sein Auftreten ist kühl, besonnen«, beschreibt »Der Standard« die Szene. Der Angeklagte darf durch ein von ihm selbst am Computer entworfenes Zeit-Weg-Diagramm erläutern, wo und wann er am 10. Juni 1995 beim Paddeln in der Gegend um Palfau und Großraming gewesen ist. Mit einem Overhead-Projektor wird die Grafik an die Wand im Gerichtssaal geworfen, Ott erklärt seine Fahrten und bedient sich dabei eines Laser-Pointers. Doch der Richter ist gut vorbereitet. »In fünfzig Minuten wollen Sie diese Strecke gepaddelt sein? Es gibt Zeugen, die für dieselbe Strecke zwei Stunden benötigten.«

Dann ist Psychiater Max Friedrich am Wort. Er attestiert Ott »schwere Charaktermängel durch verbiegende Erziehungshandlungen«, die zu Minderwertigkeitskomplexen geführt haben, die Ott mit Aggressionen und einem »massiven Mittelpunktstreben« zu kompensieren versuchte.

Damit ist alles gesagt. Ott wird auch wegen Mordes an Karin Müller verurteilt, die Zumessung einer weiteren Strafe entfällt.

Die Eltern von Karin Müller waren bei dem Prozess dabei. »Man kann es niemandem erklären, was wir in all den Jahren mitgemacht haben«, sagt nachher der Vater. Das Hoffen und das Bangen, der Verdacht und dann die Gewissheit, dass Karin ermordet worden ist. In einem Ordner hat Müller alle Veröffentlichungen über Ott gesammelt, hat selbst Zeit-Weg-Diagramme angelegt, wie das damals, im Juni 1995, abgelaufen sein könnte. »Wir wollten keine Rache, wir wollten Gewissheit«, sagte der Vater nach dem Urteil. »Jetzt haben wir wenigstens ein Grab für Karin.«

Erst im Juli 2004 wurde die Öffentlichkeit wieder mit Wolfgang Ott konfrontiert. Die »Kronen Zeitung« meldete, dass der Doppelmörder einen Fluchtversuch aus dem Gefängnis in Karlau (Steiermark) versucht habe.

Ott arbeitete als Lehrling in der hauseigenen Tischlerei. Er verbarg sich in einer Kiste, von der er wusste, dass sie mit dem Gefängnis-Lkw zu einer Außenstelle der Haftanstalt in Maria Lankowitz gebracht werden sollte. Am Tor war jedoch Endstation. Die Ladung des Wagens wurde nochmals kontrolliert, und ein Justizwachebeamter öffnete dabei auch die Kiste, die Ott vergeblich von innen zuzuhalten suchte. Die Konsequenz: Ott durfte nicht mehr in der Tischlerei arbeiten und bekam drei Wochen Einzelhaft. Später soll er in die Hochsicherheitsabteilung verlegt werden.

Unerörtert blieb in der Öffentlichkeit, ob Otts Aufenthalt in einer Anstalt für abnorme Rechtsbrecher schon beendet ist. Ob also sein psychischer Zustand nach Ansicht von Sachverständigen durch Therapien schon so weit normalisiert wurde, dass er in die normale Haftanstalt Karlau überstellt werden konnte. Und ob damit auch für den Doppelmörder die Chance besteht, nach einigen Jahren wieder in Freiheit zu kommen.

Leiche des Freundes unter der Blumenecke vergraben

Auf dem Zimmerboden lag die massige Leiche des 26-jährigen Altwarenhändlers Roman Löschenkohl, zerfetzt von mehr als zwanzig Messerstichen. Stefan Gegenhuber, sein gleichaltriger Schulfreund, der als Nachtportier arbeitete, legte dem Toten ein Holzkreuz auf die Brust und sprach in Latein ein Vaterunser. Anschließend schleppte der Mörder die Leiche ins Badezimmer, wuchtete den Körper in die Wanne und trank danach im Wohnzimmer den letzten Schluck Pernod aus der Flasche, die er und Löschenkohl vom Gastwirt erhalten hatten, bei dem sie am Abend vorher ausgiebig gezecht hatten.

Es war der 9. Februar 2001 in einem Wohnhaus in der Kirchengasse in Bad Hall. Stefan Gegenhuber hat Roman Löschenkohl nach einem Streit mit einem so genannten »Gipserbeil«, einer scharfen, kurzstieligen Axt, erschlagen. Wie von Sinnen stach er dann auf den Zechkumpan ein, bis auch das letzte Röcheln verstummt war. Mit dem Messer verstümmelte er ihn noch im Genitalbereich. Zum Ausbluten legte Stefan den Toten in die Badewanne, ehe er sich eine elektrische Stichsäge holte. Er trennte Kopf, Beine und Arme vom Rumpf. Die Leichenteile verpackte er schließlich in neun Plastiksäcke.

Am nächsten Morgen holte er sich von einem Baumarkt Fliesenkleber und begann im Zimmer eine Blumenecke einzurichten. Stein auf Stein mauerte er eine kleine Wand, etwa 60 Zentimeter hoch, die Säcke schlichtete er in das Geviert, bedeckte alles mit Erde und setzte eine Zimmerpalme darauf. Eine letzte Ruhestätte war fertig. Den Tag beendete Stefan schließlich in einer Disco in Bad Hall.

Nach und nach machte sich aus der Blumenecke Verwesungsgeruch bemerkbar. Gegenhuber grub den größten Sack mit dem Torso des Toten wieder aus und führte ihn mit seinem Wagen an die Steyr bei Sierning und vergrub ihn dort.

Da Löschenkohl nicht nach Hause gekommen war, erstatteten seine Angehörigen Abgängigkeitsanzeige. Sie selbst machten sich auf die Suche nach dem Mann und fragten auch Stefan, ob er etwas von seinem Schulfreund wisse. »Wahrscheinlich hat er eine Frau kennen gelernt, er wird sich schon wieder melden«, reagierte dieser kühl. Auch die Gendarmerie begann nachzuforschen und stieß schließlich auf das Lokal, in dem Löschenkohl am 8. Februar zuletzt gesehen wurde. Man erinnerte sich auch, mit wem der Altwarenhändler spätabends weggegangen ist.

Der Rest war Routine. Stefan Gegenhuber erhielt Besuch von der Gendarmerie. Im Wohnzimmer fiel ihnen ein neuer Teppich auf, eine Kommode war vollgeräumt mit Brutalvideos. Die Spezialisten der oberösterreichischen Mordkommission unter der Leitung von Werner Buchegger übernahmen die weiteren Befragungen des Nachtportiers. Am 8. März gestand Gegenhuber schließlich den grauenhaften Mord an Löschenkohl und verriet das Versteck der Leichenteile unter der Blumenecke. Im Haus wurde auch das Gipserbeil gefunden und der Rest des Fliesenklebers.

War wirklich nur ein nichtiger Streit Auslöser der Tat? Gab es Auseinandersetzungen wegen homosexueller Handlungen? Die Verstümmelung der Genitalien Löschenkohls lassen darauf schließen. Oder litt der Mörder unter psychischen Störungen? In den Verhören sprach er oft von »inneren Stimmen«, die ihn beeinflussten, und auch die Art, ein Kreuz auf die Leiche zu legen und ein Gebet zu sprechen, könnte ein Indiz dafür sein. Jedenfalls attestierte ihm der Gerichtssachverständige Reinhard Haller »schwerwiegende Persönlichkeitsstörungen«, es könnte sich bei ihm um ein Borderline-Syndrom handeln.

Wie so häufig widerrief auch Gegenhuber in der Untersuchungshaft sein Geständnis vor der Gendarmerie. Nicht er, sondern ein Freund habe die Tat begangen, er habe nur die Leiche beseitigt. Und seinem Verteidiger Josef Lechner vermittelte er den Eindruck, dass »in seinem Körper mehrere Personen hausen«.

Im Landesgericht Steyr begann am 23. Jänner 2002 der Prozess gegen den Nachtportier. Neben Mord warf ihm Staatsanwalt Friedrich Enzenbrunner auch »Störung der Totenruhe« vor. Die Geschworenen folgten seinem Antrag und sprachen eine lebenslange Freiheitsstrafe sowie die Einweisung in eine Anstalt für geistig abnorme Rechtsbrecher aus.

Studentin zerstückelt: Hunde bekamen Menschenfleisch

Am 11. Jänner 1960 legt ein Kriminalbeamter im Wiener Kommissariat Ottakring um 15.15 Uhr einen Aktenvermerk über einen seltsamen Anruf der Altwarenhändlerin Hermine Petris an. Die Frau meldete, so der Vermerk, »dass ihr ein Lumpensammler zwei Fleischstücke für ihre Hunde gebracht hat und sie vermute, dass es sich dabei um menschliches Fleisch handelt. Funkstreife entsandt.«

Die Funkstreife »Norbert« rückt kurz darauf mit dem Fund ein. Es handelte sich tatsächlich um einen menschlichen Unterschenkel und einen Oberschenkel mit Kniegelenk. Gefunden hatte sie der Lumpensammler in einem Koloniakübel in der Wiener Florianigasse, sie waren in einen farbigen Kunstdruck eingewickelt.

Die Mordkommission des Sicherheitsbüros übernimmt den Fall. In den anderen Mistkübeln im Hof des Hauses in der Florianigasse werden weitere Leichenteile gefunden. Zwei Füße, verkohlte Knochenteile, der Kopf einer jungen Frau. Daneben liegt ein grauer Damenschirm.

Routinemäßig werden die Abgängigkeitsmeldungen überprüft. Am 9. Jänner war die Studentin Ilse Moschner, knapp 19 Jahre alt, als vermisst gemeldet worden. Zuletzt dürfte sie, nach Angaben ihres Vaters, als nebenberufliche Versicherungsinkassantin in der Florianigasse unterwegs gewesen sein.

Kurz darauf war klar: Ihre einzige Kundin in dieser Gasse wohnte im Haus Nummer 17, es war die Hausmeisterin Paula Böhm. Als die Beamten bei ihr klopften, öffnete ihr Lebensgefährte, der 26-jährige Hilfsarbeiter Johann Rogatsch. Nein, Paula sei schon am 8. Jänner zur Großmutter aufs Land gefahren, nein, er wisse nichts vom Besuch einer Versicherungsmitarbeiterin. Die Beamten wollten daraufhin das Haus untersuchen und baten Rogatsch, sie in den Keller und über den Hof in die Waschküche zu führen. »Sie haben als Vertreter der Hausmeisterin sicherlich die Schlüssel dazu, nicht wahr?«

In der Waschküche finden die Polizisten Blutspuren, Gewebereste, im Ofen unter dem Kessel verkohlte Knochen. In einer Kiste in der Ecke der Waschküche Fleischstücke und eine blutige Säge.

Ein Gemetzel musste hier stattgefunden haben, die Spuren wurden nur unzureichend beseitigt. Als auch in der Hausmeisterwohnung Blutspuren gefunden werden, wird Johann Rogatsch verhaftet. Seit dem Anruf der Altwarenhändlerin sind knapp acht Stunden vergangen.

In Waschküche Kopf abgeschnitten

Die »Arbeiter-Zeitung« bringt am nächsten Tag die Meldung als Aufmacher der Seite 1. Titel: »Leichenteile als Hundefutter – Ein grauenhafter Frauenmord in Wien rasch aufgeklärt«.

Im Laufe seiner ersten, stundenlangen Vernehmung gibt Rogatsch wie ein routinierter Erzähler eine zusammenhängende Darstellung seiner grausigen Tat. Nachdem er seine Lebensgefährtin am Freitag, dem 8. Jänner, zur Straßenbahn begleitet hatte, ging er wieder in die Wohnung in die Florianigasse. Eine junge Frau, die die Versicherungsprämie kassieren wollte – es war Ilse Moschner – läutete kurz darauf und er ließ sie ein. Als er sagte, dass die gewünschte Hausmeisterin Paula Böhm nicht da sei, ärgerte sich Moschner. »Zu Ihnen kann man kommen, wann man will, nie ist die Frau zu Hause«, soll sie gesagt haben. Diese Bemerkung von ihr »ging mir über die Leber und ich versetzte ihr mit der rechten Handkante einen Schlag ins Genick«, begann Rogatsch sein Geständnis. Als sie nach dem Schlag zusammenbrach, bekam er Angst. »Was blieb mir übrig als sie wegzuräumen?«

Er schleppte sie aus der Wohnung in die Waschküche. Weiter im Protokoll: »Ich schnitt die Füße, und zwar jeden Fuß in drei Teilen ab. Die Arme zerstückelte ich in zwei Teile, und zwar in Ellbogenhöhe und bei der Schulter. Den Kopf habe ich zwischendurch abgeschnitten. Dann machte ich im Waschküchenherd Feuer und verbrannte die Kleider des Mädchens, ebenso Arme und Hände. Den Unterkörper vergrub ich in unserem Kellerabteil. Den Kopf, die Füße sowie Ober- und Unterschenkel warf ich in die Koloniakübel. Zu dem Ganzen habe ich ungefähr eine Stunde gebraucht.«

Später, in weiteren Verhören, kam ein weiteres makabres Detail zur Sprache. Rogatsch gab zu, Bekannten gegenüber immer wieder von einem weit zurückliegenden Mord erzählt zu haben, von einem Mord in den Dreißigerjahren. Damals ist ebenfalls ein junges Mädchen getötet, ihre Leiche zerstückelt und in der Waschküche verbrannt worden. Zuletzt gab er diese Geschichte zwei Tage vor dem Mord an Ilse Moschner einem Besucher in der Hausmeisterwohnung zum Besten.

Brutales Vorleben

Ab 22. Juni 1961 steht Rogatsch wegen des Mordes an dem Mädchen vor dem Geschworenengericht im Wiener Grauen Haus. Der Prozess beginnt damit, dass der Angeklagte erklärt, auf keine Fragen zu antworten. Das Gericht sei ja, wie man wisse, voreingenommen.

Der Staatsanwalt berichtet über das Vorleben des in Kärnten geborenen Mannes. Als Kind kam er in ein Erziehungsheim in Bayern, dann arbeitete er auf Bauernhöfen in Kärnten und fiel dort vor allem durch sein brutales Verhalten gegenüber Tieren auf. 1954 vergewaltigte er eine Landarbeiterin und erhielt dafür vier Jahre Kerker, die er in der Strafanstalt Karlau absaß. Gegenüber Zellengenossen fantasierte er immer von Gewalttaten gegen Frauen, die er begehen wolle. Er werde einen Säbel benützen und damit »die Weiber« aufschlitzen.

In Wien wurde seine blutige Fantasie Wirklichkeit, er zerstückelte die Studentin Moschner. Die lebenslange Freiheitsstrafe, die er dafür bekam, sollte er im Gefängnis Stein absitzen. Das Schicksal wollte es jedoch, dass er dort einen selbst ernannten Rächer traf, der die Todesstrafe über ihn verhängte.

Doppelmörder in Uniform wird zum selbst ernannten Rächer

Mit blinkendem Blaulicht und heulender Sirene rast der Funkwagen der Polizei am frühen Morgen des 16. April 1968 in die Vivenotgasse in Wien-Meidling. Quietschend hält er vor der »Tivoli-Garage«. Kurz darauf trifft auch ein Rettungswagen ein. Der Grund des Einsatzes: Der Sicherheitswachmann Ernst Karl hat gemeldet, dass er auf zwei Männer geschossen habe, die offensichtlich in ein abgestelltes Auto einbrechen wollten und ihn, als er sie anrief, mit einer Waffe bedrohten.

Zwei Körper liegen am Boden der Garage, registrieren die Polizisten der Funkstreife. Der Kellner Walter Pöttler, 25, ist tot, getroffen von drei Pistolenkugeln, der Hilfsarbeiter Johann Kihsl, 22, ist durch zwei Pistolenschüsse schwer verletzt, stirbt aber noch im Rettungswagen.

Kriminalbeamte des Sicherheitsbüros übernehmen den Fall und beginnen noch am Tatort mit der Einvernahme Karls. Er sei ab ein Uhr früh als Rayonsposten im Einsatz gewesen, zu seinen Aufgaben gehöre auch die Routinekontrolle der »Tivoli-Garage«. Bei seinen Rundgängen sei ihm zuerst ein blauer Pkw der Marke Borgward aufgefallen, der das Haus umkreist und den er dann geparkt Ecke Vivenotgasse/Reschgasse gesehen hatte. In der Folge bemerkte er die halb offene

Schiebetür der Garage. In der Dunkelheit sah er zwei Männer, die sich an einem Auto zu schaffen machten. Einer hielt eine Pistole in der Hand. Als er die beiden anrief, schoss der eine Mann, er erwiderte das Feuer, und als er den zweiten Mann hinter sich auftauchen sah, schoss er neuerlich.

Diese Schilderung des Tatgeschehens schien einleuchtend, denn der blaue Pkw stand immer noch an der von Karl bezeichneten Stelle. Was es mit den Schüssen auf sich hat, würde eine spätere Rekonstruktion zeigen.

In der Nähe des Wagens hielten sich auch zwei Frauen auf, die neugierig das Geschehen beobachteten. Da es noch früh am Morgen war, fragten Polizisten die Frauen nach dem Grund. »Das Auto da gehört mir«, sagte die eine. Sie heiße Martha und sei Stenotypistin, ihre Freundin Gertrude Friseurin. Zuerst gaben sie an, der Wagen sei gestohlen worden, doch als sie nicht erklären konnten, wieso sie denn das gestohlene Auto wieder gefunden hätten, gaben sie zu, es zwei Männern geborgt zu haben. Der eine heißt Walter, der andere Johann, er werde aber nur Hansi genannt.

Walter und Johann – das waren exakt die Vornamen der beiden Männer, die in der Garage erschossen wurden. An einen Zufall glaubte niemand.

Die Frauen erzählten weiter und bald wurde die Sache klar. Über Hansi seien die beiden Frauen und auch Walter mit einem Polizisten bekannt geworden. Einem Polizisten, der offenkundig nicht ganz »koscher« war, wie sich bald herausstellte. Vor ihren Ohren, so die Friseurin Gertrude, sei nämlich vom Polizisten mit ihren beiden Freunden eine »Hack'n« besprochen worden, eine lohnende Sache in einer Garage. In einem schwarzen Wagen seien nachts häufig zwei Geldkassetten deponiert. Zwei Kassetten mit der gesamten Tageslosung des Kaufhauses »Tivoli«.

Am Ostermontag habe man sich wieder getroffen, im Kaffeehaus in der Opernpassage. Der Polizist – von dem sie immer noch keinen Namen wussten – würde am Eingang der Garage für Hansi einen Zettel hinterlegen, wann der richtige Zeitpunkt für den Einbruch sei. Für die Ermittler des Sicherheitsbüros schien nun der Zeitpunkt gekommen, den Polizisten zu enttarnen. Sie legten den Frauen verschiedene Fotos vor, beide zeigten unabhängig voneinander auf das gleiche: auf das Foto des Polizisten Ernst Karl.

Hatte er tatsächlich mit den beiden Kleinkriminellen zusammengearbeitet? Und wenn ja, warum hat er sie dann getötet?

Dienstlich ein »harter Hund«

Im Sicherheitsbüro erzählt Karl seine Geschichte.

Geboren 1945 in Scheibbs, Niederösterreich. In seiner Kindheit geht er in Mädchenkleidern ins Kino. 1963 geht er freiwillig zum Bundesheer, anschließend bewirbt er sich bei der Polizei. Der Drang in eine reine Männergesellschaft ist offenkundig. Am 1. Oktober 1966 wird er dem Wachzimmer Hufelandgasse zugeteilt, er versieht Dienst als Rayonsposten. Er gilt dienstlich als »harter Hund«, schießt schon mal einem Verkehrssünder nach und kehrt immer wieder den strengen Gesetzeshüter heraus.

Seine homosexuellen Neigungen verbirgt er geschickt. Zumindest meint er das. Doch die »stille Post« in der Unterwelt gibt begierig derartige Informationen weiter – einen schwulen Polizisten zu kennen ist wie ein Ass im Talon.

Johann Kihsl, den Karl bei einer Verkehrskontrolle kennen gelernt hatte, zieht bei Gelegenheit die Karte aus dem Talon. Bei einem darauf folgenden Zusammentreffen hält er Karl dessen Homosexualität vor und verlangt Geld. Der Polizist zahlt im Dezember 1967 tausend Schilling. Doch Hansi will bald wieder Geld, Karl ist verzweifelt und unternimmt einen Tag vor dem Heiligen Abend einen Selbstmordversuch. Er schluckt zwanzig Tabletten Mogadon. Zu wenig um zu sterben, genug, um in die Psychiatrie eingeliefert zu werden. Den Ärzten gesteht er, wegen seiner Homosexualität erpresst zu werden, doch die halten sich an die Schweigepflicht. Er bleibt 14 Tage in der Klinik, dann tritt er wieder seinen Dienst an.

Kihsl hat ihn bald wieder am Haken. Karl brauche nicht für sein Schweigen zu bezahlen, dafür soll er für ihn bei anderen Opfern abkassieren. Bei einem Prominenten holt Karl 10 000 Schilling. Als Preis dafür, dass er nicht wegen »Unzucht wider die Natur« angezeigt und damit wohl gesellschaftlich vernichtet wird.

Karl will sich aus dem Teufelskreis befreien. Seine Neigungen kann er nicht ablegen, seinen Erpresser aber will er loswerden. Und so erzählt er Hansi und dessen Freund von den Geldkassetten in der »Tivoli-Garage«, legt dann einen Zettel in das Eingangstor mit der besten Tatzeit – »Null Uhr fünf Minuten« – und wartet darauf, dass der geldgierige Erpresser arglos zuschlägt. Er weiß, wie dieser Einbruch enden wird. Er wird seinen Erpresser auf frischer Tat erwischen und mit tödlicher Konsequenz handeln.

Diskussion um »Homo-Paragrafen«

In den Zeitungen, die Karl noch vor wenigen Tagen als »mutigen und umsichtigen« Polizisten gepriesen hatten, empörte man sich nun über den »Mörder in Uniform«. Und in manchen Blättern begann man auch mit Diskussionen über die verhängnisvollen Nebenwirkungen des »Homo-Paragrafen«, der immer wieder Erpressern ihr schmutziges Handwerk ermöglichte.

Am 16. Dezember 1969 gab es den Prozess gegen Karl. Keine leichte Sache für die Geschworenen, denn sie mussten ja neben der Hauptfrage, ob es sich um Mord handle, noch zahlreiche Eventualfragen beantworten.

Eine davon, nach einem möglichen Notwehr-Exzess, lautete: »Ist Ernst Karl schuldig, am 16. April 1968 in Wien aus Bestürzung, Furcht oder Schrecken die Grenzen einer nötigen Verteidigung zur Abwehr eines rechtswidrigen Angriffes auf Leben, Freiheit oder Vermögen von sich oder anderen abzuwehren, überschritten und durch Abgabe von mehreren Schüssen gegen Johann Kihsl Handlungen begangen zu haben, von welchen er schon nach ihren natürlichen, für jedermann leicht erkennbaren Folgen einzusehen vermochte, dass sie eine Gefahr für das Leben, die Gesundheit oder körperliche Sicherheit von Menschen herbeizuführen oder zu vergrößern geeignet seien, und woraus der Tod des Johann Kihsl erfolgte?«

Die offenkundig in der Gesetzessprache sehr bewanderten Geschworenen verneinten diese Frage und entschieden auf Mord. Bei der Urteilsbemessung wurde der auf Karl ausgeübte erpresserische Zwang berücksichtig und er erhielt zwanzig Jahre Haft.

In der Strafanstalt Stein war Karl kein pflegeleichter Häftling. Er war aggressiv, zertrümmerte oft seine Einrichtung und wurde in eine besonders gesicherte Zelle verlegt. Nur ab und zu durfte er mit anderen Häftlingen in Kontakt treten. Im Jänner 1974 wurde ihm erlaubt, mit dem bereits seit dreizehn Jahren inhaftierten Mädchenmörder Johann Rogatsch eine Schachpartie zu spielen.

Zwischen zwei Zügen stand Karl plötzlich auf und schrie: »Ich bin vom Sicherheitsbüro beauftragt, die gerechte Strafe zu vollziehen.« Der Polizist stürzte sich auf Rogatsch und erwürgte ihn. Auch die in die Zelle stürmenden Wärter attackierte er, ehe er gebändigt werden konnte.

In der Folge wurde Karl psychiatrisch behandelt und wegen des Mordes in der Zelle zu einer lebenslänglichen Strafe verurteilt. Seine

»Entschuldigung«: Rogatsch wollte ihn zu einer Geiselnahme überreden, und als er ablehnte, wollte ihn Rogatsch dann »verpfeifen« und als Planer eines Ausbruchsversuchs darstellen. Da habe er »in Notwehr« handeln müssen.

Der mordende Polizist ist am 16. Juni 2001 in Stein gestorben.

Wenn sich nach dem »Lebenslänglich« die Zellentüre wieder öffnet

Die härteste Strafe, die in Österreich verhängt werden kann, ist die lebenslängliche Haft. »Die Strafe endet mit dem Tode«, so lautet das Urteil, das Geschworene bei Kapitalverbrechen aussprechen können. Erst im Sarg sollen die Verurteilten das Gefängnis verlassen. Doch einen Funken Hoffnung gibt es – die »bedingte Entlassung« von »Lebenslänglichen« nach 15 oder 20 Jahren ist bei einer guten Zukunftsprognose möglich.
In manchen Fällen erweist sich das Öffnen der Zellentüre jedoch als tragischer Fehler, manchmal werden entlassene »Lebenslängliche« erneut zu Mördern. Die Jahre in der Haft haben nichts bewirkt, keine Einsicht, keine Besserung, keine Abschreckung vor neuen Taten. Müssen Mörder immer wieder morden, müssen sie wirklich auf ewig weggesperrt bleiben? Kann man in ihre Seele sehen, was sich verändert hat und wie sie sich in Freiheit verhalten werden?

Ein Reisender in Sachen Mord

Adressiert war das Paket an Lynn Herold, Sheriff-Department, Los Angeles, USA. Der Inhalt: zwei zusammengedrehte und verknüpfte helle Kordeln aus dem Bund einer Jogginghose sowie einige makabre Fotos. Sie zeigen einen Mann, der sich mit dieser festen Schnur an einem Heizungsrohr erhängt hat. Einige Großaufnahmen geben aus verschiedenen Winkeln besonders die Knoten in den Kordeln wieder.

Die Empfängerin des Pakets arbeitet beim amerikanischen FBI und ist Expertin für Knoten und Schlingen, wie sie beim Erdrosseln von Menschen geknüpft werden. Nach ihren Erfahrungen wendet ein Serientäter immer wieder die gleiche Technik an, ähnelt ein Knoten dem anderen, auch wenn er in verschiedene Materialien geschlungen wird.

Den Knoten im Paket, das Lynn Herold bekam, hat Jack Unterweger geknüpft und die mitgeschickten Fotos zeigen ihn, wie er am 29. Juni 1994 erhängt in seiner Zelle im Landesgericht Graz gefunden wurde. Ein paar Stunden vorher war er von einem Geschworenengericht wegen neunfachen Mordes zu lebenslanger Haft verurteilt worden. Es war sein zweites »Lebenslänglich«, denn bereits 1976 war er wegen eines Mordes zu dieser Strafe verurteilt worden.

Etliche Tage später kam die Antwort von Herold: Der Knoten, den Unterweger in die Kordel geknüpft hat, mit der er sich erhängte, gleicht jenen Knoten, mit denen fünf Frauen erdrosselt worden sind und für deren Tod sich Unterweger zu verantworten hatte.

Ein Beweis mehr, post mortem. Der Schlusspunkt eines Falles, der einmalig in der österreichischen Kriminalgeschichte ist.

Den »Frack« bekommen

Im Dezember 1974 war in der Nähe von Frankfurt die 18-jährige Margret Schäfer auf brutalste Art getötet worden. Erschlagen mit einer Stahlrute, erdrosselt mit ihrem Büstenhalter. Ein Motiv für die Tat konnte nicht gefunden werden. Im Oktober 1976 wurde Jack Unterweger, der 1950 als unehelicher Sohn eines amerikanischen Besatzungssoldaten in Judenburg geboren worden ist, wegen dieses Mordes zu lebenslanger Haft verurteilt, er bekam den »Frack«, wie es in der Häfensprache heißt.

Unterweger begann in seiner Zelle in der Strafanstalt Stein zu schreiben. Zuerst nur Liebesbriefe an zahlreiche Frauen, die auch erwidert wurden, dann verarbeitete er literarisch sein Leben. Nicht immer wahrheitsgetreu, aber gekonnt. Er kam in Kontakt mit dem ORF und schrieb über hundert Folgen der Radiosendung »Das Traummännlein kommt«. Im Dezember 1984 durfte er im »Kultursaal« des Gefängnisses aus seinen Werken lesen. Viel Prominenz, auch das Fernsehen war dabei, Günther Nenning lobte die dichterische Qualität der Werke. Fünf Jahre später wurde der verurteilte Mörder zu einer Lesung im Rahmen des Ingeborg-Bachmann-Preises im vergitterten Bus der Justizwache nach Klagenfurt ausgeführt. Dann erlaubte Justizminister Egmont Foregger, dass Unterweger in Begleitung von Gefängnisdirektor Karl Schreiner zur Premiere des nach seinem Buch »Fegefeuer« gedrehten Filmes zu den Filmtagen nach Wels reisen durfte. Im Gefängnis gibt der »Lebenslängliche« die Literaturzeitschrift »Wortbrücke« heraus.

Daraufhin folgte eine Reihe von Interventionen für die bedingte Entlassung des mittlerweile als »Häfen-Poeten« bezeichneten Unterweger. Tatsächlich öffneten sich für ihn am 23. Mai 1990 nach 15 Jahren Haft die Gefängnistore. Er feierte seine Entlassung mit einer Lesung in der von der Wiener Linken bevorzugten »Alten Schmiede«. An seiner Seite sein Anwalt – und Manager, wie eine Zeitung schrieb – Georg Zanger.

Finanziell durch die Tantiemen seiner Werke gut versorgt, legte sich Unterweger in der neu gewonnen Freiheit einen gebrauchten roten Mercedes 450 SEL und das Wunschkennzeichen »W – Jack 1« zu. In seiner Wohnung in Wien-Josefstadt empfing er zahlreiche Verehrerinnen.

Ein halbes Jahr nach seiner Haftentlassung, im November 1990, wird Unterwegers Stück »Kerker« im Wiener »Theater Die Tribüne« uraufgeführt. Viele jubeln: Der Mann sei ein Beweis für eine gelungene Resozialisierung, für den modernen Strafvollzug.

Im Dezember 1990 besuchte Unterweger das ORF-Studio Vorarlberg in Dornbirn, wo ein Hörspiel von ihm aufgenommen wird. Auftritt folgte auf Auftritt, er machte quer durch Österreich Lesungen aus seinen Werken.

Serie von Prostituiertenmorden

Die Polizei registrierte ab dieser Zeit eine Reihe von Prostituiertenmorden, die alle nach einem ähnlichen Schema abliefen. So war einen Tag vor Unterwegers Auftritt in Vorarlberg die Leiche der Prostituierten Heidemarie Hammerer in einem Waldstück bei Lustenau entdeckt worden. Die Frau war mit einem Schal stranguliert worden. An den Kleidungsstücken der Ermordeten werden rote und grüne Fasern gefunden.

Anfang Jänner 1991 wurde in einem Bachbett bei Gratkorn die seit Oktober 1990 verschwundene steirische Prostituierte Brunhilde Masser tot aufgefunden. Spuren deuteten auf Erdrosselung.

Im Mai 1991 wurde die seit einem Monat von ihrem Standplatz in der Wiener Johnstraße abgängige drogenabhängige Gelegenheitsprostituierte Sabine Moitzi bei der Kreuzeichenwiese im Schottenwald gefunden. Sie wurde mit ihrer Strumpfhose erdrosselt. Ebenfalls im Mai 1991 wurde die Prostituierte Karin Eroglu in Wien mit ihrem Body erdrosselt und in einem Waldstück bei Gablitz versteckt.

Die Polizei nahm an, dass auch die Gelegenheitsprostituierte Blanka Bockova ein Opfer dieser makabren Serie geworden ist. Sie war bereits im September 1990 in der Nähe von Prag erdrosselt und ihre Leiche in einem Bachbett abgelegt worden.

Die Kriminalbeamten begannen mit den Routineerhebungen. Alle Personen, die durch Gewalttaten gegen Prostituierte in den letzten Jahren aufgefallen waren, wurden in Listen erfasst und nach und nach überprüft. Auf der Liste stand neben Dutzender anderer Namen auch der des »Häfen-Poeten« Jack Unterweger. Auf ihn machte auch ein pensionierter Salzburger Kripo-Mann aufmerksam – ihm war vor Jahren der junge Unterweger aufgefallen, den er wegen eines Prostituiertenmordes verhört hat. Auch damals war ein seltsam geknüpftes Tuch als Mordwerkzeug festgestellt worden, doch verliefen die Ermittlungen gegen Unterweger im Sande. Der Pensionist machte jedoch seine Kollegen auf die Parallelen aufmerksam.

Die Polizei hatte damals auch Anzeigen über verschwundene Prostituierte in ihren Akten. So war seit April 1991 Silvia Zagler, die in der Hütteldorfer Straße arbeitete, verschwunden, etwa zur gleichen Zeit verschwand auch die Prostituierte Regina Prem von ihrem Standplatz Linzer Straße in Wien-Fünfhaus, seit Mai 1991 war die Grazer Prostituierte Elfriede Schrempf abgängig.

Im Juni 1991 wurde Max Edelbacher, dem Leiter des Wiener Sicherheitsbüros der Besuch eines ORF-Reporters angekündigt. Es war Jack Unterweger, der für eine Radiosendung einen Beitrag über die ermordeten oder verschwundenen Prostituierten machen wollte. Doch der Besuch in der Höhle des Löwen blieb für Unterweger nicht ohne Folgen. Da bereits ein vager Verdacht gegen ihn bestand, wurde er nach diesem Besuch von Kriminalbeamten observiert. Sie meldeten, dass er am 10. Juni 1991 nach Los Angeles abgeflogen war.

Drei Tote in Los Angeles

Aus den USA kamen in der Folge drei Meldungen: Am 20. Juni wurde die Prostituierte Shannon Exley in Los Angeles mit ihrem Büstenhalter erdrosselt, Samenspuren wurden sichergestellt, am 30. Juni wurde die ebenfalls mit dem Büstenhalter strangulierte Prostituierte Irene Rodriques aufgefunden, wenige Tage später die Leiche der Prostituierten Sherri Long in Malibu. Auch sie hatte den zu einer Schlinge geknoteten Büstenhalter um den Hals.

Unterweger kommt Mitte Juli nach Wien zurück, besucht wieder Edelbacher im Büro der Mordkommission und zeigt ihm Bilder aus den USA. Er habe auch dort über Dirnenmorde recherchiert, erzählt er.

Ungefähr zur gleichen Zeit, im Juli 1991, wurde in einem Waldstück in Wolfsgraben, nahe von Wien, die nackte, halbverweste Leiche der Prostituierten Silvia Zagler gefunden, die vor drei Monaten aus ihrem Revier in der Hütteldorfer Straße verschwunden war. Inzwischen weiß man, dass Unterweger häufig diesen Straßenstrich aufgesucht hatte.

Der Verdacht gegen ihn verdichtete sich und durch eine gezielte Indiskretion kam die Wiener Tageszeitung »Kurier« am 1. September zu einer Sensationsmeldung: Für die Prostituiertenmorde in Österreich komme ein entlassener »Lebenslänglicher« in Frage. Und weiter im Wortlaut: »Die Tat, wegen der der Mann zu lebenslanger Haft verurteilt worden ist, zeigt verblüffende Parallelen zu den Verbrechen im Wienerwald. Auch treffende Spitznamen hat der unheimliche Dirnen-Killer von der Polizei bereits erhalten: Jack the Struggler oder der Würger von Penzing.« Offenkundig beabsichtigte die Polizei, Unterweger, auf den ja die »Indiskretion« gezielt war, nervös zu machen.

Es dürfte gelungen sein. Am 8. Oktober rief jemand die Geheimnummer von Rudolf Prem, dem Ehemann der seit April vermissten Prostituierten Regina Prem an. »Ich bin der Vollstrecker. Ich habe elf der gerechten Strafe zugeführt. Sie liegen alle am Sühneplatz, mit dem Gesicht zum Hades. Der Achter steht im Zenith«, hörte Prem am Telefon. Und am Hausbriefkasten lagen einige Packungen Zigaretten der Marke »Players Nr. 5«, der Lieblingsmarke der Verschwundenen, in einer Packung steckte das Bild des Sohnes des Ehepaares Prem. Der Mann meldete den Anruf der Polizei. Damals war das Schicksal der Prostituierten noch ungeklärt, ihre Leiche wurde erst im April 1992 bei der Rohrerwiese am Hermannskogel gefunden.

Neue Einvernahmen Unterwegers folgen, es gibt zwar zahlreiche Indizien, aber keine stichhaltigen Beweise. Im Innenministerium wird daraufhin eine Sonderkommission gebildet, Ermittler aus Wien, Niederösterreich, der Steiermark und Vorarlberg versuchen jeden Schritt Unterwegers nachzuvollziehen.

Flucht in die USA

Es wurden Nägel mit Köpfen gemacht, ein Haftbefehl für den immer noch observierten Unterweger ausgestellt. Am 15. Februar sollte er festgenommen werden – doch am 13. Februar entwischte der Verdächtige.

Er hatte seine Freundin Bianca Mrak aus einem Lokal in der Nähe von St. Gallen, in dem sie als Serviererin arbeitete, abgeholt, war mit ihr nach Paris gefahren und von Orly aus nach Miami geflogen. Das konnte man anhand der Kreditkartenabbuchungen feststellen.

Per internationalen Haftbefehl wird er gesucht. Weil Unterweger Geld braucht, verrät er sich schließlich selbst. Er telefoniert mit einer Mitarbeiterin eines Wiener Verlags und bietet seine »Flucht-Story« an. Honorar: 100 000 Schilling. Verleger Gert Schmidt informiert das Wiener Sicherheitsbüro und geht zum Schein auf Unterwegers Angebot ein. Postlagernd Miami schickt er 5000 Schilling Vorschuss. Als Unterweger das Paket abholen will, wird er festgenommen. Die Meldung über die Verhaftung trifft am Abend des Opernballs in Wien ein.

In den folgenden Tagen wird Unterweger zu einigen Verbrechen in den USA vernommen. Der Österreicher hatte vom 11. Juni bis 16. Juli 1991 im Hotel Sisley in Los Angeles gewohnt, in diesem Zeitraum wurden in der Umgebung auch drei Prostituierte ermordet.

Lynn Herold, FBI-Spezialistin für Fesselungen und Strangulation, hatte festgestellt, dass die Büstenhalter, mit denen die drei Frauen erdrosselt wurden, alle in der gleichen Art zu einer Schlinge gedreht und so verknotet waren, dass sie beim Versuch, sich zu befreien, immer fester zugezogen wurden. An einen Zufall konnte niemand glauben – Unterweger galt als Reisender in Sachen Mord, die Indizien gegen ihn waren erdrückend.

Später stellte Herold aufgrund der Tatortfotos aus Österreich fest, dass der gleiche Knoten auch bei der Strangulierung von Sabine Moitzi und Karin Eroglu geknüpft worden war.

Während der Verhaftete in Auslieferungshaft in den USA sitzt, gibt er bereitwillig Interviews für österreichische Zeitungen und das Fernsehen. Ende Mai 1992 wird er nach Österreich überstellt. »Helles Hemd und Jeans, ein fröhliches Lächeln auf den Lippen. Wie ein Sommerfrischler stieg Jack Unterweger nach dreimonatigem Gefängnisaufenthalt im sonnigen Florida gestern früh aus einer Maschine der US-Airline Delta. Sein Empfangskomitee – sieben Kriminalbeamte aus Graz – begrüßte ihn mit Handschellen«, beschreibt eine Zeitung die Rückkehr. Unterweger wird sofort in das Landesgericht Graz eingeliefert.

Im Oktober 1992 wird die skelettierte Leiche der Grazer Prostituierten Elfriede Schrempf in einem Wald nahe von Weitendorf gefunden. Sie war seit Mai 1991 abgängig. Auch der Mord an ihr wird Unterweger vorgeworfen.

Ein langer Prozess

Am 19. April 1994 war das Café Paragraph gegenüber dem Grazer Landesgericht gesteckt voll. Vor allem Journalisten drängten sich um die kleinen Tische, ab und zu kam auch ein Rechtsanwalt oder ein Polizeibeamter vorbei. Informationen und Gerüchte machten die Runde und vor allem galt es für die Reporter, sich im Laufe des Vormittags die Akkreditierung aus dem Büro des Gerichtspräsidenten zu holen. Am nächsten Tag würde der Prozess des Jahres beginnen, das Verfahren gegen den »Häfen-Poeten« Jack Unterweger, der wegen elf Morden angeklagt ist. Für die angemeldeten 77 Journalisten waren die Plätze im Großen Schwurgerichtssaal gesichert, die Kiebitze mussten herausfinden, wie früh sie sich anzustellen hätten, um noch Einlass zu finden.

Es wurde ein langer Prozess, in 32 Verhandlungstagen wurden 160 Zeugen, Kriminalbeamte und Sachverständige vernommen, die drei Rechtsanwälte Unterwegers (Hans Lehofer, Georg Zanger und Alfred Noll) kamen in Verdacht, ohne Erlaubnis ein Videointerview mit ihrem Klienten im Verhörzimmer aufgenommen und dem deutschen TV-Sender SAT 1 zugespielt zu haben, zahlreiche Frauen hatten unter Ausschluss der Öffentlichkeit über ihr intimes Verhältnis zu Unterweger berichtet und knapp vor dem Urteil gab es noch einen Bombenanschlag auf das Gerichtsgebäude.

Für viel Aufmerksamkeit sorgte am 2. Mai August Schenner, ein pensionierter Kriminalbeamter aus Salzburg, mit seiner Zeugenaussage. Er hatte 1973, vor 21 Jahren, in einem Mordfall zu ermitteln, erzählt der 70-Jährige etwas umständlich. Die Arbeiterin Marica Horvat war im Salzachsee tot gefunden worden, gefesselt und mit einer Krawatte erdrosselt. Die gleiche Fesselungsart hatte Schenner schon vorher in einem Vergewaltigungsfall bemerkt – im Verdacht für dieses Verbrechen war Jack Unterweger, damals 22 Jahre alt, gestanden. Der Beamte mit dem ausgezeichneten Erinnerungsvermögen verhörte ihn daraufhin jetzt auch zum Mordfall Horvat, doch gab ihm seine Freundin ein Alibi. Jahre später platzte das Alibi und Schenner wollte Unterweger im Auftrag der Salzburger Staatsanwaltschaft neuerlich verhören. Der saß damals bereits wegen des Mordes an der deutschen Prostituierten Margret Schäfer in der Strafanstalt Stein. »Sie haben im Fall Horvat kein Alibi mehr, Sie waren nicht bei der Freundin in Wels, wo waren Sie?«, fragte Schenner. Doch Unterweger ließ ihn kaltschnäuzig abfahren: »Ich habe sowieso schon ›lebenslänglich‹ und keine Lust, weitere Fragen zu beantworten.« Der Fall Horvat blieb ungeklärt, für Schenner jedoch blieb Unterweger weiterhin verdächtig. Als die Serie von Prostituiertenmorden bekannt wurde, machte er Kollegen auf seine Erhebungen aufmerksam. Sie waren ein wichtiges Steinchen im Indizienmosaik.

Strumpfhose im Auto

Mit fahrigen Handbewegungen scheuchte Bianca Mrak, die Fluchtgefährtin Unterwegers, die Fotografen zur Seite, als sie am 4. Mai ihren Zeugenauftritt hatte. Sie erzählte von ihrer anfänglich großen Liebe, die endete, als sie in Miami bemerkte, dass er sie betrog. Sie erzählte aber auch, dass sie in Unterwegers Wohnung zwei Schachteln mit gebrauchter Damenwäsche und im Handschuhfach eine Damenstrumpfhose entdeckt hatte. Ein Raunen im Saalpublikum als Echo.

Am Nachmittag dieses Tages kamen Kriminalbeamte zu Wort, es ging um die Ermittlungen zur Aufklärung des Todes der beiden steirischen Prostituierten Brunhilde Masser und Elfriede Schrempf. Masser war im Oktober 1990 verschwunden, ihre Leiche war Anfang Jänner 1991 in einem Bachbett bei Gratkorn gefunden worden. Spuren deuteten auf Erdrosselung. Unterweger war im Oktober 1990 in der Gegend. Elfriede Schrempf wurde seit März 1991 vermisst, ihre skelettierte Leiche fand man im Oktober 1992 in einem Wald nahe von Weitendorf. Unterweger war zum Zeitpunkt des Verschwindens Schrempfs in Graz. »Die Parallelen waren unübersehbar«, sagt der steirische Kriminalbeamte Adolf Steger. Franz Brandstätter, inzwischen pensionierter Chef der Grazer Mordkommission, beschreibt die erste Einvernahme Unterwegers: »Er ist mit seinem Handy am Ohr in unserem Büro hin und her gesprungen, meinte nur, er wisse von nichts und habe sowieso in Wien schon alles gesagt. Gerade nur, dass er uns nicht als Provinzkieberer bezeichnet hat.«

Am 9. Mai 1994 folgte der Auftritt einer weiteren wichtigen Zeugin. Sie war im September 1991 mit Unterweger in Beziehung gekommen. Als sie ihn einmal in seiner Wohnung in der Wiener Florianigasse besuchte, wollte er extreme Sexspiele. Die zierliche Kathrin weigerte sich, er wurde brutal. »Er hat mich so aufs Bett geworfen, dass ich mir an der Kante das Schlüsselbein gebrochen habe.« Sie flieht, im Garten des nahen Gasthauses Adam helfen ihr Gäste und rufen die Rettung. Im Spital gibt sie an, sie wäre gestürzt. »Ich habe Unterweger ja geliebt, hätte ich ihn als Täter angegeben, wäre seine Bewährungsfrist pfutsch gewesen und er hätte wieder ins Gefängnis müssen.« Die bittere Pointe: Ohne ihre Rücksichtnahme wären vielleicht einige Frauen noch am Leben.

Die Wiener Gerichtsmedizinerin Dr. Andrea Berzlanovich präsentierte am 12. Juni dem Gericht eine interessante Studie. Sie hat die 54 Morde an Prostituierten, die seit 1959 in Österreich entdeckt worden sind, nach Tatorten und der Art der Tötung aufgeschlüsselt und kam zum Ergebnis, dass in acht Fällen die Opfer erdrosselt wurden und – zumindest teilweise – entkleidet im Freien gefunden worden sind. »Es sind jene sieben Opfer dabei, für die der Angeklagte hier vor Gericht steht und ein Fall aus Tirol, der 1979 geklärt wurde«, zog sie Bilanz.

Am 28. Juni dann das Urteil, über das die Geschworenen stundenlang beraten haben: In neun der elf angeklagten Prostituiertenmorde wird Unterweger für schuldig erkannt und zu lebenslanger Haft verurteilt – sein zweites »Lebenslänglich« nach der Verurteilung wegen der Ermordung von Margret Schäfer im Jahr 1976. Freigesprochen wird er in den Fällen Elfriede Schrempf (Graz) und Regina Prem (Wien).

Unterwegers Schlusswort dauert zwei Stunden. Jugend und Läuterung erwähnt er immer wieder, bezeichnet sich selbst als »Luftikus«, von dem man vielleicht angewidert sein kann, der aber nicht gemordet hat. »Ich bin unschuldig, wenn Sie mich verurteilen, lacht sich der wahre Mörder ins Fäustchen«, redet er auf die Geschworenen ein. Man merkt ihnen keine Reaktion an.

In der Nacht nach dem Urteilsspruch erhängt sich Jack Unterweger in seiner Zelle. Um drei Uhr früh sahen ihn Justizwachebeamte, die ihn durch den Türspion beobachteten, im Bett liegen, bei der nächsten Kontrolle um halb vier war das Bett leer. Unterweger hatte sich am Heizungsrohr im WC-Abteil der Zelle erhängt. »Es war sein bester Mord«, kommentierte kaltschnäuzig am nächsten Tag der ÖVP-Abgeordnete und Anwalt Michael Graff den Selbstmord.

Streng juristisch ist allerdings das Urteil gegen Unterweger nicht rechtskräftig, da seine Verteidiger sofort nach dem Wahrspruch der Geschworenen Rechtsmittel angemeldet haben und es darüber, nach dem Selbstmord Unterwegers, keine Sachentscheidung mehr gab.

Das Böse im Mann und seine magnetische Anziehungskraft

In der Kriminalchronik bemerkt man immer wieder ein Phänomen: Die starke Anziehungskraft, die verurteilte und im Gefängnis sitzende Mörder auf manche Frauen ausüben. Erst entwickelt sich ein umfangreicher Briefwechsel zwischen drinnen und draußen, dann besuchen die Frauen ihren bis dahin unbekannten »Freund« in der Strafanstalt und bei so genannten »Freigängen« kommt es dann in der Wohnung der Frau oder in Hotels zu intimen Kontakten. Ist es ein Mutterkomplex, der Frauen dazu bewegt, den Gestrauchelten beschützen und wieder auf den rechten Weg bringen zu wollen? Ist es der Reiz, sich einem starken, oft brutalen »Männchen« zu ergeben? Oder ist es Neugier, den Charakter eines Bösewichts kennen zu lernen? Vielleicht auch eine Mischung aus all diesen Motiven, denn die fast magnetische Anziehungskraft von Mördern, vor allem von Triebtätern, auf Frauen wird immer wieder beobachtet.

Als 24-jähriger junger Mann hatte Karl Otto Haas 1973 in Graz die etwa gleichaltrige Lehrerin Catherine Bouteiller aus Frankreich ermordet. »Ich liebe und ich hasse alle Frauen, und ich werde als größter Frauenmörder aller Zeiten in die Geschichte eingehen«, sagte er in dem gegen ihn geführten Prozess, in dem er zu lebenslanger Haft verurteilt worden ist.

Die Strafe saß er im Gefängnis in der Karlau (Steiermark) ab. 1989 nahm ihn eine Psychologin der Strafanstalt aus der Zelle mit nach Hause, er sollte ihr als geschickter Tischler beim Bau eines Hauses helfen. In einer Pause flüchtete er, wurde aber rasch wieder gefasst und in die Karlau zurückgebracht. Ein paar Tage Einzelhaft, danach war der Fluchtversuch nur noch ein Aktenvermerk im Personalbogen des Mörders.

Der Amtsschimmel ließ sich dadurch nicht in seiner Routine stören. Da »Lebenslängliche« meist nach 20 Jahren Haft auf Bewährung entlassen werden, beginnt einige Zeit vorher der übliche Countdown dazu.

1992 kommt Haas zur Vorbereitung der Entlassung in die Wiener Sonderstrafanstalt Mittersteig. Ein Gefängnis mit allem Komfort. Die Zellen sind tagsüber offen, die Häftlinge können sich gegenseitig besuchen, im Haus frei bewegen, den Gemeinschaftsraum, das Fitnessstudio oder die Bibliothek aufsuchen und vieles mehr.

Haas war Freigänger, durfte also ohne Bewachung die Strafanstalt verlassen. Er war mittlerweile 43 Jahre alt und wirkte mit seinem kleinen Bärtchen über der Oberlippe nicht unattraktiv, obwohl er eher klein gewachsen war und Brillen trug. Wenn er Ausgang hatte, besuchte er oft Maria H. in der Bergasse in Wien-Alsergrund. Die geschiedene Frau mit vier Kindern war eine Brieffreundin des Mörders und hatte ihm bei einem Besuch im Gefängnis auch ihre Wohnungsschlüssel gegeben. Am Donnerstag, dem 4. November 1993, war er bei ihr und grapschte dabei aus einem Kasten die Geldbörse der Frau mit 30 000 Schilling. Von seiner Freundin zur Rede gestellt, gab er sich reumütig. Es sei eine Kurzschlusshandlung gewesen, meinte er. Maria verzieh und schenkte ihm sogar 3000 Schilling. Wozu er sie brauche, wollte sie gar nicht wissen.

Am nächsten Tag beim Freigang besucht Haas neuerdings die Wohnung seiner Brieffreundin, obwohl er eigentlich zu einem Tischlereikurs ins Wirtschaftsförderungsinstitut gehen sollte. Die Frau ist in der Arbeit, nur ihr 13-jähriger Sohn Peter ist zu Hause.

Warum es passiert ist, weiß man nicht, jedenfalls fand Maria H. ihr Kind am Abend blutüberströmt und mit etwa sechzig Messerstichen getötet in ihrem Schlafzimmer. Das Geschlechtsorgan des Buben war verstümmelt. Die Geldbörse, um die es am Vortag die Aufregung gegeben hatte, fehlte.

Die alarmierte Polizei begann mit einer Großfahndung nach Haas, den man des Mordes an Peter verdächtigte. Zuerst vermutete man ihn in seiner steirischen Heimat, und Zeugen wollten ihn auch dort gesehen haben. Doch der flüchtige Mörder war spurlos verschwunden. Aus allen Winkeln Österreichs kamen Hinweise über seinen Aufenthalt, alle waren falsch.

Ermittler des Wiener Sicherheitsbüros durchsuchten auch die Zelle von Haas in der Strafanstalt Mittersteig. Man erhoffte sich Hinweise auf seinen Aufenthaltsort. Was sie fanden, warf nicht nur ein neues Licht auf die Psyche des Mörders, sondern auch auf die Zustände in diesem Spezialgefängnis. Haas hatte in seiner Zelle Nagellack, Lippenstift und Lockenwickler – und offenkundig nicht als Souvenir, sondern zum eigenen Gebrauch. Der Frauenmörder, der sich im Gefängnis ab und zu in eine Frau verwandelte?

Überfall auf Klosterschwester

Am Montag, dem 22. November 1993, besucht die aus Linz stammende Schwester Erika vom Orden der »Kleinen Schwestern Jesu« die Waldandachtskirche beim Höttinger Bild nahe Innsbruck. Andächtig sitzt sie in einer Bank, als plötzlich ein Mann mit verschmutzten Kleidern auftaucht und neben ihr Platz nimmt. Verwundert, aber doch freundlich nickt sie ihm zu. Nur Sekunden später zieht der Unbekannte einen spitzen Gegenstand aus seinem Rock und sticht einige Male auf sie ein. Auf die Brust, ins Gesicht. Die Kirche ist leer, aber die 34-jährige Klosterfrau schreit verzweifelt um Hilfe. Wehrt sich aus allen Kräften und kann blutverschmiert ins Freie fliehen. Sie erreicht ein nahes Gasthaus, wo sie versorgt wird.

Der Attentäter sei im Wald verschwunden, erzählt sie der alarmierten Polizei. Der Täter kann noch nicht weit sein, und ehe noch Verstärkung eintrifft, setzen sich zwei Polizisten auf seine Spur. Eine halbe Stunde später sehen sie sich ihm gegenüber. Er springt mit einem gezückten Stemmeisen auf den einen Beamten zu, der sofort zweimal schießt. Der Attentäter bricht tot zusammen.

Da Fahndungsfotos von Karl Otto Haas vorliegen, scheint es fast sicher, dass es sich bei dem Toten um ihn handelt. Per Flugzeug werden seine Fingerabdrücke aus Wien eingeflogen und spätnachts ist sicher: Er ist es. Nach allen Indizien hat er am 5. November den Sohn seiner Brieffreundin in Wien ermordet; dass er auch das Messerattentat auf die Klosterschwester verübt hat, ist durch ihre Zeugenaussage eindeutig erwiesen.

Ein verurteilter Mörder, der Ausgang aus dem Gefängnis bekommt und dabei weitere Bluttaten begeht – die Aufregung in der Öffentlichkeit ist verständlich. In der Fernsehsendung »Club 2« wird spätabends darüber diskutiert. Wolfgang Berner, der Chefpsychiater vom Mittersteig, sucht nach Erklärungen, verteidigt die Maßnahmen im Entlassungsvollzug, da wird ein Telefongespräch ins Studio verbunden. Staatsanwältin Liane Höbinger-Lehrer meldet sich, widerspricht Berner und wird von Moderator Josef Broukal eingeladen, auf den Küniglberg zu kommen. »Ich bin zwar schon im Pyjama, aber ich muss zu dem Thema etwas sagen, schließlich kenne ich die Akten Haas«, nimmt sie die Einladung an. Im Studio angekommen, erklärt sie, dass Haas seinen ersten Mord in der Manier von Jack the Ripper ausgeführt hat und er keineswegs auf Bewährung entlassen werden darf. Es sei auch unverantwortlich gewesen, ihm als Freigänger zu erlauben, bei einer Freundin zu übernachten anstatt in der Anstalt.

Ein paar Tage später die Nachricht aus dem Justizministerium: Es werde untersucht, ob die Staatsanwältin die Amtsverschwiegenheit verletzt habe, weil sie Aktenwissen in der Öffentlichkeit publik gemacht habe.

»Haas hat uns getäuscht«

Auch die Zeitungen versuchten, Licht in die Affäre zu bringen – wie Haas behandelt wurde, was man nach dem Fund von Lippenstift und Nagellack in seiner Zelle getan habe, wer am offenkundig schiefen Bild über seinen Geisteszustand schuld sei. Psychiater Berner: »Es ist für uns unmöglich, ein hundertprozentiges Urteil über den Geisteszustand eines Menschen abzugeben. Haas hat uns getäuscht.« Mittersteig-Chefin Evelyn Kutalek jedenfalls wurde strafversetzt, als Psychologin in die Frauenstrafanstalt Schwarzau.

Ein paar Wochen später ein weiteres Nachspiel: Im Parlament griff ein Tiroler Abgeordneter das Thema aus einem anderen Blickwinkel auf. Im Mittelpunkt jener Polizist, der Haas auf der Flucht nach dem Attentat auf die Klosterschwester erschossen hatte. »Jetzt darf man aber nicht glauben, dass der Polizist für sein dienstliches Verhalten etwa belobigt worden wäre, nein, ganz im Gegenteil, die Staatsanwaltschaft veranlasste eine Untersuchung gegen ihn, wegen fahrlässiger oder – man kann ja nie wissen, was herauskommt – vielleicht sogar vorsätzlicher Tötung. Damit hätte man den Polizisten zum Mörder und den Mörder zum Opfer gemacht, wodurch das Koordinatensystem unserer gesellschaftlichen und gesellschaftspolitischen Werteskala wohl vollständig auf den Kopf gestellt worden wäre. Ein rechts- und nicht linksstaatlich denkender Richter hat jedoch dieses Verfahren, Gott sei Dank, eingestellt.«

In einem Interview mit der aus dem Fall Jack Unterweger bekannten Juristin Astrid Wagner rückte 2004 Norbert Minkendorfer, langjähriger Chef des Mittersteigs, mit einer in der Öffentlichkeit mit Befremden registrierten Wortmeldung heraus: »Der Fall Haas hat bei anderen Häftlingen Hunderte Jahre Freiheitsstrafe ausgelöst. Weil mit Haas sind drei oder vier ebenfalls zu lebenslanger Freiheitsstrafe verurteilte Sexualmörder auf Freigang gewesen. Die wurden alle eingezogen und ein Großteil von denen ist bis heute nicht entlassen worden.« Ob diese

Sexualmörder bei einer vorzeitigen Entlassung nicht wie Haas gehandelt hätten, kann jedenfalls auch Minkendorfer nicht garantieren.

Der Mörder allein mit der Therapeutin

Im Volksmund nennt man das Gebäude das »Sträflings-Sanatorium«, amtlich wird es als Justizanstalt Göllersdorf bezeichnet. Psychisch gestörte Häftlinge kommen hierher, um behandelt zu werden. Ein Haus voller verwirrter Menschen, aber auch solcher, die ihre Krankheit simulieren.

Einer der für längere Zeit hier einquartierten »Patienten« war Franz Stockreiter. Der Mann war 1975 wegen eines Doppelmordes zu einer lebenslänglichen Haftstrafe verurteilt worden. Am Karfreitag des Jahres 1974 hatte der damals 22-Jährige in Altenmarkt bei Hainfeld (NÖ) seine 18-jährige Freundin Leopoldine Reischer in rasender Eifersucht mit einem Holzprügel erschlagen. Anschließend tötete er auch die Mutter seiner Freundin. Bereits 14 Tage vorher hatte Stockreiter seine Freundin mit einem Messer bedroht. Den Polizisten erzählte er von einem quälenden Druck im Kopf. Dennoch wurde der Messerheld enthaftet. Kurz darauf waren Leopoldine Reischer und ihre Mutter tot.

Im folgenden Mordprozess wird er vom Psychiater Erhard Psick als »abnorme Persönlichkeit, die jedoch voll zurechnungsfähig« sei, eingestuft und am 20. Juni 1975 wird er zu lebenslanger Haft verurteilt.

Er verbüßte die Strafe in Stein an der Donau, dem zum Gefängnis umgebauten Kloster. Wann immer Häftlinge zusammenkommen, bei der Arbeit oder beim Hofgang, schmieden sie absurde Pläne. Sie fantasieren über eine Flucht, über tolle Tricks, wie sie die Wache überlisten werden, was sie alles anstellen könnten, um der Eintönigkeit zu entgehen.

So geht das Monat für Monat, Jahr um Jahr. Meist bleibt es beim Pläneschmieden, doch Stockreiter war anders.

Nach dreizehn Jahren, die im Zeitlupentempo vergangen sind, meldete er sich beim Psychiater. Wenn er aus dem Zellenfenster schaut, dann sieht er im Haus gegenüber an einem Fenster eine Frau, die ihm zuwinke. Sie schaut so aus wie die Poldi, so wie seine Freundin, die er 1974 ermordet hat. Sie winke ihm zu und rufe, dass er kommen solle. Der Psychiater Dr. Helmut Schultes nahm diese Erzählungen ernst und schickte Stockreiter 1988 wegen »psychischer Auffälligkeiten« zur Behandlung in die Justizklinik nach Göllersdorf. Die Ärzte dort wussten mit dem Häftling nicht viel anzufangen, hielten ihn wahrscheinlich für einen Simulanten und schickten ihn nach zwei Wochen wieder nach Stein zurück.

Dort bekam Stockreiter neuerlich einen Termin bei Dr. Schultes. Der blieb bei seiner Meinung: Der Häftling gehöre behandelt. Also wieder zurück nach Göllersdorf. Außerdem sei er ja für eine mögliche vorzeitige Entlassung vorzubereiten. Auch »lebenslänglich« dauert ja nicht immer das ganze Leben lang, nach 15 oder 20 Jahren Haft kann der Häftling »bedingt« entlassen werden.

67 Freigänge bewilligt

Die Ärzte in Göllersdorf bemühten sich, die Therapeuten bemühten sich, und schließlich galt der Doppelmörder psychisch so weit fit, dass er ab 1991 Freigänge bekam – also unbewacht ausgehen durfte. 67 Mal durfte er sich seinen Anzug aus der Kleiderkammer holen, 67 Mal verließ er, oft für zwei oder drei Tage oder eine ganze Woche, die Haftanstalt. Er besuchte Verwandte, knüpfte neue Kontakte an, wurde dabei auch nicht überwacht. In der temporären Freiheit traf er sich mit Frauen, ging mit ihnen ins Hotel – wobei seine Partnerinnen oft keine Details seiner blutigen Vergangenheit kannten.

Stockreiters Betreuerin in Göllersdorf war die Psychotherapeutin Dr. Veronika Kreuziger, 39. Oft und oft saßen die beiden zusammen, redeten stundenlang, und Stockreiter meinte allmählich, sie würde seine zu ihr entflammte Liebe erwidern. War es echtes Gefühl oder schlaue Taktik des altgedienten Häftlings, der immer wieder mit neuen Geschichten zur Seelenmassage drängte? Auch Kreuziger dürfte sich da nicht sicher gewesen sein, denn bei Ärztegesprächen ließ sie Zweifel offen, ob bei Stockreiter, sollte er entlassen werden, ein Rückfall auszuschließen sei.

In Göllersdorf war Stockreiter als Müllarbeiter eingesetzt. Er ordnete die Abfälle, brachte die Kübel zum Abtransport in den Hof. Im Müll findet er einmal ein Messer und Kopien von Akten über die Insassen. Darunter auch Therapie-Unterlagen seines eigenen Falls. Er liest, dass es für ihn keine positive Prognose gibt, dass seine erhoffte vorzeitige Entlassung also wackelt.

Da dreht er durch. Er verbarrikadiert sich in dem Abstellraum, wo die Müllbehälter stehen, droht, alles anzuzünden. Einen Tag hat die Justizwache zu tun, um Stockreiter zur Aufgabe zu bewegen.

Doch er versteht wieder Mitleid zu erregen. Dem Verzweifelten müsse geholfen werden. Und so wird für den 4. April 1995 neuerlich eine Therapiestunde für ihn angesetzt. Obwohl Vorschriften existierten, dass die Häftlinge visitiert werden müssen, ehe sie sich mit dem Therapeuten zum Gespräch in einen separierten Raum zurückziehen dürfen, geschah dies häufig nicht. Therapeuten argumentierten, durch eine derartige Untersuchung könnte die »Persönlichkeit des Patienten« leiden, die Justizwache drückte daher oft ein Auge zu. Häftlinge hatten oft einen besseren Status als die Beamten.

Als Stockreiter zum seelischen Fitnesstraining kam, war er schwer bewaffnet. Unter seiner Kleidung hatte er zwei Klampfen, zwei Messer, einen Hammer, Nägel, eine Flasche Nitroverdünnung und ein Elektrokabel versteckt. Genug gefährliche Gegenstände, um seinen Plan auszuführen, den er seit einiger Zeit wälzte. Er hatte erfahren, dass Kreuziger die Anstalt verlassen würde, um einen Kurs in Wien zu absolvieren. Stockreiter wollte alles tun, um das zu verhindern.

Allein mit seiner Therapeutin zieht er das Messer und sticht zu, wieder und wieder. Er schlitzt ihr die Bluse auf, rammt ihr die Klinge in die Brust und in den Unterleib. 32 Stiche töten die Frau, erst dann kann die Wache den Tobenden überwältigen.

Stockreiter kommt wieder nach Stein. Die ursprüngliche Verurteilung zu lebenslanger Haft aus dem Jahr 1975 gilt ja immer noch. Am 5. Dezember 1995 steht er wegen des Mordes an Veronika Kreuziger wieder vor einem Geschworenengericht, diesmal in Korneuburg.

Die Wiener Tageszeitung »Kurier« zitiert Staatsanwalt Harald Eisenmenger: »1974 hat Stockreiter seine Freundin ermordet, weil sie ihn verlassen wollte. Wenn ich sie nicht haben kann, soll keiner sie haben, hat er gedacht. In Göllersdorf hat er sich in seine Therapeutin verliebt. Und als er erfährt, dass sie sich beruflich verändern will, mordet er aus dem gleichen Grund wie einst.«

Das Urteil erfolgt schnell und eindeutig: Der »Lebenslängliche« bekommt ein zweites Mal »Lebenslänglich«, mit acht zu null Stimmen sprechen sich die Geschworenen dafür aus.

Es ist erstmals in Österreich, dass ein Verbrecher, der noch eine lebenslängliche Strafe verbüßt, zusätzlich neuerlich zur Höchststrafe verurteilt wurde. Stockreiter wird in die Sonderstrafanstalt Mittersteig eingewiesen.

Unsichtbar auf der Anklagebank in Korneuburg saß auch das Justizsystem. Die großzügigen »Freigänge«, die Mördern gewährt wurden, die fehlenden Kontrollen, die es ermöglichten, dass Häftlinge Mordwaffen zur Therapie mitbringen konnten. Göllersdorf-Anstaltsleiter Hans Schanda dazu als Zeuge: Im Fall Stockreiter habe es »eine katastrophale Fehleinschätzung« gegeben.